黔南民族师范学院出版基金资助出版

·黔南民族师范学院学术文库·

20世纪三四十年代的侯外庐中国思想史研究

20 Shiji San-sishi Niandai de Houwailu Zhongguo Sixiang Shi Yanjiu

周鑫/著

華中科技大學出版社
http://www.hustp.com

图书在版编目(CIP)数据

20 世纪三四十年代的侯外庐中国思想史研究/周鑫著. —武汉：华中科技大学出版社，2017. 6
(黔南民族师范学院学术文库)
ISBN 978-7-5680-2795-3

Ⅰ. ①2… Ⅱ. ①周… Ⅲ. ①侯外庐(1903-1987)-思想评论 ②思想史-研究-中国
Ⅳ. ①B2

中国版本图书馆 CIP 数据核字(2017)第 095979 号

20 世纪三四十年代的侯外庐中国思想史研究 周 鑫 著
20 Shiji San-sishi Niandai de Houwailu Zhongguo Sixiang Shi Yanjiu

---

策划编辑：牧 心
责任编辑：苏克超
封面设计：孙雅丽
责任校对：曾婷
责任监印：周治超
出版发行：华中科技大学出版社(中国·武汉) 电话：(027)81321913
武汉市东湖新技术开发区华工科技园 邮编：430223
录 排：华中科技大学惠友文印中心
印 刷：武汉鑫昶文化有限公司
开 本：710mm×1000mm
印 张：13.75 插页：1
字 数：246 千字
版 次：2017 年 6 月第 1 版第 1 次印刷
定 价：48.00 元

序

之所以要研究侯外庐与20世纪三四十年代的中国马克思主义史学，其目标诉求和价值意蕴至少体现在以下几个方面。首先，通过本课题的研究，我们可以从战斗的学者视角考量，20世纪三四十年代的中国马克思主义史家留下哪些宝贵斗争经验，总结和反思在统一战线、学术利器、斗争理念与技巧等方面所取得的成功与不足。其次，侯外庐运用唯物史观的基本原理，联系中国历史的发展规律，于20世纪三四十年代撰著颇丰，在社会史和思想史领域提出一系列值得深思的观点与看法，对当今的史学理论研究有借鉴意义。再次，迄今为止，国内还没有一本专门研究侯外庐与20世纪三四十年代中国马克思主义史学的著作，只是一些别的专著、论文、会议纪要等偶有提及这方面的内容。因此，研究侯外庐与20世纪三四十年代的中国马克思主义史学，具有重要的历史和现实意义。

笔者认为，侯外庐的史学实践，与唯物史观的传播和发展息息相关。20世纪30年代，中国马克思主义思潮迅速发展。因感奋于社会史论战中郭沫若历史唯物主义旗帜之鲜明，结合翻译《资本论》的体会，侯外庐撰著第一篇史学论文《中国古代社会与老子》，文中表明了根据社会存在研究社会意识和思想的基本态度，此文对侯外庐社会史与思想史相结合的学术路径的形成具有重要意义。20世纪40年代，中国马克思主义思潮大势渐成。侯外庐的社会史与思想史研究日臻成熟，重要论著相继完成。社会史方面，侯外庐以亚细亚生产方式为切入点，积极探索将唯物史观和中国历史实际相结合，运用社会经济形态理论探索中国历史自身的发展道路与规律。思想史方面，中国学术思想史的写作和研究是晚清以来“国学”运动以及新文化运动“整理国故”的重点。20世纪三四十代，形成了有重要影响的流派和范式，如梁启超、胡适、章太炎、冯友兰等。而在侯外庐的领导下，中国马克思主义的“整理国故”至此也大功告成，形成一个重要思想流派和研究模式。

20世纪三四十年代，侯外庐在北平、山西、重庆和香港等地与马克思主义史家的交游呈现了马克思主义史学的战斗性、政治性以及学术内部的论争性。马克思主义史家间的自由讨论甚至论辩，是马克思主义学术思潮能够发展壮大、征服人心的一个重要内因。侯外庐还通过一系列的学术思想活动与“自由主义”做斗争以争取知识分子与民主人士，让他们认识到中国历史及前途所在。

本书尝试运用学术史和社会史相结合的研究方法，以侯外庐为个案研究，理解和呈现20世纪三四十年代中国马克思主义史学所特有的现实危机感和敏锐政治性的学术思想性格。相对于同时代的其他马克思主义史家，侯外庐的学术思想具有独特个性，奠定了他在中国马克思主义史学中的重要地位。

作　者

2017年2月

目　录

绪　论

五四运动以后，马克思主义在中国的传播，不论在深度还是广度上，都取得了显著的进步。经20世纪20年代李大钊的奠基与30年代初一大批马克思主义史学家的艰辛开拓、锐意进取，马克思主义史学开始崛起于中国史坛，成为一支不容小觑的史学力量。但初期的马克思主义史学，总体来说与当时居于统治地位的资产阶级史学相比，还存在一定的差距，主要表现在社会的影响力、队伍的建设以及论著的质量与数量等方面都比较薄弱。到抗日战争时期，中国马克思主义史学取得了长足的发展，并逐渐成为中国史学的主流，至此，资产阶级史学长期引领史坛的境况得以扭转，唯物史观迅速传播，翻开了马克思主义史学主导中国史学界的新篇章。马克思主义史学的诞生，是中国史学近代化过程中的重大事件。马克思主义历史理论在中国的传播与实践，对中国社会的政治、经济、文化的发展产生了深远的影响。

作为中国马克思主义史学史上的重要一员，侯外庐对中国的马克思主义史学建设做出了重要的贡献，提出了许多有价值的理论和思想观点，其治学方法与众不同，本书在第三章第二节和第四章第一节、第三节有专门论述。20世纪20年代以前，唯物史观对侯外庐产生了深远的影响，20年代以后，侯外庐对唯物史观派史学的建立和发展起到不可替代的作用。本书以侯外庐与20世纪三四十年代中国马克思主义史学的大势初成为研究对象，侧重学术史与社会史相互结合的研究思路，以侯外庐为个案，以侯外庐学术和中国马克思主义史学的历史发展为线索，重点研究侯外庐的学术活动、社会政治活动、人际交往、学术研究，试图以中国革命和马克思主义的传播、发展为时代背景，呈现一位探索中国人民解放道路和中国历史道路的马克思主义者，如何将学术与社会政治实践相贯通，其政治信仰、思想、社会政治活动如何与其学术探索相融合，怎样地互相影响，如何坚持其学术思想的独立性，其学术思想的独立性和政治性、现实性是怎样的一种关系，形成了怎样的学术品质，等等。并试图由此理解和探讨中国马克思主义史学的实践品格和思想特性，以及其所具有的超越时代的思想价值、对今天中国史学发展的启示、意义。以侯外庐为个案的马克思主义史家的活动，无论在理论方法还是实践方面，都堪称这一时期马克思主义史学发展的一个缩影，因而很值得我们作深入的考察和研究。

一

20世纪上半叶，近代实证史学是中国史学的主流，与此同时，马克思主义史学在中国开始崛起。20世纪20—40年代，马克思主义史学得到了飞速发展，至新中国成立前，中国马克思主义史学在中国史坛逐渐确立其主导地位，对新中国成立后的史学建设与社会和谐发展都发挥了不可替代的重要作用，侯外庐与中国马克思主义史学是其不可或缺的组成部分。但相比马克思主义史学家的其他“四老”（郭沫若、范文澜、吕振羽、翦伯赞），对侯外庐及其史学思想的研究还比较薄弱。主要体现在挖掘深度不够，研究方向比较单一，重复阐述较多，独立创新不足等方面，未能充分凸显侯外庐及其史学思想在中国马克思主义史学史上应有的地位。笔者认为，出现这种状况的原因，主要可以归纳为三个方面。第一，不被研究者所重视。侯外庐作为“五老”的重要一员，无论从他对中国马克思主义史学的卓越成就，还是从他对于抗战期间统战工作的突出贡献来说，都有其不可替代的地位。关于他的研究应是一个大部专著的题目。但由于侯外庐长期研习马列原著，逻辑思维与表达方式深受影响，他的论著比较艰涩难读。另外，他的某些观点和看法长期不被人们重视，导致研究侯外庐及其思想的专家学者比较少。第二，侯外庐的思想较为复杂难懂，比较另类，其研究路数与其他史家不尽一致。他敢于坚持自己的学术观点。历史学家刘大年这样评价侯外庐：“他不像某些人轻易地改变自己的思想信仰，而去屈服于看上去似乎更有前途的思潮，从而博得读者的喝彩。”①侯外庐的治学思想与学术个性，不但不同于非马克思主义史学家，就是在马克思主义史学家中，也是独树一帜。第三，收集资料比较困难，有关侯外庐的日记、手稿等资料大都散落在各种报纸刊物及各档案馆，有些已经遗失，无从查起。他主编或参与编辑的刊物如《下层》、《赤光报》、《中苏文化》、《文汇报·新思潮副刊》等报刊成了研究的重要资料来源，而搜集、整理这些资料着实不易，是一个异常艰苦又耗时耗力的工作。

基于以上分析，笔者认为有必要把侯外庐与中国马克思主义史学作为一个现代中国史学史上特殊的学术个案进行专题式研究。这样做的学术价值和现实意义在于以下几点。

---

① 邹兆辰：《侯外庐的学术个性》，《北京日报》，2012年9月24日。

第一，对侯外庐与中国马克思主义史学进行系统梳理和总结，重点挖掘他前半生的史学足迹，有助于了解五四至新中国成立前侯外庐的学术思想、现实诉求、问题意识及其学术贡献，从而为我们进一步研究创造有利的条件。本书以侯外庐的学术交游和学术活动、社会政治活动及其史学研究为探讨对象，旨在揭示特定时期包括侯外庐在内的一群肩负时代使命的马克思主义史学家勇挑重担，以马克思主义理论为斗争武器，以战斗者的角色投入学术思想战线工作，为中国马克思主义史学的发展壮大和新中国的成立做出巨大贡献。此外，本课题的现实感很强，有助于中国现当代的马克思主义史学理论及史学史的建设与发展。

第二，研究侯外庐与中国马克思主义史学这一个案，以点带面地总结和反思中国马克思主义史学发展过程中的成就和失误，对于马克思主义史学理论与中国实际相结合，对于继续坚持唯物史观和历史唯物主义的指导，把我国史学理论及史学史建设继续推向前进，都有着积极的意义。当今，在历史研究领域，受西方思潮的冲击，淡化、怀疑甚至否定唯物史观的现象时有出现，对中国的马克思主义史学发展造成了一定的负面影响。但应当看到，大批的史家在研究过程中自觉以唯物史观为指导，一以贯之地坚持、传播、发展马克思主义理论，致力于中国的马克思主义史学建设。当然，在其发展过程中，受各种社会因素和不可抗力的影响，曲折、挫折甚至失误在所难免，需要我们进行认真的反思。通过个案分析，深入研究侯外庐与中国马克思主义史学，并给出实事求是的评价，有助于人们正确地认识这一问题。

第三，侯外庐的史学研究，不仅涉及诸多史学问题，也与当时的社会环境与时代背景息息相关，牵涉一些理论问题与现实诉求，如马克思主义理论的现实关切、学术与政治的关系、马克思主义民族化的路径选择、创新与继承问题等。这些问题带有明显的时代特征，与当时的意识形态、社会思潮、政治生态相纠结，比解决单一问题要更复杂，凸显了这一课题的分量。

总之，作为中国马克思主义史学史上的重要人物，侯外庐在现代中国史家群体中有其相当突出的地位。认真研究侯外庐人际交游及其中国马克思主义史学的理论方法，有助于我们更准确地把握中国近现代史学的特征，认识史学在社会发展中不可或缺的地位，有着重要的学术价值和现实意义。

二

从马克思主义史学的奠基时期就开始了有关马克思主义与中国历史这一命题

的讨论，在中国马克思主义史学家的共同努力与开拓下，这方面的研究成果颇丰。但分布不均，初期的研究以论文居多，几乎涵盖了马克思主义史学研究的所有方面。之后论著渐多，挖掘也更加深入。有关侯外庐生平与学术思想的研究，近年来越来越多的史家、学者进行了深入的阐释，取得了可喜的成果。但是，目前关于侯外庐与中国马克思主义史学相结合的研究比较薄弱，文献资料也相对匮乏，尤其是关于五四至新中国成立前侯外庐与中国马克思主义史学的研究，相关成果不多，论著也比较零散。笔者仅就所涉史料与研究成果概述如下。

（一）研究现状

笔者拟从侯外庐生平交游的文献史料、侯外庐学术思想的研究文献和侯外庐与中国马克思主义史学的研究论著等三个方面对这一课题做文献综述，然后归纳总结，找出问题，从而找准本书的切入点，突出重点，破解难点。

1. 关于侯外庐生平的主要参考资料

侯外庐的生平轶事在他的回忆录《韧的追求》中记述较全。另外，杜运辉的《侯外庐先生学谱》于 2013 年由中国社会科学出版社出版，理清了侯外庐的学术谱系，补充了其政治活动、人际交游等方面的材料。但目前还没有专门研究侯外庐生平的著作，只在一些论文中有所涉及。

侯外庐的小女儿侯均初撰写的《我的父亲侯外庐》一文，载于《沧桑》2002 年第 2 期。是一篇重要的回忆文章，分别从痴与不痴、史界五老情长谊深、“花甲漫点牡丹魂”、把一切献给党献给人民等四个方面书写侯外庐的人际交游及其著述。尤其是史界五老情长谊深一节，详细叙述了侯外庐与郭沫若、范文澜、吕振羽、翦伯赞等人的学术友谊，为我们研究侯外庐与中国马克思主义史学提供了十分珍贵的资料。侯外庐平生和翦伯赞素有来往，对于《韧的追求》里侯外庐与翦伯赞因《中苏文化》产生的分歧叙述较简单。① 张传玺在《翦伯赞与侯外庐的兄弟友谊与学术分歧》（《江汉论坛》1989 年第 7 期）中给出了补充解释：在国民党反动派发动的第二次反共高潮期间，冯玉祥因不满于蒋介石的专制独裁、破坏民主进程、迫害共产党员及民主人士，愤然离开重庆。翦伯赞为冯玉祥讲授中国历史之事遂中止，自觉匪夷所思。此外，翦伯赞被取消了中苏文协总会理事一职，同时，还被撤销国民党中央政府军事委员会政治部名誉委员职务。这几件事相继发生，且都发生在翦伯赞一个身上，不合常

---

① 侯外庐：《韧的追求》，生活・读书・求知三联书店 1985 年版，第 139 页。

理。翦伯赞随即向周恩来汇报了这些情况，希望弄清原委。后来，周恩来知道此事乃国民党上层的某些人所为，因之有要翦伯赞与侯外庐“一起喝一杯”之事。新中国成立前，侯外庐与白寿彝相识，并结下深厚友谊。白寿彝于《悼念侯外庐同志》(《史学史研究》1988 年第 1 期)一文中介绍了他与侯外庐交往的经历，侯外庐翻译《资本论》的历程，以及社会史论战对当时学者的影响。早在侯外庐撰写《中国思想通史》时，杜国庠就向他引荐当时未曾谋面的白寿彝，并介绍其研究史学史的成就。侯外庐任北京师范大学历史系主任时，他首先争取到白寿彝来历史系主讲《中国通史》和《中国史学史》等课程。

20 世纪 20—40 年代，是侯外庐人生履历较为丰富的阶段。孟祥才发表于《文史哲》1996 年第 1 期的《著名历史学家侯外庐》，对侯外庐在 20 世纪三四十年代的经历作了较为详尽的叙述，把这一阶段分为北平求学、旅法、北平任教、重庆统战等几个时期，每一个阶段都突出重点，文后还附有侯外庐的主要著作目录，是一份难得的研究侯外庐生平事迹的史料。文中侧重介绍了北平任教和重庆统战两个时期。九一八事变后，侯外庐在北平大学等多所高校任教，因从事马克思主义革命理论传播和抗日救亡宣传活动，与马哲民、许德珩一起被捕入狱，他在狱中仍坚持研习、翻译《资本论》。他在重庆时期主编《中苏文化》，在周恩来的领导和关怀下，频繁活动，广交朋友，在宣传和统战方面做出了突出贡献。另外，黄宣民在其撰写的《马克思主义文史学家侯外庐》(《新文化史料》1997 年第 5 期)一文中剖析了侯外庐早年的思想转变，由信仰资产阶级民主主义逐步转向信仰马克思列宁主义的心理历程，颇有创新意义。在分阶段阐述侯外庐生平时，重点介绍了大学时期侯外庐的思想更趋活跃，接触各种不同的社会思潮和古今中外形形色色的思想学说，并开始了与李大钊的交往。

此外，研究侯外庐生平的文献还有以下几篇。黄沙:《著名历史学家——侯外庐教授》,《西北大学学报》1993 年第 3 期。江心力:《纪念侯外庐先生百年诞辰学术研讨会纪要》,《西北大学学报》2003 年第 1 期。张军孝:《马克思主义史学家、思想家和教育家侯外庐》,《华夏文化》2003 年第 2 期。蒋剑民、郭小军:《侯外庐与李大钊在北师大的交往》,《光明日报》2002 年 5 月 9 日。史学史研究室:《新史学五大家》,社会科学文献出版社 1996 年版;重庆市渝北区政协文史学习委员会:《怀念忘年老友侯外庐》,《红岩春秋》1993 年第 1 期。刘仰东:《侯外庐给世间留下了什么》,《炎黄春秋》2007 年第 1 期,等等。

2. 有关侯外庐治学特色和学术品格的论著

侯外庐的长孙侯且岸撰写的《侯外庐为什么具有非同一般的学术个性》，载于

《北京日报》2003 年 12 月 17 日。文中强调正是侯外庐有了《资本论》全面的“思想训练”，才使他在史学研究中显露出与众不同的学术个性和学术品格。他的学术研究中，既注重一般规律性的探讨，更关注对特殊性的研究。从国情出发，围绕中国思想和社会的特殊性，紧密联系实际，深挖问题，从而实现研究理路的创造性转换。侯且岸的另一篇论文《韧的追求·艰的探索——对侯外庐翻译〈资本论〉的若干思考》，载于《马克思主义与现实》2011 年第 4 期。该文指出深刻认识侯外庐学术思维取向的特点，要结合其翻译《资本论》的艰辛历程及其在抗战期间的研究著述来做综合考察，首先需要研究的就是他的研究方法和思维方式的根本转变。邹兆辰的《侯外庐的学术个性》，载于《北京日报》2012 年 9 月 24 日。该文从以下三个方面剖析侯外庐在中国古代社会史研究中的学术个性。第一，侯外庐认为，中国学者应该超出“仿效西欧的语言的阶段”，学会“活用自己的语言而讲解自己的历史与思潮”。第二，侯外庐曾说：“我做学问重在独立自得，不怎么喜欢与人争长论短，也很少写文章答复别人的批评。”第三，侯外庐对于自己提出的具有个性的学术见解，无论学界有多么大的异议，一直都是坚持不悔的。① 作者对侯外庐论著及其独具特色的学术品格的研究，用力很深，尤其是对《中国古代社会史论》的精辟解读，较之以前的研究更进一步。此外，相关的论文还有周文玖的两篇：一篇是发表于《高校理论战线》2008 年第 12 期的《侯外庐与白寿彝的学术交谊及治学特色之比较》；另一篇是发表于《史学史研究》2009 年第 2 期的《中国马克思主义史学的学术品格——以郭、范、翦、吕、侯为对象的研究》。

侯外庐的治学独具特色，其学术品格也为马克思主义史学界所称道。他的治学方法及其在史学理论上的造诣，在马克思主义史学史上具有重要影响。吴怀祺发表于《史学史研究》1993 年第 3 期的《学习侯外庐先生在史学理论上的贡献》一文，对侯外庐的史学理论成就给以客观的评价。文中突出侯外庐的三个观点，颇有启示意义。第一，侯外庐在为自己的史学论文选集写的《自序》中说，中国人应尽早学会用母语讲述自己的发展史，逐渐脱离西方的话语体系与研究模式，学会使用新的方法来发掘自己民族的文化瑰宝。第二，强调中国思想史的研究，当以研究中国社会史为基础。从中西比较入手，研究中国民族历史独特的发展路径，揭示中国思想史的特征。侯外庐思想史的研究特点，是与社会史的结合研究，在《中国古代社会与老子》与《社会史论导言》等论著中都体现了这一特点。第三，思

① 邹兆辰：《侯外庐的学术个性》，《北京日报》2012 年 9 月 24 日。

想的继承性尤为重要，推动思想自身不断进步。历史上有建树的思想家总是在博采众家之长的基础上加以消化吸收，形成自己的思想学说。对民族史学传统的批判继承，是侯外庐的马克思主义史学理论民族化的一个重要方面。

此外，相关的论文还有以下几篇。高增德：《“不苟异亦不苟同”——侯外庐及其思想史学派的学术个性》，《江汉论坛》1995 年第 5 期。瞿林东：《侯外庐史学理论遗产的科学价值》，《中国史研究》1994 年第 4 期。《继承侯外庐先生的学术遗产，推进有中国特点的马克思主义史学建设》，《中国史研究》2003 年第 2 期。白立超：《侯外庐治学的启示——读〈韧的追求〉》，《华夏文化》2011 年第 2 期。陆信礼：《试论侯外庐“学术中国化”的卓越成就》，《东方论坛·青岛大学学报》2006 年第 1 期。任大媛：《侯外庐史学的文化生命力——纪念侯外庐先生百年诞辰》，《西北大学学报》2004 年第 2 期。邹元江：《史学之美，“朴”、“实”相生——从〈韧的追求〉看侯外庐先生的治学之道》，《中国图书评论》1993 年第 2 期，等等。

3. 对侯外庐学术思想进行研究的相关论著

侯外庐的学术思想博大精深，在社会史和思想史领域都有开拓性的研究，他独特的治学特色和学术品格影响至今。以侯外庐为代表的侯外庐学派成果丰硕，在马克思主义史学史上有其重要的地位。学人对侯外庐学术思想的研究，主要集中在中国社会史和思想史两个方面，尤以思想史为甚，相关的学术论文较多，著作偏少，以下分类予以简析。

1）关于侯外庐社会史研究的论著

研究侯外庐社会史的论文较多，思想史的研究要以社会史为基础，是侯外庐学术史研究的特色所在。把马克思主义史学理论民族化，是侯外庐研究中国史孜孜不倦的追求。别的马克思主义史学著作阐述历史深入浅出，起到了很好的宣传马克思主义理论的作用，但侯外庐则把中国历史特点抓出来。卢钟锋在其发表的《侯外庐与马克思主义历史科学的中国化》（《中国社会科学院院报》2003 年 10 月 30 日）一文中指出，马克思主义科学的中国化，必须立足中国历史的实际情况，既要对人类社会发展的普遍规律有所了解，分析其内在的原因与发展轨迹，又要对中国社会发展的特殊路径有清醒的认识，理解一般与特殊的辩证关系。侯外庐在这方面的突出贡献在于：他在深入研究马克思主义理论的基础上，以马克思的生产方式理论为切入点，结合人类历史演变的普遍规律与各国社会形态更替的特殊历程，探索生产方式变革的内在原因及其具体表现形式，以及生产方式对经济发展和社会进步所产生的重要影响。第一，他把亚细亚生产方式理论运用于对中国古代社会的研究，并试图从社会的政治、经济、文化的发展等方面，比较中西方文明进程的异同及其影响因素，着重探索中国古代文明起源的路径。第二，侯外庐在研究中国封建社会史时，着重探索中国封建社会形态的历史特点及其与其他社会形态的内在关系，注重运用马克思关于封建生产方式的普遍原理解析中国社会。第三，他在研究中国封建制社会晚期历史时，创新思路，运用马克思关于资产形成的理论，着重探索封建社会解体的原因及影响。

侯外庐的《中国古代社会史论》是一部具有史学开创意义的力作，也是管窥侯外庐社会史研究的重要切入点。刘宝才的《侯外庐〈中国古代社会史论〉的史学开创意义》，载于《东北师大学报》1994 年第 3 期，对《中国古代社会史论》有精到的理解。文中特别提到，在承认人类社会具有普遍规律的前提下，侯外庐的突出贡献在于，揭示出中国社会的特殊规律。他独辟蹊径，从城乡问题这一关键的历史现象入手，对中国古代社会进行了多视角、多层次、全方位的研究。比如从中国古代“城市国家”的起源及其建国原则，集权制的发展演变及其内在机理，说明了氏族贵族专政、中国古代变法的艰巨性等问题。这些结论的得出，是侯外庐运用唯物史观的硕果，与其深厚的马克思主义理论修养、自得贵疑的学风密切相关。此外，相关的研究还有赵小雷发表于《史学理论研究》1996 年第 3 期的《侯外庐的“早熟”理论对中国古史研究之意义》，指出侯外庐《中国古代社会史论》的重大史学意义在于，它在深入研究中国奴隶社会的基础上科学总结其特殊性，坚持以唯物史观理论剖析史学问题，并且给中国后来一些重大的历史现象以及发展规律的科学解释指明了方向。书中提出了一些值得思考的问题，比如，为什么中国的商品经济发展迟缓？封建社会延续时间长的内部与外部原因分别是什么？儒家思想的内核是什么，以及对统治者有何启示？等等。尽管导致这些问题的具体原因不一，但归根结底的原因还在于中国古代社会的“早熟路径”。①

此外，相关的论著还有以下几篇。许苏民：《早熟与滞后：侯外庐对中西文明形成和发展的途径及现代思想启蒙道路的比较研究》，载于《比较文化研究史》，云南人民出版社 1992 年版。李根蟠：《试论侯外庐的“古代”不同路径说》，《天津社会科学》2007 年第 4 期。李学勤：《侯外庐先生〈中国古代社会史论〉的贡献》，《中国社会科学院院报》2007 年 9 月 13 日。方光华、兰梁斌：《侯外庐与中国古代文明

① 赵小雷：《侯外庐的“早熟”理论对中国古史研究之意义》，《史学理论研究》1996 年第 3 期。

起源之研究》,《湖南大学学报》2008 年第 6 期。斯维至:《重读侯外庐同志〈中国古代社会史论〉》,《史学史研究》1988 年第 1 期。吕良海:《魏源向西方学习问题的探讨——兼与侯外庐同志商榷》,《近代史研究》1980 年第 2 期。柳春藩、赵国斌:《评中国封建社会不存在土地私有制的观点——对侯外庐"关于封建主义生产关系的一些普遍原理"一文的意见》,《吉林大学社会科学学报》1960 年第 4 期。王军福:《亚细亚生产方式与侯外庐先生的中国古代社会史研究》,西北大学 2004 年硕士论文。时亮:《侯外庐与〈中国古代社会史论〉》,福建师范大学 2012 年硕士论文,等等。

2）关于侯外庐思想史研究的论著

侯外庐强调社会史在思想史研究中的重要作用,二者相互贯通,开创了思想史和社会史相结合的研究路径。作为侯外庐的助手,李学勤对其思想史研究感悟较深。李学勤的《侯外庐与明清之际学术思想研究》,载于《中国社会科学院院报》2003 年 10 月 30 日。文中强调,之所以在《中国思想通史》中单列明清之际的学术思想为独立的一卷,是有其特殊意义的。李学勤说,他在西北大学"纪念侯外庐先生诞辰百年学术研讨会"上,就侯外庐的研究方法做过专门探讨。侯外庐研究历史有个特点,即从思想史来研究社会史。也就是说,不能只从经济、政治等方面考察古代社会,还应注重其文化发展对社会进步的影响,从思想方面研究和切入。这在一定程度上也体现了马克思主义关于经济基础与上层建筑之间的辩证关系,是侯外庐研究历史唯物主义的重要成果。侯外庐重视挖掘明清之际的思想史,其目的是想通过分析这一时期早期启蒙思想家的相关论著,洞悉社会变迁的内在机理及其实现形式,进一步探讨中国传统社会怎样在逐步走向衰亡中孕育了新的因素。

张岂之对侯外庐及其学术论著有过专门的研究,成果很多。作为侯外庐的学生和长时期的助手,继侯外庐之后的西北大学校长,张岂之是"侯外庐学派"的重要一员,他承继了侯外庐学术研究方法的精髓,在中国思想史和哲学史等领域做出了卓越的贡献。张岂之强调,"侯外庐学派"有一个显著的特点,是区别于其他学术派别的重要标志,就是将思想史与社会史、哲学史的研究结合起来。张岂之研究侯外庐及其史学的相关论文主要有:《侯外庐先生论学书》,《史学史研究》1994 年第 4 期;《忆寿彝先生和外庐先生的一次谈话》,《史学史研究》2000 年第 3 期;《侯外庐历史研究的理论与方法》,《中国社会科学院院报》,2003 年 10 月 30 日;《白寿彝先生与侯外庐的学术交谊》,《史学史研究》2009 年第 3 期,等等。其中,在《远见卓识的引路者——略论侯外庐先生对中国思想史、哲学史研究的卓越贡献》中，张岂之指出，侯外庐在哲学史、思想史的研究中恪守一个重要的原则，即社会存在决定社会意识。“任何时代任何一种社会思潮的产生都有它的深厚的物质基础。正如恩格斯在《费尔巴哈与德国古典哲学的终结》中所指出的，马克思主义历史唯物论不是从抽象的思想中去寻求思想产生的最后动因，而是要从‘社会存在’中去准确地找到物质的动因与思潮产生的必然的（不是偶然的，不是公式化的）根源。”①张岂之还强调了侯外庐在翻译《资本论》的过程中，致力于把唯物史观和历史唯物主义的基本理论与中国的实际情况相结合，以进一步探究中国奴隶社会和封建社会，使马克思关于生产力与生产关系等问题的研究成果，在中国得以发展、引申。继张岂之之后，作为西北大学校长的方光华，研究侯外庐思想的论文主要有发表于《湖南大学学报》2008 年第 6 期的《侯外庐与中国古代文明起源之研究》和发表于《世界宗教研究》2012 年第 1 期的《侯外庐的中国宗教思想史研究》。尤其是《侯外庐的中国宗教思想史研究》，此文另辟蹊径，对侯外庐的宗教思想史进行专门研究，重点阐述侯外庐的宗教思想史观。文章认为，侯外庐将宗教思想视为宗教的核心，宗教是一种特殊的文化形式，宗教在世界上各个国家和民族中都存在，宗教思想分为哲学和神学两部分，宗教神学在宗教思想中占有重要的地位。但侯外庐认为，宗教之所以为宗教，最为重要的是其宗教思想中具备宗教哲学。值得一提的是，方光华主编的《侯外庐学术思想研究》已于 2015 年由三联书店出版，书中分七章，对侯外庐学术思想的形成、侯外庐的中国社会史研究、侯外庐的中国思想史观、侯外庐的中国哲学史研究、侯外庐的中国社会思潮史研究、侯外庐的中国宗教思想史研究和侯外庐中国历史与思想研究的现代启示等方面逐一阐述，是研究侯外庐学术思想的最新成果之一。

《中国古代思想学说史》是侯外庐在思想史研究方面的奠基之作，黄宣民于《侯外庐对中国历史的探索》（《历史教学》1992 年第 2 期）一文中提及《中国古代思想学说史》的基本特点，其中最为重要的一点就是，注重社会史与思想史之间的相互关联。侯外庐在潜心研究的基础上，依据中国奴隶制社会的历史发展，结合西周至战国时期的经济、文化状况，将先秦思想史划分为三个不同阶段：西周官学，孔墨显学，诸子百家并鸣之学。此书出版后受到郭沫若、吕振羽、杜国庠等马克思主义学者的极大赞许，郭沫若评论说：“在研究这一时期的哲学问题及其他思想形

① 张岂之：《远见卓识的引路者——略论侯外庐先生对中国思想史、哲学史研究的卓越贡献》，《哲学研究》1987 年第 11 期。

态问题的中国历史学家当中，侯外庐占据了最显要的地位。”①《中国思想通史》是侯外庐及其合作者的集大成之作，龚杰在发表于《西北大学学报》1989年第1期的《论侯外庐学派的代表作〈中国思想通史〉》中指出，当侯外庐和他的合作者们着手编撰《中国思想通史》前三卷的时候，黑暗笼罩着中国，人民处于水深火热、颠沛流离之中。由于他们所信仰的是马克思主义，致力于唯物史观在中国的传播，用马克思主义理论重新解读中国历史，这就注定了他们经常要受到各种各样的挫折与打击，包括解聘、饥饿，甚至拘禁，但这一切并没有动摇他们的信念。

此外，相关的研究论著还有以下几篇。彭国翔：《典范与方法：侯外庐与作为现代学科的“中国哲学史”研究》，《河北学刊》2010年第5期。覃正爱：《论侯外庐对明末清初思想运动研究的四个失误》，《江汉论坛》1993年第5期。解启扬：《侯外庐的墨学研究》，《学术探索》2004年第3期。陈寒鸣的《侯外庐与侯外庐学派》，《历史教学》2004年第4期。陈玉森：《试论王充的思想渊源——并与侯外庐、关锋等同志商榷》，《哲学研究》1959年第Z1期。陈战峰：《侯外庐先生经学研究的特色及意义》，《西北大学学报》2011年第2期。崔罡：《“思想”与“历史”——侯外庐与葛兆光平议》，《今日南国》（理论创新版）2009年第2期。华山：《论泰州学派——与侯外庐先生商榷》，《山东大学学报》1964年第1期。兰梁斌：《侯外庐中国思想史研究的民族性与时代性》，《西北大学学报》2011年第2期。马数鸣：《对方以智哲学思想的再探讨——与侯外庐先生商榷》，《江淮评论》1965年第1期。苗彦恺：《由“实体自由”引发的一点认识——读侯外庐的“评黑格尔论老子”》，《华夏文化》2004年第4期。魏宗禹：《侯外庐在中国思想史上的历史贡献——纪念侯外庐诞辰100周年》，《晋阳学刊》2003年第5期。武少民：《论侯外庐对清代学术史研究的贡献》，《东北师大学报》2006年第2期。萧父、许苏民：《“早期启蒙说”与中国现代化——纪念侯外庐先生百年诞辰》，《江海学刊》2003年第1期。孟庆荷：《侯外庐对明清之际早期启蒙思想的研究》，西北大学2003年硕士论文。徐言辉：《中国思想史：在社会历史与逻辑之间——侯外庐“中国思想史”研究的时代意义及历史贡献》，黑龙江大学2008年硕士论文。周蜜：《侯外庐的章太炎思想研究——以〈近代中国思想学说史〉15、16章为研究内容》，西北大学2010年硕士论文。韩永志：《侯外庐土地国有论及其思想史意义》，西北大学2011年硕士论文。刘程程：《侯外庐清代学人研究的再思考》，华东师范大学2011年硕士论文，等等。

① 郭沫若：《战时中国历史研究》，《中国学术》1946年第1卷（创刊号）。

3）关于侯外庐与中国马克思主义史学的研究论著

侯外庐交友甚广，刘大年便是其中一位。他们相识于新中国成立初期的北京，但无个人间交往。后来，在一起工作，交往日渐密切。刘大年对侯外庐的史学道路比较了解，他说，无论从着手的时间、治史的理路，还是理论的建树及其贡献，侯外庐都应当是中国马克思主义历史学先驱者行列里特色显著的一员。刘大年发表于《历史研究》1988 年第 1 期的《侯外庐与中国马克思主义历史学》指出了侯外庐的马克思主义史学研究的重要性，总结其历史研究的几个特点：突出基本理论，重视理论探讨；经济基础与社会思想的“完整平行”研究；创新与“决疑”；以马克思主义理论为基础，自成一个学派。文中重点介绍了侯外庐历史研究中重视基本理论的探讨，侯外庐在 20 世纪三四十年代发表的《社会史导论》、《苏联历史学界诸论争解答》和《中国古典社会史论》中，就涉及这一问题。《苏联历史学界诸论争解答》自序中说：“这本书是关于历史发展规律的研究，和哲学、经济学的范畴有密切关系，试图结合具体材料来说明中国历史发展的法则。”①总之，对中国传统文化的内涵及其发展进行深入的挖掘和剖析，致力于马克思主义理论民族化，离不开大量的马克思主义文献资料。侯外庐以马克思主义论点作支撑，运用唯物史观与历史唯物主义分析中国的具体历史问题，创新点很多，这与他十年苦译《资本论》息息相关，体现了他重视历史研究的理论性和思想性，并在以后的论著中一以贯之。

此外，相关的研究论著还有以下几部。卢钟锋：《侯外庐集》，中国社会科学出版社 2001 年版。《侯外庐史学论文选集》（合编），人民出版社 1987 年版。卢钟锋：《侯外庐与中国马克思主义历史学》（上），《中国社会科学报》2009 年 9 月 17 日。《侯外庐与中国马克思主义历史学》（下），《中国社会科学报》2009 年 9 月 24 日，等等。

4. 我国港台地区及国外的相关研究成果

我国港台地区的相关代表作有许冠三：《新史学九十年》，岳麓书社 2003 年版，等等。外国著作主要有以下几部。（德）罗梅君著、孙立新译：《政治与科学之间的历史编纂——30 和 40 年代中国马克思主义历史学的形成》，山东教育出版社 1997 年版。（法）马克·布洛赫著、张和声译：《为历史学辩护》，中国人民大学出版社 2006 年版。（美）阿里夫·德里克著、翁贺凯译：《革命与历史——中国马克思

① 刘大年：《侯外庐与中国马克思主义历史学》，《历史研究》1988 年第 1 期。

主义历史学的起源，1919—1937》，江苏人民出版社 2005 年版，等等。其中，《政治与科学之间的历史编纂——30 和 40 年代中国马克思主义历史学的形成》中提到李大钊关于“民族经历论”的相关表述，侯外庐在与李大钊的接触中受其观点影响较深。

（二）研究现状分析

以上内容是对有关侯外庐的社会实践活动与中国马克思主义史学的初步研究成果的简要回顾，下面主要从取得的成绩及存在的问题两方面进行分析。

1. 上述研究成果的可取之处

近些年，对侯外庐及其史学思想的研究成果越来越多，无论在广度还是深度上，都比以前有了较大程度的拓展和延伸。值得一提的是，一些论著在对侯外庐所处的时代及社会背景对其学术品性和人格魅力的塑造等方面都有所研究，为本课题的开展提供了助益。

首先，上述研究主要集中于中国史学思潮与流派的发展与演变，中国古代尤其是奴隶社会和封建社会中有代表性的史学家的史学思想及其与社会意识形态之间的内在关系，以及马克思主义理论在中国历史学领域的应用，基本厘清了五四至新中国成立前马克思主义史学的大致概况，这一阶段的唯物史观史学研究取得了长足的发展，马克思主义学者与外界以及马克思主义学者内部之间的交流比较频繁，这就为我们深入地开展侯外庐的研究提供了前提和背景。

其次，既有成果对侯外庐的学术思想有一定程度的研究，尤其是在社会史与思想史两个方面都有大量的学术论文，使人们对侯外庐及其学术思想有了大致的了解。特别是近几年，一些研究者开始从不同角度切入研究侯外庐，取得了积极的成果。这些相关的研究论著，拓宽了研究侯外庐的既有范畴，深化了对侯外庐史学独特的研究方法、逻辑架构及侯外庐论著的认识和解读，对当下及今后的中国马克思主义史学的发展及理论创新起到推波助澜的作用，为本书的写作提供了较好的基点或参考。此外，马克思主义理论在中国的迅速发展，《侯外庐先生学谱》（杜运辉著，中国社会科学出版社 2013 年版）、《侯外庐学术思想研究》（方光华主编，三联书店 2015 年版）等著作的出版，也都在一定程度上为研究侯外庐与中国马克思主义史学创造了有利条件。

2. 上述研究成果存在的问题

总体而言，相比马克思主义史学家的其他“四老”，对侯外庐的研究还是比较薄弱，没能充分凸显侯外庐及其史学思想在中国马克思主义史学史上应有的地位。

第一，目前学术界有关侯外庐的中国马克思主义史学的研究多集中在对其主要著作的研究上，而对于侯外庐的政治活动与人际交游，学界显然注意得不够。侯外庐作为马克思主义史学界战斗的学者，他的活动范围不仅仅局限于学术界。因此，他的学术活动、政治活动以及人际交游等方面都应成为本研究课题的重要组成部分。之所以将这部分纳入研究视野，是因为侯外庐的实践活动对其学术思想和史学研究都有一定的影响，或者可以说，他的许多学术观点与理论原则都是在交游与活动中逐渐形成的。

第二，侯外庐与中国马克思主义史学的研究，相关论文较多，但主题比较单一。研究侯外庐的著作至今未见问世，而与侯外庐齐名的马克思主义史学其他"四老"的学术生平及其马克思主义史学造诣等研究成果已相继问世，这与侯外庐在中国马克思主义史学史上的地位是不相称的。因此，需要对侯外庐与中国马克思主义史学作为一个具体的研究对象进行挖掘。新的历史时期，马克思主义理论在中国史学领域取得了长足的发展，中国马克思主义史学论著层出不穷。此外，侯均初、侯寓初、侯且岸、张岂之等人的回忆录对现有研究侯外庐的文献材料作了一定的佐证和补充。侯外庐与中国马克思主义史学作为一个具体的研究对象的时机已经成熟。

第三，泛论较多，纪念文章较多，会议综述较多，深入研究的色彩不够。这类信息多散见于各种纪念活动和学术会议的个人发言及其提交的学术论文中，一般是提纲挈领式的文献综述和总结报告等。

总体来说，侯外庐与中国马克思主义史学的研究刚刚开始，国内外的研究论著还不够深入，存在诸多研究的盲点和可待挖掘的空间，研究的单一化趋势需要扭转，已有研究成果和认识还有待深化。基于此，本书以侯外庐与中国马克思主义史学为研究对象，以拓展研究范围与深化人物思想为旨趣，在大量占有相关文献资料的基础上，完成撰写工作。

三

侯外庐(1903—1987)，原名兆麟，又名玉枢，自号外庐，山西省平遥县人。中国历史学家、思想家、教育家。自幼接受私塾教育，国学功底深厚。青少年时期，积极参加学生运动，1923 年考入北京法政大学和北平师范大学，同时攻读法律和历史。24岁时结识了中国共产主义的先驱者李大钊，受到马列主义的影响。1927年赴法国巴黎大学留学，主编过周恩来等创办的《赤光报》。1930年经莫斯科回国，与中共党组织失去联系。先后在哈尔滨法政大学、北平大学、北京师范大学等校任教。1936年与王思华合译了《资本论》第一卷。抗日战争时期曾在重庆主编《中苏文化》，在上海、香港主编《文汇报》副刊，并从事抗日救亡运动和抗日宣传活动。1948年与郭沫若等同抵东北解放区。侯外庐旅法期间经成仿吾、章伯韬介绍在巴黎加入中国共产党①，他自觉地把学术活动与人民的革命事业紧密联系在一起，使史学成果为人民的解放事业服务。应该说，这是中国马克思主义史学拓荒者们共同的优良品格，但每一位史家在实践中则各有其特色。侯外庐早年翻译《资本论》，是以宣传马克思主义为目的，投身史学事业后，研究生产方式理论，研究亚细亚生产方式理论，研究中国古代思想学说和近世思想学说史，都不是为学问而学问，而是有着直接的现实动因。因此，他在晚年能自豪地宣布他和他同时代的战友们是"有所作为，无愧时代和民族的"。所以，本书在写作的过程中，不只关注侯外庐的学术研究和理论成果，同时把他的社会活动和政治宣传纳入考察范围，洞悉侯外庐的研究和马克思主义史学发展之间的关系，层层深入剖析侯外庐思想研究的特点。

（一）框架结构

全书共分四章。

绪论部分主要申明了选题缘由与研究意义、研究现状及不足、本课题的研究方法和基本思路、研究难点及创新之处等四个方面。

第一章为五四时期侯外庐的思想嬗变及《资本论》的翻译。侯外庐在五四时

---

① 侯外庐是1928年在巴黎参加的中国共产党，因多种原因后来失掉组织关系未能恢复，而在新中国成立后于1951年重新入党。"根据他本人和闻初对我多次讲的情况，我力促他郑重向党组织提出要求恢复1928年入党时的党籍。但是他后来告诉我，有关方面于1985年11月26日作了未予同意的批复。对此侯外庐同志曾表示不愿再给组织添加麻烦的想法，我认为仍然必须坚持韧性追求，这一代不行下一代解决。侯闻初同志也是党员，他了解当时党的有关政策和他父亲的情况，就在外庐同志辞世的当月直接致信邓小平、陈云、乔石同志，要求恢复其父1928年至1950年的党籍。党的实事求是思想路线得到贯彻，外庐同志的党籍终于恢复，知者无不欣慰！令人十分遗憾的是，只差八个多月外庐同志竟未能聆听党组织终于恢复了他原有党籍的喜讯。"参见《峥嵘岁月——徐淡庐回忆文选》，重庆市渝北区政协文史学习委员会编印于1998年，第85—86页。

期怎样最终选择信仰马克思主义，受过哪些人、哪些读物、哪些思想观点的影响，以及《资本论》的翻译对侯外庐治史产生了什么样的影响，是本章探讨的重点问题。五四时期，新思潮风起云涌，在强烈的爱国心的驱使下，侯外庐积极参加学生运动并开始渴望变革。通过他所主编的《下层》杂志可以管窥五四新文化运动时期中国马克思主义思潮研究与传播的状况和特点。在李大钊的启发与引导下，侯外庐赴法开始《资本论》的翻译，希望在引进马克思主义经典著作指导中国革命方面做出自己的努力。在法国担任"中国语言支部"书记期间，积极入党，并主编由周恩来等创办的《赤光报》。但以往的研究者对侯外庐的心路历程的转变，如何一步步走至坚定不移地信仰马克思主义等方面留意较少，笔者拟就对五四大背景下侯外庐的思想嬗变进行初步探讨。

第二章为侯外庐与20世纪30年代中国马克思主义思潮的迅速发展。本章试图解决的问题有：社会史论战对侯外庐学术研究有何影响，侯外庐在20世纪30年代北平马克思主义学术圈中处于怎样的位置，以及《中国古代社会与老子》与侯外庐学术路径的形成之间有何关系。马克思主义思潮在中国迅速发展的这十年使中国学术界，尤其是马克思主义史学领域，迎来了空前发展的黄金期。侯外庐的这一人生阶段，分北平时期与山西时期。在北平，侯外庐虽然没有参加当时的中国社会史论战，但这次论战对他产生的影响是巨大的。相对于当时的一些名牌大学，所谓的二三流高校政治氛围比较宽松，包括侯外庐在内的一大批马克思主义学者和民主人士聚集于北平大学法学院、中国大学、朝阳大学等学术机构，他们积极组织教学科研和宣传活动，特别是"左翼教师联盟"组织的一系列群众讲演活动，为马克思主义思潮在中国的迅速发展，为新民主的实现和新中国的建立，起到了推波助澜的作用。山西时期，侯外庐等马克思主义者利用复杂的政治矛盾在山西开展活动，展示了中共及其学者善于利用各种条件和环境以增强自身力量的能力。著述上，《中国古代社会与老子》是侯外庐山西时期的一部力作，此书呈现的诸多学术思想特点是以后侯外庐一直加以贯彻和发展的。

第三章为侯外庐与20世纪40年代中国马克思主义史学的大势渐成。侯外庐的学术研究和思想观点成熟于这一时期，重要论著相继完成。本章拟探讨侯外庐在统战方面做了哪些工作及其对马克思主义思潮的发展壮大起到什么样的作用，侯外庐与其他马克思主义学者辩论的焦点问题有哪些及其结论是什么，以及侯外庐在反自由主义中的地位与影响等问题。侯外庐在20世纪40年代的经历也可分为两个阶段，重庆时期和上海、香港时期。在重庆，侯外庐与马克思主义学者的学术活动，包括周恩来的领导和读书会的活动与作用，“新史学会”的组织和活动及其作用，以及侯外庐与郭沫若、翦伯赞、吕振羽等人的交往与相互影响。这些学术活动呈现了重庆时期马克思主义学者的活跃面貌：学术的战斗性、政治性以及学术内部的论争性。在当时特殊而复杂的环境下，重庆马克思主义学术圈有相互辩论的风尚，有一定的思想自由，氛围很活跃，探索性强，包括侯外庐在内的几个主要的史学家都有自己的思想特点和风格，各有自己的研究路径。上海、重庆时期，随着政治形势的迅速变化，侯外庐等马克思主义学者的学术和思想也受其影响。统战方面，侯外庐通过一系列学术思想活动争取了民主人士，让他们认识到中国历史的前途所在，为统战工作做出了突出贡献。

第四章为侯外庐的中国社会史、思想史研究及其理论意义。本章通过整体解读侯外庐20世纪三四十年代的史学实践，呈现一位探索中国人民解放道路和中国历史道路的马克思主义者，如何构筑其社会史的研究体系，中国思想史研究“侯外庐学派”的治史特点有哪些，侯外庐的史学研究对中国马克思主义史学有何影响，等等，并试图由此理解和探讨中国马克思主义史学的实践品格和思想特性，及其所具有的超越时代的思想价值、对今天中国史学发展的启示意义。这一章分中国社会史和中国思想史两个部分论述。一是侯外庐中国社会史体系的初步形成及其社会史研究的理论意义。以时间为线索，按照著作编年和活动编年，论述侯外庐社会史研究体系形成的过程、特点和理论价值。侯外庐深入研究马克思的社会经济形态理论，对马克思的本意有准确的把握。他积极探索将唯物史观和中国历史实际相结合，在世界史的范围中，在中外历史比较的视野下，运用社会经济形态理论探索中国历史自身的发展道路与规律，这是侯外庐学术的一个重要特点，在马克思主义史学家中比较突出。二是中国思想史研究“侯外庐学派”的初步形成及侯外庐思想史研究的理论意义。中国学术思想史的编研是晚清以来“国学”运动以及新文化运动“整理国故”的重点，对中国学术思想传统的整理和研究在中国文化社会现代转型的过程中扮演着重要的角色，至20世纪三四十年代，形成了有重要影响的流派和范式，如梁启超、胡适、章太炎、冯友兰等，而在侯外庐的领导下，团结其他学者进行马克思主义的中国思想史研究，中国马克思主义的“整理国故”至此也大功告成，形成一个重要思想流派和研究模式。在此基础上，归纳、总结侯外庐思想史研究的特点和理论意义。

结语部分比较了侯外庐与郭沫若等其他马克思主义史学家在史学研究方面的异同，在比较中提炼侯外庐史学的特点，剖析侯外庐作为一个中国马克思主义史学家，其学术与社会政治实践相结合方面有哪些独特的个性，其学术思想与其他马克思主义史家有何不同，以及侯外庐史学研究在中国马克思主义史学史上处于怎样的地位。结语充分肯定了侯外庐作为战斗的学者对中国马克思主义史学的突出贡献，梳理了侯外庐的治学理路与研究特色，总结了侯外庐在中国马克思主义史学中的特点、地位、价值和启示意义。

本书还设计了附录——《侯外庐民国时期论文年表》和《侯外庐年谱简编》。

在写作的过程中，虽然是以侯外庐马克思主义史学进行个案研究，但时时离不开对其学术渊源、时代背景、学术环境等情况的分析，以说明侯外庐等马克思主义史学家为何会成为学术研究的弄潮儿，为何会如此执着于马克思主义理论的传播与延伸。但本书不是单纯梳理马克思主义史学发展史，不是社会性质论战、社会史论战等问题的简单概述，也不是单纯阐述马克思主义史学与政治的关系，而是以侯外庐史学为例，结合当时的社会背景及唯物史观在中国的发展进程，以他的人际交游和社会史思想史成就为研究重点，以他的韧的精神和马克思主义史学方法论为研究亮点，探讨马克思主义史学体系的学术史意义以及中国历史学对于马克思主义理论的接受。

（二）基本思路与研究方法

本书主要采用学术史与社会史相结合的研究方法，按照侯外庐学术生涯和马克思主义史学的历史发展线索，划分时期，每一个时期提炼出相关研究论题，进行阐述，将历史叙述与问题阐析相结合。五四时期，侯外庐在比较偏僻落后的家乡，向往新文化运动，并在新文化运动中走上马克思主义道路。这一阶段突出两个问题：一是李大钊对侯外庐的影响；二是《资本论》的翻译及其对侯外庐学术路径和特点的影响。20 世纪 30 年代，着重探究以下几个方面。第一，侯外庐对中国社会史论战的看法，这种看法如何影响他学术思想的特性的形成。第二，侯外庐与 20 世纪 30 年代北平马克思主义学者圈的形成，分析侯外庐以及中国马克思主义学术的危机感、现实性、政治性。第三，侯外庐利用复杂的政治斗争环境，怎样开展自己的学术研究并初步形成自己的路径和特色。20 世纪 40 年代，突出的问题有以下两点。一是重庆时期，在当时特殊而复杂的环境下，以侯外庐为个案和中心，论述中国马克思主义史学如何获得重大发展，并争取到越来越多的知识分子？重庆马克思主义学术圈有相互论辩的风尚，有一定的思想自由，思想很活跃，探索性强，几个主要的史学家都有自己的思想特点和风格，各有自己的研究路径。二是上海、香港时期，随着政治形势的迅速变化，以侯外庐为中心的马克思主义学者的学术和思想有什么变化？分析反对自由主义的缘起、过程及利弊。

在充分占有文献资料的基础上，笔者根据写作需要，按照一定的先后次序和逻辑结构，对史料进行甄别、整理，结合时人的看法和自己的理解，得出结论。写作中，主要以侯外庐在20世纪三四十年代的社会实践和学术交游为线索进行纵向系统叙述，根据各个阶段的不同特征选取专题作比较深入的介绍和挖掘，试图厘清侯外庐致力于中国马克思主义史学研究的历程，肯定侯外庐史学成就对中国马克思主义史学的贡献。

第一，通过学术史与社会史相结合的研究方法收集、组织材料，在分析侯外庐学术网络、学人圈的基础上，阐述侯外庐的史学成就、理论特色、侯外庐学派的学风等问题。这一研究方法，比较适合用于研究马克思主义史家。对比民国时期占主流的以傅斯年领衔的史语所为代表的实证主义学派，其重要特点是强烈的现实性、政治性、思想性，并以此取胜。有别于纯粹的学院派学术，在当时的社会环境中，马克思主义史学与民族危机、社会危机息息相关，马克思主义学者以笔为剑，与其战斗的个性是分不开的。他们大量地办杂志、做活动，不但针对大学生，还针对普通民众。另外，其统战工作也很有力度。所以中国马克思主义史学在当时征服人心的，不是其学术性，而是现实介入性、思想性、政治性。在当时的社会环境中，马克思主义史学和史学家的魅力，可见一斑。学术史与社会史相结合的这一研究方法是本书的一个亮点，刻画马克思主义史家的学术风貌、学术个性，突出活动、交游与其史学间的关系。通过对侯外庐学术生涯、社会生活、学术交游的考察，有利于对其研究的学术问题有比较特别的理解。

第二，侯外庐的研究与马克思主义史学的发展相结合。作为中国马克思主义史学发展史上的一个重要环节，抗战时期的马克思主义史学首当其冲地担负起团结救亡的历史重任。正如有人所说："民族危机、国难当头，马克思主义史学家们把史笔变为刺向敌人的投枪，他们通过学术研究为革命事业和现实服务的努力，有力地配合了党的路线和策略。他们进行了扎实的，且富有成效的史学研究工作。他们开辟了不少新的研究领域，如民族史、思想史、先秦诸子研究等，为马克思主义史学的发展做出了重大贡献。"①20世纪三四十年代的社会环境与舆论导

① 侯云灏：《马克思主义史学对中国革命的重要贡献及其基本特点》，《学术研究》2001年第12期，第22页。

向为学术研究创造了一定的条件，马克思主义史家群体不断壮大，侯外庐等人运用马克思主义方法论指导史学研究，无论在研究著述还是现实指向等方面，都非马克思主义史学所能企及，因而很值得我们作深入的考察和研究。

第三，层层深入，剖析侯外庐学术研究的特点。首先，在指导思想上，以马克思主义为指导，突出基本理论，重视理论探讨，致力于马克思主义史学研究。其次，具体来说，侯外庐的史学研究，由社会史而思想史，进而形成社会史与思想史"完整平行"的研究模式，具有其独特的研究路数。再次，研究特色上，侯外庐倡导创新与独立自得的方法，在理论争鸣中坚持自己的学术见解，在独立探索中深挖材料，结合自己的理解，弥补研究空白。最后，以马克思主义理论为基础，自成一个学派。

综上所述，在研究的过程中力图运用多学科的背景知识，从不同角度进行多层次的综合研究。本书重点从中国近代社会及其史学发展的整体出发，在纵向剖析与横向比较的基础上，对侯外庐的社会实践活动及其史学研究与中国马克思主义史学的初步形成之间的互动关系进行全面考察和深入探讨。此外，在梳理以唯物史观为指导的中国史学理论及史学史发展历程的基础上，剖析其不竭的生命力和内在的学理性之间的辩证关系，力求做到逻辑方法与历史方法的统一。

四

本课题的研究难点主要体现在以下几个方面。首先，课题所依据的材料主要是档案资料、会议综述、学术研究论丛、当时的主要报纸及当事人回忆录、论文集、侯外庐主编过的期刊及代表性论著、人物传记等等，对这些文献的收集、整理与提炼，既是一个去粗取精的艰辛历程，同时，在史学素养、史学眼光、史学理论等方面，也是对笔者的较大考验。其次，如何将学术史和社会史相结合，以侯外庐为个案研究，理解和呈现中国马克思主义史学有很强现实危机感、政治性的学术思想性格。本书以侯外庐学术和中国马克思主义史学的历史发展为线索，既研究侯外庐的学术造诣与理论贡献，又关注其人际交往及其所参与的社会政治活动，试图以中国革命和马克思主义的传播、发展为时代背景，呈现一位探索中国人民解放道路和中国历史道路的马克思主义者，如何将学术与社会政治实践相贯通。更为重要的是，如何通过侯外庐的韧之追求来管窥当时复杂环境下中国马克思主义史学所肩负的历史使命，理解其独特的学术思想性格，有一定的理论难度。再次，由于侯外庐长期研习马列原著，逻辑思维与表达方式深受影响，他的论著比较艰涩难读。“在重庆的时候，周恩来同志对我的文字晦涩难懂就有意见，他对王昆仑谈过这个问题。昆仑兄把周恩来同志的意见坦直地告诉了我。”①阅读侯外庐的论著，进行深入准确的理解、把握，比较困难，尤其是理解、探讨其理论价值。最后，在与其他马克思主义史家的比较中呈现侯外庐史学的思想个性。这前提是不但要对其他马克思主义史家的人物生平、学术志趣、研究论著、治史特色等进行全方位了解，而且要能洞悉其与侯外庐史学在史学造诣、思想个性等方面的异同，需要做好充分的前期准备工作。此外，20 世纪 20 年代侯外庐的心理历程转变，是个渐进的过程，这方面第一手的支撑材料有限，需要写作者分类缕析，依据相关文献，做出合理的推测。这既是本书的重点，也是难点。

根据已有的研究成果，主要试图在以下方面有所创新。

(1) 以侯外庐为个案，运用学术史与社会史相结合的研究方法，考察他在 20 世纪三四十年代尤其是重庆时期的学术成就与交际活动，分析研究侯外庐如何与杜国庠、邓初民、胡绳等人发生交集，把侯外庐的学术活动和社会实践作为重要的研究内容。从中可以得出：民国时期马克思主义学者在什么情况下接受唯物史观，怎么样开展活动并扩大马克思主义学术影响，在学术界争取一席之地，并以此为阵地宣传马克思主义主张，学术交游与政治活动对学术界怎样发生作用，等等。已有的研究成果多集中对侯外庐的学术道路及治学特色进行探讨，对其社会实践尤其是学术交游、政治活动及其对侯外庐马克思主义史学研究的影响等方面较少涉及，本书拟在这些方面有所加强。

(2) 收集、整理侯外庐主编过的《中苏文化》、《文汇报》新思潮副刊等报纸杂志，在占有大量原始档案资料的基础上，试图深刻分析侯外庐与中国马克思主义史学结缘的过程，重点阐释中国马克思主义史学对侯外庐的影响，以及侯外庐对中国马克思主义史学的突出贡献。本书重视学术史与社会史史料尤其是第一手史料的参考与利用，有史有论，史论结合。在阐述的过程中，以史料为支撑，深挖原始材料，充分利用国家图书馆影像资料馆、北京市档案馆、民国期刊网等学术资源，以及对当年与侯外庐有交集的人士进行专访等渠道，收集有关当初侯外庐学术研究与社会活动的印迹，探究以侯外庐为个案的马克思主义史学家在复杂环境下坚守理论原则、拓展学术阵地的韧之精神所在，总结归纳侯外庐马克思主义史

① 侯外庐:《韧的追求》，生活·读书·求知三联书店 1985 年版，第 126 页。

学研究的特色与理论意义。但是，由于缺乏《下层》、《赤光报》等原始资料，书中对侯外庐在北平与旅法时期的主编工作仅仅能够依据侯外庐的回忆录及其他研究者间接转述的材料，这不能不成为一大缺憾，期冀以后有机会完善这方面的材料。

(3) 加强对侯外庐与其他中国马克思主义史学家的对比研究。拟把侯外庐的马克思主义史学研究置于马克思主义史学家群体当中，比较侯外庐在研究思路、研究方法、治史特色与学术秉性等方面与郭沫若、吕振羽、范文澜、翦伯赞等人的异同。对于过去研究相对较为透彻的一些问题，联系当时的社会思潮和舆论导向，结合"五老"的回忆录和发表在报刊上的文章进行补充研究。此外，在附录部分整理出侯外庐民国期刊论文年表，以期对以后的研究有所助益。

以笔者的目力及学术水平，要完成这一课题的研究任务很难面面俱到，难免挂一漏万，恳请学界师长批评指正，以使本书不断臻于完善。

第一章　五四时期侯外庐的思想嬗变及《资本论》的翻译

十月革命的胜利，很大程度上促进了中国人民的觉醒，产生了深远影响。“两年后，中国发生了‘五四’运动并诞生了中国共产党，一场翻天覆地的斗争就这样在中国这块古老的土地上发生了，多少普罗米修斯发大心愿，吃大苦楚，忍大艰难，历尽险阻上天入地将‘天火’——马克思主义——传入中国。”①一大批中国先进知识分子于俄国胜利的果实中看到了中国未来的出路，遂致力于宣传和研究马克思列宁主义及其与现实的结合途径，试图用全新的无产阶级价值观考量国家的命运，探究如何将马克思主义理论运用于中国。在这股势力的推动下，新文化运动由一个资产阶级文化革命，经马克思主义者前赴后继的不懈努力，转变为一个宣传马克思列宁主义的运动。在五四洪流中，正值青春年少的侯外庐，在接受封建伦理纲常教育的同时，也深受五四新文化运动的洗礼。尤其是他在与马克思主义先驱李大钊和马克思主义者陈翰笙等人的交往与影响下，思想深处发生了根本性的转变，逐渐把马克思主义作为其终身的坚定信仰。

本章拟研究和论述的重点问题主要有两个。其一是李大钊对侯外庐的影响。在当时的北平，宣传马克思主义的《新青年》、《少年中国》等杂志，连同在李大钊的帮助下由侯外庐主编的《下层》杂志，都从不同侧面映射出五四新文化运动时期中国马克思主义思潮研究与传播的状况和特点。在李大钊的鼓励下，侯外庐呕心沥血十年翻译《资本论》。此外，李大钊的《物质变动与道德变动》等论著对侯外庐后来的社会史和思想史研究都有一定的启发。其二是《资本论》的翻译对侯外庐学术路径和特点的影响。侯外庐与王思华合译出版的第一卷全译本，填补了国内的空白，为马克思主义的传播做出了巨大的贡献，对于侯外庐治史路径的形成和学术思想的深化产生了重要的作用。

① 王观泉：《“天火”在中国燃烧》前言，天津人民出版社 1984 年版。

第一节 李大钊等人对侯外庐思想嬗变的影响

五四新文化运动加深了人们对科学与民主的认识，拓宽了认识世界的视野，打破了思想界数千年对儒学的迷信，开启了中国文化创新与社会进步的新篇章。自民国初期直至20世纪20年代末期，在新思想的冲击下，中国急需在文化上和世界接轨，西方的社会科学被中国学术界大规模地引介、宣传、移植，包括哲学、史学、艺术学、社会学等领域。但由于五四时期采取“形式主义地看问题的方法”①对待文化问题，对外来文化没有很好地消化吸收，对本土文化没有客观而正确的认识，缺乏理性的分析，在引进外来文化的过程中产生诸多问题，带来负面影响。比如在新旧文化的看法上，有些专家学者认为新与旧之间矛盾不可调和，只看到对立没悟到统一。当时陈独秀的观点有一定的代表性：“吾人倘以新输入之欧化为是，则不得不以旧有之孔教为非。倘以旧有之孔教为是，则不得不以新输入之欧化为非。新旧之间，绝无调和两存之余地。吾人只得任取其一。”②这种思维方式，与马克思主义对立统一规律相悖，不利于外来文化的本土化。在这样的大背景下，侯外庐出生于平遥一个地主家庭，童年时期接受了启蒙教育，打下了坚实的国学基础，为以后的治史做了铺垫。青少年时期，侯外庐的思想认识发生了明显的变化，值得一提的是，他对中国传统的儒家思想的态度，比五四的反传统更辨证一些，这对他之后从事马克思主义史学的深入研究大有助益。

一、新文化运动中的侯外庐

1919年，高小毕业的侯外庐考入山西汾阳河汾中学。自入中学起，侯外庐的生活里出现两个重大的变化：一是家庭经济条件日渐好转；二是在“五四”的洗礼下涉足全新的知识领域。由于受到“五四”新文化运动的启蒙，他热烈拥护民主与科学，积极投身爱国学生运动，站到了时代的前列。在校期间，山西召开省学生联合会，侯外庐和另一位学长有幸被学校推举为代表去太原参会。由于其出色表现，被推举为大会执行委员。在此次大会上，侯外庐结识了许多革命青年，其中包括张友渔，关于这段经历，侯外庐回忆：“‘五四’潮流中这次匆促的聚会，是我和张

① 《毛泽东选集》第3卷，人民出版社1991年版，第832页。

② 《陈独秀著作选》第1卷，上海人民出版社1993年版，第281页。

友渔相识的起点，几年后，当我们在北京法政大学新生行列中不期而遇时，便结下终生友谊。”①

“五四”以后，汾阳的一些中学生自发成立“书报供应处”，其中比侯外庐年长的杨毓栋等人经常给他看《新潮》、《新青年》和《少年中国》之类的杂志，侯外庐从中接触到很多新思想，对他以后的道路产生重要的影响。侯外庐曾言：“这些猛烈冲击封建文化的书刊打开了我的视野，激励我去开辟新生活，我开始向往一个没有压迫的世界，一个新的未来。”②“书报供应处”的成员对新文化、新思想的传播做出了贡献，中国共产党成立后，他们都转为中共党员。

从河汾中学毕业后，侯外庐本打算按照父亲的意愿到日本留学，但因日本大地震而却步。遂离开家乡赴北京求学，考试过程中愈挫愈勇，最终同时攻读法政大学的法律专业和北京师范大学的历史专业。“但作为我大学的主课，则是在北平大学法学院（即法政大学——笔者注）修法律学。”③课余喜欢阅读哲学书籍。侯外庐回忆：“由于强烈的求知欲望的驱使。我除在法大、师大听课外，课余时间都钻在图书馆里，广泛涉猎社会科学各个领域的新书，渴望得到更多的新知识，以填补自己头脑中的空虚。当时，我对哲学兴趣最浓，而对所读史学专业，并未看作自己未来的事业。”④广泛的阅读在当时使侯外庐大大开阔了眼界，继而在实际斗争中历练、成长。

1925 年底，在纪任勤、王昆仑等同学的影响下，侯外庐和张友渔等一起参加以孙科为首的“孙文主义学会”但未参与活动。当时的王昆仑倾向于国民党右派，后来思想发生转变，于 1933 年加入中国共产党。1926 年，当侯外庐发现“孙文主义学会”的反动性后，和张友渔等在北京《大众晚报》宣布和该组织断绝一切关系。侯外庐回忆：“在李大钊同志的开导下，又通过学生运动的实践，我理解了左右两派斗争的实际意义。在以后的斗争中，我的思想与行动都较为自觉地站在以共产党员为核心的左派方面来了。从此，我与好友张友渔、李舜琴等相约信仰马克思主义。”⑤

---

① 侯外庐：《韧的追求》，生活·读书·求知三联书店 1985 年版，第 8 页。

② 侯外庐：《韧的追求》，生活·读书·求知三联书店 1985 年版，第 9 页。

③ 侯外庐：《回顾史学研究五十年》，《中国史学集刊》第 1 辑，第 12 页。

④ 侯外庐：《我是怎样研究中国思想史的》，《历史教学问题》1982 年第 4 期。

⑤ 侯外庐：《坎坷的历程——回忆录之二》，《中国哲学》第 4 辑，第 430 页。

二、李大钊等人对侯外庐的影响

1916年，李大钊留日回国后，到北京大学任图书馆主任兼经济学教授，积极投身于正在兴起的新文化运动，成为新文化运动的一员主将。十月革命一声枪响，给中国送来了马克思列宁主义。俄国社会主义革命的胜利极大地鼓舞和启发了李大钊，他以《新青年》和《每周评论》等为阵地，相继发表了《法俄革命之比较观》、《庶民的胜利》、《布尔什维克的胜利》、《我的马克思主义观》和《再论问题与主义》等大量宣传十月革命和马克思列宁主义的著名文章和演说，阐述十月革命的意义，讴歌十月革命的胜利，旗帜鲜明地批判改良主义，积极领导和推动五四爱国运动的发展，成为中国共产主义的先驱、我国最早传播马克思主义的人。翌年三月，李大钊在北京大学组织中国第一个马克思学说研究会，聚集了邓中夏、张国焘、何孟雄、高君宇等一批具有共产主义思想的青年知识分子。侯外庐在北平求学期间，经老乡高君宇介绍，认识了李大钊。在李大钊的引导与影响下，侯外庐摆脱了种种杂乱思想的束缚，尤其是认清了无政府主义的本质，坚定了马克思主义的立场和积极探求真理的决心。① 侯外庐在回忆录里记述：初次见李大钊，“他对我们几个年轻人很热情，既谈思想，又谈学术。我向他请教对于中国革命前途的认识，和对各种理论的见解，他都一一作答。自那以后，我便经常设法去见大钊同志。在他面前，我既没有拘束之感，更没有掩饰之心。我向他借书，他借给我的书中，我清楚地记得有一本是布哈林的《唯物史观》英译本”②。“由于我经常有问题想请教大钊同志，而大钊同志太忙，见一次面颇不容易，所以，他亲自向我推荐了一位能解答问题的老师，那就是北大青年教授陈翰笙。大钊同志当时向我介绍说，陈翰笙‘对马克思主义很熟悉’。陈翰笙与我，由师生关系发生起来的友谊自是而始。”③陈翰笙在北大任教时才27岁，是当时北大最年轻的教授。其间，参加胡适、王世杰等创办的《现代评论》，先后撰文发表55篇。“五卅惨案”后，经李大钊介绍，陈翰笙积极参加北京学生声援运动，上街示威游行，并向李大钊提出参加中国共产党的要求。

革命高潮的出现总是以革命的理论为先导，新文化运动中，进步知识分子创办的《新青年》、《少年中国》、《晨报》副刊等刊物，摆脱了旧式报刊的窠臼，其内容

---

① 参见《钱钟书和他的时代》，上海辞书出版社2009年版，第171页。

② 《李大钊北京十年(交往篇)》，中央编译出版社2010年版，第80页。

③ 侯外庐：《韧的追求》，生活·读书·求知三联书店1985年版，第12页。

较正报更进步、激进，在舆论宣传中承担着重要的使命。在李大钊的赞助和支持下，由侯外庐主编的进步杂志《下层》于 1926 年在北平问世。20 世纪 20 年代，包括《下层》在内的宣传马克思主义的期刊较多，主要集中在北平、上海两地。值得一提的是，以《新青年》为先导，以北京大学为重要营地，五四时期的进步期刊规模空前、蓬勃发展（见表 1-1）。总体来说，这些期刊与时俱进、勇于创新，既显示了反封建主义的民主倾向，播撒了科学的种子，推动了国内学术的发展和群众思想观念的更新，又广泛地介绍了国外的各种新思潮。

表 1-1　20 世纪 20 年代宣传马克思主义的部分期刊统计表

序号	期刊名称	创刊时间、地点	刊物主要成员
1	《新青年》	1915 年、上海	陈独秀、钱玄同、高一涵、胡适、李大钊、沈尹默、鲁迅、陈望道、李汉俊、瞿秋白
2	《民铎》	1916 年、东京	李石岑
3	《晨报》副刊	1916 年、北京	孙伏园、刘勉己、丘景尼、江绍原、瞿菊农、徐志摩、李大钊
4	《学灯》	1918 年、上海	俞颂华、张东荪、匡僧、郭虞裳、宗白华、李石岑、郑振铎、柯一岑、潘光旦、钱沧硕、程晓湘
5	《星期评论》	1919 年、上海	戴季陶、沈玄庐
6	《觉悟》	1919 年、上海	邵力子、陈望道、恽代英
7	《少年中国》	1919 年、北京	李大钊、王光祈、黄演存、苏甲荣、恽震、左舜生
8	《建设》	1919 年、上海	朱执信、廖仲恺、戴季陶、胡汉民、汪精卫
9	《少年世界》	1920 年、上海	田汉、黄仲苏、张闻天、沈泽民、方东美、刘国钧
10	《劳动界》	1920 年、上海	陈独秀、李汉俊、戴季陶、沈玄庐、陈望道、陈为人
11	《共产党》	1920 年、上海	李达、陈独秀
12	《劳动周报》	1921 年、上海	张国焘、李震瀛、李启汉、包惠僧、李新旦、刘芩人
13	《先驱》	1922 年、北京	邓中夏、施存统、蔡和森、高尚德
14	《向导》	1922 年、上海	蔡和森、彭述之、瞿秋白
15	《中国青年》	1923 年、上海	恽代英、萧楚女、邓中夏、张太雷、林育南、任弼时、李求实
16	《下层》	1926 年、北京	侯外庐、金嘉裴
17	《布尔什维克》	1927 年、上海	瞿秋白、罗亦农、邓中夏、王若飞、郑超麟

《下层》的问世，响应了南方局势，为声讨反动军阀做出了重要的贡献，但不久即被查封。侯外庐在回忆录中说："我们的刊物在付印时，由于实在凑不齐印刷费，我只好到东交民巷去向大钊同志求援。大钊同志的生活也很清苦，他特地向住在邻近的李石曾借来一笔钱交与我……于是，由我主编，由北大学生金嘉斐出面发行的铅印对开秘密刊物——《下层》，就这样问世了。"①侯外庐为创刊号写了社论和一篇短文，周北峰、张友渔等也纷纷为《下层》撰写文章。"由于《下层》宣传了革命的理想，军阀政府立即下令取缔，这样只同群众见过一面的《下层》，就此被践踏了。《下层》的问世，对于我个人而言，可以说是青年时代第一个转折的标志。自此，我与无政府主义决裂了；自此，我迈出了接受马克思主义的第一步；自此，我已经向社会宣告了自己的立场。这一重大的进步，完全是李大钊同志教育和帮助的结果。"②

《下层》被查禁后，针对当时对马克思主义的了解多限于片段摘译和宣传文章的情况，侯外庐在李大钊的指引下，决定从马恩原著入手，用马克思主义理论指导中国革命实践。侯外庐回忆："谈到以后的方向，大钊同志认为我应该参加左派国民党组织，为它做一些工作。当时我虽是满腔热情要革命，觉悟却并不高。我对大钊同志说：'我对政治没有经验，对理论却很有兴趣，很想先在理论上追求真理。'大钊同志不仅没有责备我辜负他的期望，反而极其宽厚、恳切地说：'先从理论下手也好。'他一向教导，搞理论应从马克思恩格斯的原著入手，从原著中汲取科学社会主义理论的真谛。"③当时，侯外庐在东交民巷的道胜银行旧址见李大钊时，梁漱溟和张申府④正好也在那里。"梁漱溟……问李大钊同志：'共产党如果执政了，是不是准许言论自由？'李大钊同志非常风趣地回答说：'你是有自由的，但你们梁家的另一位——梁启超可不行！'他对马克思主义的坚定信念和善于团结人的崇高风格，使我十分钦佩，至今还在脑海中留着不可磨灭的印象。"⑤

1926年冬，奉系军阀入驻北京并制造白色恐怖，大肆搜捕革命进步人士。侯

① 侯外庐：《韧的追求》，生活·读书·求知三联书店1985年版，第13页。

② 侯外庐：《韧的追求》，生活·读书·求知三联书店1985年版，第13页。

③ 侯外庐：《韧的追求》，生活·读书·求知三联书店1985年版，第14页。

④ 张申府在北大任教期间，就通过同学郭晓峰认识了李大钊。1918年陈独秀、李大钊、张申府三人联手创办了颇具影响的杂志《每周评论》，由张申府负责编辑。

⑤ 侯外庐：《翻译〈资本论〉的回忆——我研究中国思想史的起点》，《中国哲学》第3辑，第356页。

外庐因出版《下层》刊物且与李大钊有交往而被列入黑名单，被迫与爱人徐乐英①离开北平到哈尔滨暂避。之前，侯外庐向李舜琴提出过入党要求，李舜琴肯定了侯外庐主编《下层》的表现，但应对不自觉参加“孙文主义学会”一事做检查。之后由于紧急原因被迫出走哈尔滨，此事未能如愿。1927 年 4 月 28 日，李大钊在北京被北洋军阀政府绞杀，侯外庐得知消息后毅然决定赴法勤工俭学。侯外庐在回忆录里自言：“我给自己找的出路，就是遵照大钊同志生前的嘱咐，勤工俭学，到法国去学习、研究马克思主义。我的决定，得到了父亲的支持。”“以我的个性，而能在中国革命坎坷的道路上不迷失方向，全赖大钊同志的教导，循着他指点的方向，我以研究《资本论》为起点踏上征途，从而确立了我的马克思主义世界观，和对历史发展必然规律的信念。”②

李大钊对侯外庐的影响非常深远，使他致力于在唯物史观的指导下，探索中国历史道路的独特性。李大钊强调经济问题，当时所讲的社会主义，关注政治、经济、文化等方方面面，但焦点主要是经济。侯外庐自述：“在五四时代，首先冲破了我的旧迷梦，而使我感受了思想上的极大震动的，正是李大钊的文章。一九一九年他的《物质变动与道德变动》一篇研究唯物史观的名文，现在还能忆其大概。”③李大钊在《物质变动与道德变动》一文中认为，道德是因时因地而变动的，因此圣贤之言万世不变法则是没有的，这一条彻底动摇支持了数千年的封建道德观念，纲纪伦常、三从四德从此一扫而光。④ 他还认为，我们所要营造的新社会应该有全新的生活，而精神生活是建立在物质生活之上的。物质生活进步了，精神追求也要紧紧跟上。新社会里，我们人人追求真善美、拒斥假丑恶。他认为我们今日所提倡的道德，是美化的、互助的、创造的道德，而非宗教的、阶级的、私营的道德。⑤

---

① 徐乐英应该是侯外庐的第二任妻子，据巨金在《侯外庐印象记》中言：“离婚这两个字，虽说并不怎样陌生，但开始在事实上表演的，当时实在还没有人敢来尝试。侯外庐那时候他大概还在法大念书吧。他的离婚的提出，无异是在充满着礼教空气的家乡，投下了一颗烈性的炸弹。这颗炸弹，因了他是‘书香望族’的缘故，便更加强了它爆炸的范围，和本质的严重。”——《老实话》1935 年第 55 期。

② 侯外庐：《韧的追求》，生活 · 读书 · 求知三联书店 1985 年版，第 15—16 页。

③ 侯外庐：《关于五四运动谁领导的问题》，《光明日报》1950 年 5 月 4 日第 3 版。

④ 王观泉：《“天火”在中国燃烧》，天津人民出版社 1984 年版，第 21 页。

⑤ 李大钊：《物质变动与道德变动》，《新潮》1919 年第 2 卷第 2 号。

一九一九年五月，李大钊主编《新青年》①第六卷第五号是《马克思主义研究专号》，具有里程碑意义，是中国人著作中第一次对马克思主义做系统完整介绍的专辑。李大钊在这期上发表了《我的马克思主义观》（上篇、下篇在同卷六号上发表），这是我国最早出现的介绍马克思主义哲学、政治经济学、社会主义革命和阶级斗争学说的论文，文中明确指出包括文学艺术在内的上层建筑即“精神上的构造”，是以经济基础为转移的。于此，李大钊提出：“我们主张以人道主义改造人类精神，同时以社会主义改造经济组织。不改造经济组织，单求改造人类精神，必致没有效果。不改造人类精神，单求改造经济组织，也怕不成功。我们主张物心两面的改造，灵肉一致的改造。”②

此外，李大钊在著作中号召历史学家发展“民族经历论”，我国在这方面的研究尚比较薄弱。致力于研究民族心理学，对历史学家来说，是个大有可为的新领域。他说：“我想一个民族的特性，可以造成一个民族的特殊历史。民族特性，即是使各民族各有其特殊的经历的最有力的原动力。”③李大钊尝试性地提出过一个关于民族特性的解释，即所谓东西文明的根本不同点在于“东洋文明主静，西洋文明主动”，这一观点曾经受到过梁漱溟的赞扬。④ 但是，这样的解释显然还没有达到唯物史观的水平。就马克思主义史学来说，对中国历史的民族特性的历史唯物主义解释，开端自20世纪30年代，中国和苏联都在探索社会主义道路，由此反观历史，引发关于“亚细亚生产方式”的大讨论。在讨论的过程中，各家各派都力争从历史与现实中找到解读生产方式的根据。中国史学家在理解“亚细亚生产方式”时意见与观点不一，一定程度上说，是由苏联史学家的分歧引发的。⑤ 苏联史学家首先把“亚细亚生产方式”与中国古代历史相对应，由此引起了中国史学家的

① 值得一提的是，王观泉的《“天火”在中国燃烧》是改革开放新时期第一本涉及初期传播史内容的专著。经过十年文化禁锢的中国，出现了赞扬《新青年》宣传新文化、传播马克思主义的贡献，赞扬了陈独秀在新文学运动中不可磨灭的功绩，在当时真是振聋发聩。同时，《“天火”在中国燃烧》提出在马克思主义传播初期，李大钊的人道主义思想、中国革命要非劳动阶级的知识分子来指导，以及道德在社会革命中的反作用等问题，至今还鲜见有影响的论文。

② 王观泉：《“天火”在中国燃烧》，《社会科学辑刊》1983年第2期。

③ 罗梅君：《政治与科学之间的历史编纂——30和40年代中国马克思主义历史学的形成》，山东教育出版社1997年版，第62页。

④ 梁漱溟：《东西文化及其哲学》，商务印书馆1999年版，第22—23页。

⑤ 王锦民：《侯外庐——中国思想史的特殊道路》，《中国哲学史研究》，福建人民出版社2006年版，第229页。

浓厚兴趣。侯外庐在之后的史学研究中，结合中国实际，运用唯物史观理论对亚细亚生产方式进行深入解读，发表了《我对于"亚细亚生产方法"之答案与世界历史学家商榷》，后收入《侯外庐史学论文选集（上）》，论证了侯外庐对亚细亚生产方式理论和中国古代社会研究的基本看法。

第二节　《资本论》的翻译及其对侯外庐学术思想的影响

中共建党初期对马克思主义理论的系统翻译和全面理解还是一片空白，一些进步期刊和译著中虽对马克思主义理论有所涉及，但远远不能满足当时革命理论的需求，而侯外庐翻译马克思的《资本论》正是在这样的历史背景下展开的。侯外庐翻译《资本论》，得益于李大钊的指导。李大钊十分重视对马克思原著的翻译和理解，强调革命理论在革命中的先行指导作用，认为必须进行"学理"上的探究，赞同侯外庐翻译马克思德文原著的打算。① 严谨的翻译是需要特殊条件的，甚至比一般的学术研究还要苛刻，但以当时的社会环境和学术氛围，根本不可能获得通过翻译掌握西学的基本条件。因此，侯外庐果断选择留学法国，为学习、研究、翻译马克思主义经典著作做准备。《资本论》的翻译，不但是中国马克思主义传播和发展过程中的重要事件，而且对侯外庐独特的学术思想性格的形成发挥了重大的决定性的影响。

一、《资本论》翻译的缘起及历程

侯外庐在法国巴黎大学文学院学习的同时，时刻牢记此行的目的，那就是为中国带去科学社会主义理论。在反复比较之后，最终选定以《资本论》德文第四版为蓝本，拟定翻译计划，在做中国语言支部党务工作之外，投入大部分的时间和精力，在参照其他译本的基础上开始《资本论》的试译。侯外庐回忆："翻译《资本论》的重担并非任何人强加于我，而是我自己硬找来挑的。凭着初生之犊的雄心，凭着肯下功夫、肯吃苦的精神，我把这幅担子挑起来了，并坚持了整整十年。我一生事业的起点，恰恰就是始于在万难之中挑起这副重担。"②翻译不是一帆风顺的，时常遇到多种多样的难题令侯外庐停笔补课，首先是语言关，除语言障碍之外，还涉

① 侯且岸：《韧的追求·艰的探索——对侯外庐翻译〈资本论〉的若干思考》，《马克思主义与现实》2011年第4期。

② 侯外庐：《韧的追求》，生活·读书·求知三联书店1985年版，第19页。

及方方面面的知识，天文、地理、经济学、物理学、文学等等，无所不包。侯外庐以“韧”的精神博览群书，精读了马克思的《剩余价值学说史》。此外，在他“补课”之列的还有黑格尔、康德、西斯蒙蒂等人的著作。“在法国，我每天工作十六七个小时，除了上图书馆，除了为党做一些必要的工作，几乎足不出户。”①由此可见，侯外庐追求真理的热忱，以及把马克思主义理论带回中国的坚定决心。旅法期间，侯外庐译完了《资本论》第一卷的前二十章。另外，其间侯外庐经成仿吾、章伯韬介绍在巴黎加入中国共产党，主编过周恩来等创办的《赤光报》。1930 年经莫斯科回国，与中共党组织失去联系，先后在哈尔滨法政大学、北平大学、北京师范大学等校任教。

侯外庐回国后，1932 年经陈翰笙介绍，中法大学教授王思华到侯外庐家拜访，见面两三次后，两人商定合译《资本论》，并立即着手从头开始翻译。② 侯外庐和王思华对待翻译工作一丝不苟，力求在吃透原著的基础上加快翻译进度。对于原书中引用的各国文字和各国文字的注解，他们在翻译时一般是忠实于各国原文的。对于书中所涉及的各国俚语、谚语与各学科领域的专门术语，二人亦“请教过很多国内的学者”③。比如，对照之前陈启修的版本中有一处关于人名的翻译：陈启修翻译《资本论》第一篇第三章注 83 时，把其中的人名音译为“万卯寅”，而侯外庐觉得这一译法有待商榷，其同著名财政史专家崔敬白协同翻阅古籍，终于在《清史稿》中查清了原委，即《资本论》中所指称的清朝户部右侍郎乃“王茂荫”，而非“万卯寅”。④

侯外庐每天到南河沿欧美同学会的王思华住所翻译《资本论》，他们商定，尽快将第一卷译出。两人做了这样的分工：一至九章，两人都分别译出，互相商榷，互相修正，力求反映马克思的原意。九章以后，按章分译，侯外庐译十三、十四、十五、十六、二二、二三、二四、二五各章；王思华译十、十一、十二、十七、十八、十九、二十、二一各章。第一至九章的分译是力求信达，以熟悉彼此的翻译特点和文字

---

① 侯外庐：《韧的追求》，生活·读书·求知三联书店 1985 年版，第 20 页。

② 参见侯外庐：《翻译〈资本论〉的回忆——我研究中国思想史的起点》，《中国哲学》第 3 辑，第 356—357 页。

③ 侯外庐、王思华译：《资本论》第一卷上册“译者的话”，北平国际学社 1932 年版。

④ 何兆武：《苇草集》，三联书店 1999 年版，第 483 页。

风格。在审定译稿阶段，由王思华出面，李白余①通过中共党组织把侯外庐留在柏林的二十章译稿安全运回，因而得以参考修订，大大加快了重译的进程。侯外庐回忆："直到解放后，王思华和我在北京重逢时，他才把找回译稿的全过程告诉我。我这才知道，李白余同志当时就是中共党员，他了解到我有二十章译稿在德国，为帮助我们尽快完成翻译，通过组织追查译稿下落，最后从柏林把译稿找回。"②

在与王思华的合作下，按照原定的计划与任务分工，《资本论》的翻译工作进展很快，把第1卷分上、中、下三册，于1932年9月取得了阶段性的成果，即第1卷上册（前七章）由北平国际书店③出版。1936年6月，王思华在北平以自拟的"世界名著译社"名义出版《资本论》第一卷全译本，是我国最早的《资本论》第一卷全译本。胡绳在《怀念侯外庐同志》一文中说："我最初知道侯外庐的名字是在一九三七年以前……我在上海得到了他和王思华合译的《资本论》第一卷，视为珍宝。我还记得那是印刷装订都较粗糙的一厚本。马克思的这部不朽的著作在这时才第一次有第一卷全译本。近来我读到外庐同志的回忆录时，才知道他是在十分艰苦的条件下，用惊人的毅力来从事这项翻译工作的。"④20世纪二三十年代，翻译《资本论》较有影响的有：陈启修最早翻译出版《资本论》第一卷第一分册，侯外庐、王思华最早翻译出版《资本论》第一卷中文全译本，郭大力、王亚南最早翻译出版《资本论》第一、二、三卷中文全译本。⑤ 侯外庐、王思华合译出版的《资本论》第一卷全译本"写在译后"云："文化的水平，与时昂进着。我们的译文力求在现阶段的中国社会科学译坛水平上贡献自我的智能，所以我们的译文并不希望成为将来的定本，可是却亦不敢如潘冬舟⑥先生信笔增删，以非定本自解，以期免脱自己误译

---

① 李乐光，字白余，李大钊的族侄，是当时北平地下党的负责人，与王思华私交甚佳，帮助侯外庐找回了当年不便带回国内、留在德国柏林由成仿吾悉心保存的《资本论》第一卷（二十章）译稿。

② 侯外庐：《〈资本论〉译读始末》，《学习与研究》1981年试刊号第1期。

③ 侯外庐说："所谓'国际书店'这一机构，根本就没有，是我们自造的一个名义。那时，我们不但没有经费，而且印刷费也是自筹自办的，承印者是北京新华印刷厂，那是通过关系秘密排印的。"——《关于〈资本论〉翻译工作二三事》，《文汇报》（上海）1957年3月20日。

④ 胡绳：《品评录》，辽宁教育出版社1998年版，第181页。

⑤ 马夫：《〈资本论〉最早的四个中文译本》，《党史文汇》1994年第9期。

⑥ 潘冬舟亦名玉华、文郁、问友，襄阳东津湾人，共产党员。1928年被捕自首后，翻译《资本论》，第一章第一节曾单独出版。1934年2月，受中共地下党组织派遣，到武汉国民党豫鄂皖三省"剿匪"司令部，任张学良的机要秘书，为张学良讲解《资本论》，后北平地下党组织机关遭破坏泄露身份被逮捕，于1935年被暗杀于武昌。

的责任，而归罪于中国文化水平之落后性。我们所以提出这一意见者，并非对于自己的译文做辩护：而是希望中国文化界要学日本译述界的批评发展，使这译本幸然成为文化阶段发展上的被扬弃的译本。”①

1934—1937年间，侯外庐仍在翻译《资本论》，并译完了第二、三两卷，后华北沦陷。1937年初，党领导的读书生活出版社审时度势，为了加速马克思主义理论在中国的传播，把《资本论》中译本的出版工作列上日程。“当时负责出版社工作的艾思奇、黄洛峰、郑易里等，在物色译者时了解到郭大力翻译《资本论》的情况，便与他洽谈，并很快签订了出版合同。”②翌年，当侯外庐得知郭大力、王亚南的合译本快出版时，就与武汉生活书店解除了合同，永远结束了惨淡经营十年之久的这项工作。

二、《资本论》的翻译对侯外庐史学研究的作用

侯外庐苦译《资本论》，加速了马克思主义在中国的传播。包括侯外庐在内的一大批进步知识分子译介马克思主义的经典著作，在当时动乱的社会环境下以不同的方式和路径克服重重困难，为马克思主义理论扎根中国做出了突出的贡献。正如王观泉所言：“中国的共产主义运动如若没有一批出洋留学或大学深造，没有那些精通外文又甘心情愿献身工人运动的‘赤色’知识分子把《共产党宣言》，把马克思的、恩格斯的、列宁的、早期斯大林的，以及诠释经典理论的书籍如布哈林的《共产主义ABC》等，还有苏俄的共产国际的指令、文件翻译成中文，马克思主义靠‘悟’是悟不出来的……靠什么来提高工人阶级的觉悟，十月革命的炮声是如何传布入国被融化进中国革命实践的？从媒介学的角度，靠的是翻译！”③另一方面，正是侯外庐有了《资本论》全面的“思想训练”，才使他在史学研究中显露出与众不同的学术个性和学术品格，加速其成为马克思主义史学家。他的学术研究中，既注重一般规律性的探讨，更关注对特殊性的研究。从国情出发，围绕中国思想和社会的特殊性，紧密联系实际，深挖问题，从而实现研究理路的创造性转换。侯外庐以马克思主义论点作支撑，运用唯物史观与历史唯物主义分析中国的具体历史问题，创新点很多，这与他十年苦译《资本论》息息相关，体现了他重视历史研究的理论性和思想性，并在以后的论著中一以贯之。《资本论》的翻译对侯外庐之后的史

① 侯外庐、王思华译：《资本论》第1卷之“写在译后”，世界名著译社1936年版，第2页。

② 马夫：《〈资本论〉最早的四个中文译本》，《党史文汇》1994年第9期。

③ 王观泉：《“天火”在中国燃烧（增补本）》，广西师范大学出版社2005年版，第97页。

学研究起到至关重要的作用，他自言："对《资本论》的翻译和研究，奠定了我的理论基础，我从中获益匪浅，所以做起社会史和思想史的探讨工作来颇感得心应手。"①从现有史料来看，《资本论》的翻译是推动侯外庐研究经济学尤其是经济思想史的重要原因之一。黄宣民说："《资本论》这部伟大著作推动侯外庐从法学走向经济学，又推动他深入史学"。② 侯外庐在这一点上不同于范文澜，范文澜是由经学家成为马克思主义史学家，侯外庐是真正从研究马克思主义开始的。侯外庐的社会史研究，是直接从翻译、研究《资本论》入手的。

在当时的马克思主义学者当中，对生产力与生产关系、经济基础与上层建筑之间关系做过深入探究的人不在少数，尤其是针对当时急需解决的问题，要弄清生产方式对社会性质的决定性作用。但何为生产方式，对生产方式本身如何理解，却仁者见仁、各执一端，认识上存在较大分歧。侯外庐经分析后认为，少数学者对生产方式及其影响的理解与解释，多少有点牵强附会、词不达意。"针对上述情况，我在1933年到太原后，花了两个月的时间，写了那篇《社会史导论》，根据我研读和翻译《资本论》的体会，力图从经济学和历史学统一应用的角度，讨论生产方式。"③1934年，侯外庐开始撰写《经济学之成立及其发展》。"编者序言"中提出："编者感于经济思想史参考书的缺乏，早想编一本系统的经济思想史问世，书中采取一种严格的方法，在可能范围内不加编者的语句，尽量引用已成的文献作为材料，如同经济史教程等书所采取的严格主义一样。所以近年来便把《剩余价值学说史》，《反杜林论》，《经济学批判》，《哲学的贫困》，《资本论》诸巨作中关于思想史的材料不断地择译些出来，加点自己的批语。"④萧萐父说："侯老曾自述通过翻译《资本论》找到了'研究中国思想史的起点'，由于深刻领会了马克思的唯物史观，掌握了列宁提示的《资本论》中的逻辑、辩证法和唯物主义认识论相统一的原则，'从而在社会史和思想史的研究中，犹如利刃在手，自信敢于决疑'。"⑤侯外庐在研究的同时，从马克思对资本主义社会形态所做的高度概括中得到启示，具体来说，社会形态是多种因素合力的结果，但社会的生产方式是决定这一社会形态

① 侯外庐：《韧的追求》，生活·读书·求知三联书店1985年版，第67页。

② 黄宣民：《侯外庐治学道路——从法学、经济学走向史学》，《中国社会科学院学术大师治学录》，中国社会科学出版社1999年版，第318页。

③ 侯外庐：《我对中国社会史的研究》，《历史研究》1984年第3期。

④ 侯外庐：《经济学之成立及其发展》，国际学社1935年版，第1页。

⑤ 萧萐父：《吹沙集》，巴蜀书社1991年版，第514页。

的根本性要素。所以，对生产方式本身的认识与解读就显得特别重要。结合中国的具体情况及现实诉求，侯外庐在深刻理解马克思主义关于生产方式理论的基础上，他的中国古代社会史研究就是从探讨"亚细亚生产方式"的性质入手的。

侯外庐自言《资本论》翻译与学习对于自身学术工作的重要意义，尤其强调摆脱中国传统思想方式和研究方式的束缚。这里试举两例。①侯外庐早年在翻译《资本论》时，就对诸子百家学说有着浓厚的兴趣。他受马克思研究剩余价值学说史方法的启发，对老子思想获得新解。程新国在《侯外庐对老子的研究》一文中说："老子是侯外庐重点研究的先秦思想家之一，侯外庐对老子的思想是有肯定的，他特别提到了德国古典哲学家黑格尔对老子的评价。黑格尔认为，老子的思想才是东方古代世界的精神代表者，而孔子的思想则显得贫乏。这种看法，在某种程度上或可代表侯外庐的观点。"[①]②侯外庐对王夫之思想的研究涉及较为全面，尤其偏重阐发王夫之的哲学思想，能令当时人读后陡增一哲学家王夫之（别称"船山"）的概念。萧萐父说："侯老之所以能卓有成效地运用马克思主义世界观和方法论剖析船山哲学，是与他深入钻研马列主义特别是《资本论》这部科学巨著紧密相关的。"[②]侯外庐运用马克思主义的观点和方法，对船山哲学进行了审慎的发掘与探索，做出了船山"是中国历史上具有近代新世界观萌芽的杰出唯物主义哲学家"这一明确评断，使得《船山学案》在船山哲学研究的许多方面度越前人，别开生面。[③] 此外，他还认为王夫之的政治思想中含有近代的"法权"思想，不同于西方"法权"的特点之一是，更加强调了道德伦理因素在"法权"中的重要作用。

侯外庐对中国古代思想史及代表性思想家的学术思想有过精深的研究与探讨，在对思想家的选择上，侯外庐对胡适所论及的思想家都逐一进行了分析，并得出与之不同的观点与结论。在《中国古代思想学说史》中，有相当的篇幅目的在于说明胡适对墨子评价过高的错误之所在。侯外庐的研究鲜明地体现了马克思主义社会科学的党性和科学性的高度统一。蔡尚思说："侯老能运用《资本论》的观点方法研究中国社会史思想史。正由于他有马克思主义的基本理论，所以远远超过了梁启超、胡适等的资本主义派；另一方面，又由于他注重史料，采用前人考据

① 程新国：《侯外庐对老子的研究》，胡道静《十家论老》，上海人民出版社 2006 年版，第 158 页。

② 萧萐父：《吹沙集》，巴蜀书社 1991 年版，第 514 页。

③ 《萧萐父文选》上册，武汉大学出版社 2007 年版，第 230 页。

的成果，所以基本上克服了二十年代社会史论战的缺点。”①

侯外庐从翻译和研究《资本论》中所获益的，不仅仅是其对于马克思主义理论的熟知与理解，更在于思维能力与研究方式的训练，以及将马克思主义理论运用于中国实践的能力的提升，也为侯外庐驾轻就熟地研究思想史与社会史提供重要的方法论支撑。他说：“我常自幸，十年译读《资本论》，对于我的思维能力、思维方式和研究方式的宝贵训练。这方面的收获，决难以任何代价换取。”②在当时那个年代，多数人研究马克思主义理论者侧重于马克思主义理论内容的剖析和原则的探讨，忽视唯物史观的研究方法、逻辑架构、思想方式之钻研。而侯外庐的难能可贵之处则在于，他在学习、研究马克思主义唯物史观理论的基础上，更多地把注意力深入到马克思的思维方式、研究方式的领域，探索马克思主义原理的普适性与具体适应范畴及其对本民族传统理论的创新研究方式，使自己在历史思维方面掌握了科学的思维方式和研究方式。总而言之，《资本论》的翻译对侯外庐的史学研究产生了重要的影响，不管是在社会史还是思想史领域，概莫能外。他的马克思主义史学研究成就斐然，不仅体现在对中国传统社会思潮及思想家的独特解读上，并且在中外对比纵横综合研究上也体现出了深度和力度。

三、经济史与经济思想研究

侯外庐早年在翻译《资本论》时，就对经济史与经济思想有着浓厚的兴趣。从现有史料来看，推动侯外庐研究经济学尤其是经济思想史的原因主要是，郭沫若的新著《中国古代社会研究》给侯外庐深刻的影响，促使其将研究与翻译《资本论》的心得运用于对中国古代史的探索，使侯外庐“产生了一种愿望，想要研究和翻译中国历史各经济发展阶段与政治思想、学术思想的关系”③。黄宣民说：“《资本论》这部伟大著作推动侯外庐从法学走向经济学”④。

（一）《经济学之成立及其发展》

侯外庐早在执教哈尔滨法政大学和北平大学期间，就对经济学和经济思想史

① 《侯外庐同志关于中国思想史的商讨与计划》，《蔡尚思全集》第7册，上海古籍出版社2005年版，第80—81页。

② 侯外庐：《韧的追求》，生活·读书·求知三联书店1985年版，第91页。

③ 侯外庐：《我对中国古代社会的研究——回忆录之七》，《中国哲学》第9辑，第522页。

④ 黄宣民《侯外庐治学道路——从法学、经济学走向史学》，《中国社会科学院学术大师治学录》，中国社会科学出版社1999年版，第318页。

有所探索。在哈尔滨法政大学，侯外庐开设“中国经济思想史”教程。在北平大学法学院讲授两门课程，一门是社会学，另一门是经济学，经济学课上主要讲授马克思主义政治经济学。在北平任教时，侯外庐将过去在哈尔滨任课时的讲义作修改补充，辑成两部分，一部分为根据《反杜林论》与《剩余价值学说史》而编译的“经济学的黎明期”，另一部分为根据《经济学批判》与《资本论》等书而编译的“经济学的科学地发展时期”。

1934 年，侯外庐开始撰写《经济学之成立及其发展》。“编者序言”中提出：“编者感于经济思想史参考书的缺乏，早想编一本系统的经济思想史问世，书中采取一种严格的方法，在可能范围内不加编者的语句，尽量引用已成的文献作为材料，如同经济史教程等书所采取的严格主义一样。所以近年来便把《剩余价值学说史》，《反杜林论》，《经济学批判》，《哲学的贫困》，《资本论》诸巨作中关于思想史的材料不断地择译些出来，加点自己的批语。”①

（二）政治经济学相关论文

在中国近现代史上，东北一直是外国列强眼中的一块肥肉，沙皇俄国和日本虎视眈眈，始终觊觎中国东北，妄图不断攫取利益，而铁路就是他们蚕食东北的重要工具，伴随铁路而来的是各种铁路报刊的兴起。1930 年 7 月创刊的《中东经济月刊》是中苏共管中东铁路时期中东铁路局中国方面出版的机关刊物之一，办刊宗旨是“报告中东路营业实况，研究开发辽、吉、黑、热等省资源”②。此时期，正值侯外庐旅法回国任教于哈尔滨法政大学之际，在郭沫若《中国古代社会研究》的启发和《资本论》翻译等因素的推动下，针对现实情况，侯外庐的论文开始涉足经济学领域（见表 1-2）。

表 1-2　1930—1931 年侯外庐于《中东经济月刊》发表论文统计表

题　目	刊　号	主要内容
《最近国际金融关系之动态》	1930 年第 6 卷第 4、5 合号	战后国际金融之三阶段、国际金融协调主义之协商、美国资金对于欧洲各国援助的外观等

① 侯外庐：《经济学之成立及其发展》，国际学社 1935 年版，第 1 页。

② 《人民铁道》2013 年 11 月 1 日。

续表

题　目	刊　号	主要内容
《我之金贵银贱观——自现今货币论上研究》	1930年第6卷第7号	金在现今货币制度上之意义、银在现今货币制度上之位置、货币对外价值论与银价等
《转折期之一九三〇年世界经济界》	1930年第6卷第8号	本年世界经济衰退之总观察、本年世界经济衰退之分别观察
《中国产业之出路问题——读山阳先生〈东北人力资本之缺乏与东南之过剩〉一文有感而作》	1930年第6卷第8号	中国财富之保存实况、近代中国式之商业资本、中国资本形态之转变进程、最近资本之出路等
《本年世界农业与金融之关系及其救济策》	1930年第6卷第9号	本年上期世界农产物之衰微、本年世界金融失衡及其转向等
《日本金解禁之因果》	1930年第6卷第10号	日本金解禁前国际贷借之趋势、大正九年至昭和二年金融大恐慌之信用膨胀、昭和二年恐慌后之金融界与金解禁问题等
《景气变动史概观及去年世界景气之观察》	1930年第7卷第4、5合号	世界景气变动史略、世界景气之现在与将来等
《日本金解禁之因果(续)》	1930年第6卷第11号	金解禁之准备、金解禁后日本之贸易状态、金解禁后日本之正货之流出,日本金解禁后物价之下落等
《金银在世界经济上之意义与中国》	1931年第7卷第6号	货币史上之金银、银之需要供给与银价等
《金银在世界经济上之意义与中国(续)》	1931年第7卷第7号	银价暴落影响于产银国与我国(银本位国)、金价腾贵如何说明等

(三) 侯外庐经济学研究与其终身治史的关系

早在侯外庐执教于哈尔滨法政大学时期,就开始了"中国经济思想史"课程,开始用马克思主义的著作经济学理论分析解释先秦诸子学说中的经济思想。"鉴于史学论战中,对于中国社会经济性质的不同看法,我于一九三三年写了一篇《社会史论导言》。一九三四年,我出版了《中国古代社会与老子》和《经济学之成立及其发展》两本小册子。”①

在《社会史论导言》中，侯外庐对苏联学者关于生产方式的定义提出不同的看法。他认为，根据马克思在《资本论》中对资本主义的分析，一定历史时期的生产方式，应是“特殊的生产手段与特殊的劳动者二者的特殊结合”，而不是“生产力和生产关系的对立统一”。作为一个学术问题，侯外庐的见解未必就是不易之论。但如果从史学史的角度去认识，侯外庐提出并坚持这一观点有着特殊的意义。政治经济学本身是一门实践性极强的近代科学，对其理论的认识理解需要有近代社会的经济条件基础。由于近代中国社会经济的停滞和畸变所造成的复杂情况，无形中增加了理解这门科学的难度。因当时的客观条件所限，极少人有能力和条件对马克思主义广义政治经济学理论进行独立系统的研究。因此，20 世纪 30 年代的大论战中，在理论问题上，苏联学者的诠释常常被视为权威，而由于当时共产国际和中国共产党内在思想路线上的严重“左”倾教条主义，更助长了理论研究中这种简单化、公式化倾向。在这种情况下，侯外庐没有盲从、迷信，而是根据《资本论》提供的理论和方法，提出并坚持自己的独立见解，这在中国马克思主义史学思想发展史上的意义超出了所讨论的问题本身。

从经济学转向史学是侯外庐学术生涯的重大转折，《社会史论导言》正是这一转折的主要标志。

① 侯外庐:《韧的追求》,生活·读书·求知三联书店 1985 年版,第 225 页。

第二章　侯外庐与20世纪30年代中国马克思主义思潮的迅速发展

自五四时期马克思主义思潮兴起，经20世纪20年代的迅速传播，到了30年代，辩证唯物主义在中国取得了重大发展，唯物史观方法论被广泛运用于学术理论的各个领域。从1919年五四运动起，至1930年“左联”成立，十年光景，“天火”越燃越旺。① 侯外庐与20世纪30年代中国马克思主义思潮迅速发展的关系，可以分北平时期与山西时期这两个阶段来论述。侯外庐虽然没有参加当时的中国社会史论战，但这次论战对他产生的影响是巨大的。北平时期，包括侯外庐、李达和吴承仕等人在内的一大批马克思主义学者聚集于北平大学法学院、中国大学、朝阳大学等学术机构，他们积极组织教学科研和宣传活动，特别是“左翼教师联盟”组织的一系列群众讲演活动，虽然冒着生命危险，但他们立场坚定、迎难而上，为马克思主义思潮在中国的迅速发展，为新中国的成立，起到了推动作用。山西时期，侯外庐等马克思主义者利用复杂的政治矛盾在山西开展活动，展示了中共及其学者善于利用各种条件和环境以增强自身力量。著述方面，《中国古代社会与老子》是侯外庐山西时期的一部力作，此书呈现的诸多学术思想特点是以后侯外庐一直加以贯彻和发展的。本章要突出的问题主要有三个：一是侯外庐对中国社会史论战的看法，这种看法如何影响了他学术思想的特性的形成；二是侯外庐与20世纪30年代北平马克思主义学者圈的形成，分析侯外庐以及中国马克思主义学术的危机感、现实性、政治性；三是侯外庐利用复杂的政治斗争环境，怎样开展自己的学术研究并初步形成自己的路径和特色。

第一节　中国社会史论战对侯外庐学术思想的影响

20世纪30年代，思想学术界充斥着机械仿效西方文化的偏向，越来越多的学

① 王观泉：《“天火”在中国燃烧》，天津人民出版社1984年版，第2页。

者逐渐意识到这一点。吕振羽批评其为“文化贩运主义”，即指五四后中国理论界对西方思想的照抄照搬和对资产阶级学派的盲目模仿。更为严重的是，这个囫囵吞枣、不接地气的学术问题，在引进马克思主义学术的初期及其传播发展的过程中，在某些方面也同样存在。贺麟批评指出，“九一八”前后的马克思主义理论，没有全面而正确认识到共性与个性之间的内在关系以及每个民族所具有的与众不同的传统文化渊源，在唯物史观的建设等领域“忽略了民族性和民族精神”①。不可否认的是，在“师夷长技以制夷”的初期，一定的模仿甚至是照抄照搬是允许的，一定程度上也可以说，这是引进、学习外来文化的必经阶段。但关键的是，文化引进来了之后，如何处理其与本土文化之间的关系，以及能否实现、在多大程度上实现外来文化的中国化，是个急需探究的问题。几乎与此同时，中国思想学术界在探究中国将往何处去的过程中，对迫在眉睫的诸多问题产生争鸣，企图从本民族发展的历史中寻找答案，兴起了关于中国社会性质问题和中国社会史问题的论战。

一、中国社会史论战的时代背景及现实诉求

大革命失败以后，国内局势产生变化，革命渐入低谷。为了继续探索中国革命的道路和努力的方向，马克思主义者所面临的迫切任务就是，弄清中国现在是一个什么性质的社会，中国将向何处去。为此，思想界、学术界、理论界都展开了广泛而深入的大讨论。据侯外庐概述，此次讨论的核心问题是“中国社会已经走上了一个什么阶段”、“中国将向何处去”。基于此，只有反观中国几千年的历史，才有可能对这样一个涉及政治、经济、文化等基本国情的问题做出合乎实际情况的回答。于是问题又从现实转向历史，争论的主题也随之发生转了变化，由社会性质论战而转向社会史论战。翦伯赞指出：当时有些人“以为对于中国革命的方向，有重新加以估定之必要。而对于这一革命方向之新估定，又必须依据于中国历史发展的倾向，与中国现阶段的社会性之正确的认识。”②结合当时的社会情况及现实诉求，急需对社会性质和社会史定调，为中国未来的发展与走向提供参考与指引。“过去我们做了什么，现在应该做些什么”③等诸如此类的问题，在中国学术理论界和思想界愈争愈烈，一时间引发社会强烈关注。1931 年 5 月王礼锡主编

---

① 贺麟：《当代中国哲学》，胜利出版公司 1945 年版，第 79 页。

② 翦伯赞：《历史哲学教程》，新中国书局 1949 年版，第 152 页。

③ 《何干之文集》第 1 卷，北京出版社 1993 年版，第 264 页。

的《读书杂志》开辟“中国社会史论战”专栏，开展全面论战。此次大规模的论战持续时间之长、参与人数之广、焦点问题之多，在中国近现代史上都是比较少见的。

这些论战是在特定的背景下展开的，不仅具有思想论战的意义，而且有学术之争的内涵，对中国马克思主义学术的发展有着重要的影响。就史学而言，这两次论战因为关涉中国历史发展的阶段及当时中国社会性质的问题，对中国马克思主义史学的发展产生了深远的影响。参加社会史论战的既有马克思主义学者，也有新生命派，还有托派。① 侯外庐在《30 年代社会史论战对我的影响》一文中说：“参加这场论战的人也是多而杂的。当时苏联、日本的学术界都对中国社会史问题展开过热烈的讨论，其中一些有代表性的观点对中国理论界产生过影响。”“这场论战既有马克思主义史学队伍内部不同学术观点的争论，又有马克思主义与反马克思主义、革命与反革命营垒之间的思想政治斗争。总的说来，它反映了当时思想理论战线上的复杂斗争形势。”②论战的核心是马克思主义理论是否能指导中国的实践及其实现方式，而要回答这个问题，就必须对当时的社会定性，确定中国社会发展到什么阶段，那么就要反观中国的历史，所以前期争论的议题是中国有没有奴隶制等问题。论战中，马克思主义学者逐渐占据上风，郭沫若凭借自己多年对西周时代的研究及多方论证，第一个肯定中国奴隶社会的存在，并在此基础上进一步深挖材料，理出了中国古代社会发展的初步系统。另外，吕振羽也积极参加论战，他结合自己的研究成果，运用马克思主义理论系统论证了中国存在原始社会，在当时引起了不小的轰动。就在这个时候，侯外庐的著作《中国古代社会与老子》出版发行，书中所言的古代社会是指奴隶制社会，他以历史唯物主义理论为指导，发轫了他的历史研究工作。侯外庐运用唯物史观的基本原理，联系中国历史的发展规律，在社会史和思想史领域提出一系列值得深思的观点与看法。之后，侯外庐便成了在中国史学界尤其是思想史领域中著名的马克思主义学者，其独特的研究思路与治史方法与其他马克思主义学者判然有别。

二、中国社会史论战对侯外庐学术思想的影响

中国社会史问题论战涉及的范围很广，几乎涉及中国所经历的奴隶社会、封

① 马克思主义者以郭沫若、吕振羽、翦伯赞等为代表，新生命派以陶希圣、梅思平等人为代表，托派以李季、王宜昌、陈邦国、杜畏之等为代表。参见《翦伯赞学术纪念文集》，北京大学出版社 1986 年版，第 14 页。

② 陈引驰：《学问之道》，浙江大学出版社 2008 年版，第 237 页。

建社会等各个阶段的方方面面，但主要围绕“亚细亚生产方式”、“中国历史上是否经过奴隶制社会”、“中国封建社会的性质及特征”三个问题展开争论。虽然侯外庐未直接参与中国社会史论战，但论战对侯外庐的史学研究影响较深，尤其关于亚细亚生产方式问题的探讨，散见于其撰写的《中国古典社会史论》一书中，之后的《中国古代思想学说史》等论著对这一问题也有所提及。此外，作为引发社会史论战的导火索并在社会史论战背景下成为学术界辩难对象的郭沫若《中国古代社会研究》，也对侯外庐的学术研究给予深刻启迪。

第一，关于亚细亚生产方式问题，中国马克思主义史学家有自己的看法。马克思在研究生产方式时曾言：“大体说来，亚细亚的、古代的、封建的和现代资产阶级的生产方式可以看作是经济的社会形态演进的几个时代。”①对于这段论述，当时的史学界存在着不同的看法。郭沫若在《〈诗〉〈书〉时代的社会变革与其思想上的反映》一文中，认为马克思所讲的亚细亚生产方式，不是杜畏之、王宜昌、何干之等人理解的那样，而是指原始共产主义社会。他指出：“这儿所说的‘亚细亚的’，是指古代的原始公社社会，‘古典的’是指希腊、罗马的奴隶制，‘封建的’是指欧洲中世纪经济上的行帮制，政治表现上的封建诸侯，‘近世资产阶级的’那不用说就是现在的资本制度了。”②吕振羽认为马克思讲的亚细亚生产方式是“亚细亚国家之封建主义的一点特色”，后来吕振羽认为亚细亚生产方式是“一种初期国家的奴隶制”。由此可见，中国马克思主义史学家虽然在亚细亚生产方式所对应的历史发展阶段上存在分歧，但都认为在历史发展的阶段上存在着这样一种社会历史形态。

作为一个谨慎的旁观者，侯外庐以翻译《资本论》为契机，默默地做着理论准备。他认为要想客观辨明中国古代社会性质，科学解读马克思关于生产力与生产关系原理，首先得搞清楚的就是亚细亚生产方式问题。侯外庐总结了中国社会史问题论战的经验教训，指出通过这次论战暴露了中国马克思主义理论研究方面的很多问题，但“问题的本质在于没有找到研究中国古代的科学路径”③。侯外庐把寻找这条“科学路径”的工作，一直贯穿于他治史历程尤其是社会史研究道路的始终，结合中国古代社会的研究现状以及当时的社会发展情况，他把马克思这一理论“延长”到对于中国古代社会以及中国古代文明起源路径的研究。

第二，关于中国历史上有无奴隶制社会问题，是中国社会史问题讨论的一个

---

① 《马克思恩格斯选集》第2卷，人民出版社1995年版，第33页。

② 郭沫若：《中国古代社会研究(外二种)》，河北教育出版社2004年版，第118—119页。

③ 侯外庐：《韧的追求》，生活·读书·求知三联书店1985年版，第79页。

焦点。这个问题争论的实质是马克思关于社会史的观点是否具有普遍性。中国马克思主义史学家承认中国存在着奴隶社会的事实，基本弄清了20世纪二三十年代中国社会的性质及其在整个历史发展进程中所处的阶段，肯定马克思主义理论适应于中国的实际情况。在中国马克思主义史学家群体中，郭沫若的研究成果具有重大影响，证实了中国有奴隶制社会的存在，他在《中国古代社会研究》一书中认为商代是原始共产制的氏族社会，西周是奴隶社会。当然，郭沫若关于中国奴隶社会的下限有过不同的观点。他起初认为，奴隶社会与封建社会的交替是在公元前770年左右，也就是在西周与东周之交。后来，郭沫若认为奴隶社会与封建社会交替是在秦汉之际，也就是在公元前206年。再后来，郭沫若认为奴隶社会与封建社会交替是在春秋战国时期，即公元前475年。郭沫若的研究工作，虽然也有些缺点，但"打破了一二千年来官学对中国古代史的'湮没'、'改造'和'曲解'，确是一桩破天荒的工作"①。吕振羽也认为中国存在着奴隶社会，他说："奴隶制度是社会发展过程中一个必然的阶段；若没有这一特定阶段的存在，则后来的文明时代便不能想象。"②但吕振羽不认为商代是原始共产主义社会，而认为商代已经进入奴隶社会，主张西周封建说。吕振羽在《殷代奴隶制度研究》文章中，以政治、农工商以及社会生活等史料来做立论的根据，对殷代社会展开全面的研究，指出殷代奴隶的生活状况以及阶级地位。在奴隶的使用范围上，他结合当时社会的生产力发展水平及政治、文化状况，通过进一步的研究与论证后指出，"不仅在普遍的生产领域和杂役中使用，而且用以参加战争和公务"。翦伯赞赞同殷代奴隶制的观点和西周封建论。中国马克思主义史学家虽然在中国奴隶社会的起始问题上有着很大的分歧，但都认为中国存在奴隶社会，虽然其社会发展水平及政治、经济、文化等方面的表现形式略有不同，但都肯定中国历史与世界上其他国家一样都经历过奴隶制的阶段。侯外庐受郭沫若《中国古代社会研究》的影响很大，认为郭沫若对于中国古代社会的研究很有价值，尤其是他在掌握大量史料的基础上，运用历史唯物主义观点和方法，第一次提出并且论证了中国古代同样存在奴隶制社会，从而证明了马克思主义关于人类社会史一般规律的普遍意义。

第三，关于秦汉以后中国社会性质问题，中国马克思主义史学家批判了那种认为秦汉以后是"商业资本主义"、"前资本主义"的说法。中国马克思主义学者承

① 《何干之文集》第1卷，北京出版社1993年版，第313页。

② 吕振羽：《中国经济之史的发展阶段》，《文史》1934年第1卷第1期。

认封建社会在中国存在的事实，并就中国封建社会的一些特征进行分析。何兆武在《释"国民"和"国民阶级"——兼忆侯外庐先生》一文中说："作为他的助手，我曾多次协助他翻阅马克思、恩格斯的原文，反复推敲，以求明确各词的原文原意之所在。"①比如，对于"封建"一词的概念解析，侯外庐认为，"封建"误译导致"语乱天下"。他在《中国思想通史》中指出古代中国的"封建"是指古代城市国家，西欧的feudalism则是立足自然经济、以农村为出发点的所有制形式，故以"封建"译feudalism，二者相混，是"语乱天下"。② 在论战之中，中国马克思主义史学家虽然在中国封建社会起始年代的问题上有着分歧，但都肯定奴隶社会之后到鸦片战争这一阶段是中国封建社会，坚持了马克思主义关于人类历史发展阶段的理论，推动了唯物史观方法论在中国的运用与传播，深化了中国马克思主义史学家对中国古代社会研究领域的挖掘。

如果说中国社会性质问题的论战对马克思主义史学发展的影响是推动了中国近代史研究的发展，那么，中国社会史问题论战在史学领域则主要是推动了以马克思主义为指导的中国古代史研究的进步和繁荣。中国社会史问题论战促进了马克思主义史学队伍的形成，一批年轻的马克思主义者投入史学研究之中，出现了一批以郭沫若、吕振羽、翦伯赞、侯外庐等为代表的马克思主义史学大家。史学成果颇丰，代表性论著有郭沫若的《中国古代社会研究》，该书是最早运用唯物史观深入研究中国历史的专著，此外，吕振羽的《史前期中国社会研究》及《殷周时期的中国社会》在当时也产生较大影响。中国社会史问题论战还开拓了马克思主义史学家的研究视野，研究领域扩大到原始社会史、商周史、经济史、史学理论和史学史等领域，迎来了中国马克思主义史学发展的黄金时期。

第四，《中国古代社会研究》对侯外庐的启发。在现实诉求下，关于中国古代社会性质与社会史的大论战空前激活了中国学术界。许多学者之间的观点与想法在论战中交汇，思想在碰撞中得以升华，郭沫若的新著《中国古代社会研究》给侯外庐带来深刻的影响。促使其将研究与翻译《资本论》的心得运用于对中国古代史的探索，使侯外庐"产生了一种愿望，想要研究和翻译中国历史各经济发展阶段与政治思想、学术思想的关系"③。黄宣民说："《资本论》这部伟大著作推动侯外庐从法学走向经济学，又推动他深入史学，但是，直接促使他从经济学转向史学的

① 何兆武：《历史理性批判论集》，清华大学出版社2001年版，第776页。

② 侯外庐：《中国思想通史》第2卷上册，三联书店1950年版，第374页。

③ 侯外庐：《我对中国古代社会的研究——回忆录之七》，《中国哲学》第9辑，第522页。

还有另一部名著，那就是郭沫若的《中国古代社会研究》。”①郭沫若的诸多观点和论点对侯外庐的史学研究深有启发，《中国古代社会研究》中有专门针对胡适、梁启超等资产阶级学者的论述，书中说：“胡适的《中国哲学史大纲》，在中国的新学界上也支配了几年，但那对于中国古代的实际情形，几曾摸着了一些边际？社会的来源既未认清，思想的发生自无从说起。所以我们对于他所‘整理’过的一些过程，全部都有从新‘批判’的必要。”②那段时间，一些非马克思主义学者也都打着辩证唯物主义和历史唯物主义的旗号著书立说，企图混淆视听，诸如李季等人运用所谓的唯物史观方法论写出《胡适中国哲学史大纲批判》等书。可见，《中国古代社会研究》是启发侯外庐研究中国思想史的一个重要因素。

郭沫若的学术思想和研究成果对侯外庐的影响非常深刻，不但在研究方法、研究思路以及逻辑架构等方面给予侯外庐以启示，而且他在古文献、古文字和考古学方面的渊博知识，地上文献与地下出土文物相互印证的创新理念，以及对古史研究中疑难问题的大胆论断，也都开阔了侯外庐的眼界。“如果说，大革命时期，李大钊同志曾经是指引我学习马克思主义理论的老师，那么，从 20 世纪 30 年代初开始，我已经把郭沫若同志看作是指引我学习和研究中国历史的老师。”③侯外庐在《不同凡响的襟怀器度——作为学者的郭沫若》一文中说：“我要特别提到的是，在这场论战中，以郭沫若为代表的中国马克思主义者的一个重大功绩，就是他们在批判形形色色的唯心主义史学的同时，开创了以马克思主义为指导的中国新史学。”④由此掀开了中国马克思主义史学发展史上的新篇章，论战的余波对现当代的史学研究仍有重要的影响。

总之，针对社会史论战中争论最激烈的几个问题，侯外庐都做出了自己的独立思考和解答。这些问题包括：一是亚细亚生产方式，以及中国历史是否经过奴隶制阶段问题；二是何谓封建社会，以及中国封建社会的历史断限和特征问题；三是所谓商业资本主义社会的问题。最终需要在这些问题讨论的基础上，从历史回到现实，解决近代中国是否半殖民地半封建社会的问题。侯外庐经过研究，对以上问题做出了如下回答：首先，亚细亚生产方式与“古典的古代”同属于一个社会

---

① 黄宣民《侯外庐治学道路——从法学、经济学走向史学》，《中国社会科学院学术大师治学录》，中国社会科学出版社 1999 年版，第 318 页。

② 郭沫若：《郭沫若全集》历史编第 1 卷，人民出版社 1982 年版，第 7 页。

③ 侯外庐：《韧的追求》，生活·读书·求知三联书店 1985 年版，第 223—224 页。

④ 房向东：《评说郭沫若》，大众文艺出版社 2001 年版，第 369 页。

阶段，都是奴隶制社会，但走着不同的发展路径；其次，中国封建社会确立于秦汉之际，从秦始皇统一六国，最终经过汉武帝的法典化，封建社会才最终确立，判断封建社会确立的标准是法典化；再次，明末清初中国产生了资本主义的萌芽等；最后，侯外庐论证了近代中国处在半殖民地半封建社会的现状，以及需要开展新民主主义革命的必要性。这是他把马克思主义理论运用于中国历史研究，并经过独立思考而得出的结论。① 在当时的社会环境下，马克思主义理论在中国大地上曲折发展，为中国将往何处去指明了道路，对中国的历史研究向纵深拓展以及中国史学理论建设做出了巨大的贡献。在与非马克思主义史学的论战与角逐中，马克思主义史学队伍不断壮大，随着对马列原著的解读不断深化，史学论著的质量和数量都有了明显的提升。侯外庐以其两部论著——《社会史导论》和《中国古代社会与老子》，为中国马克思主义历史学的发展铺下了不可缺少的坚实基石。

三、侯外庐对世界历史发展中中国特性的研究

侯外庐直到1939年才发表第一篇关于中国历史的文章，但他自亚细亚生产方式讨论以来，就是说自20世纪30年代初以来，就开始注意有关问题了。他把古代社会定在周代，后来，在40年代，又把对古代社会的深入研究与对作为古代东方“维新的”“路线”，或者说“路径”的亚细亚生产方式的理论把握结合在一起。②对于侯外庐来说，这就意味着，必须把古代的历史资料与历史学的古代发展法则作为一个统一的研究，以便达到使“新历史学的古代法则中国化”的目的。③

（一）抗日战争时期侯外庐对文化和意识形态的认识

九一八事变特别是七七事变以后，日本帝国主义加紧对中国进行全面侵略，不仅在政治上控制中国的主权，军事上吞并中国的领土，而且为了达到长久奴役中国人民的侵略野心，还辅之以在思想上进行奴化教育。政治危机、军事危机引发了知识界对本民族文化生存危机的担忧，弘扬中华民族的优秀传统文化成为各阶级、各阶层的共识，他们在举起民族复兴的旗帜的同时也发出了文化复兴的呐喊。众多学者纷纷把学术视野转向传统文化，试图从中挖掘出能激发民族精神的文化财富。抗战时期，学术研究成为全民抗战建国的组成途径，包括哲学、史学在

① 方光华：《侯外庐学术思想研究》，三联书店2015年版，第35页。

② 侯外庐：《苏联历史学界诸论争解答》，重庆建国书店1945年版，第26页。

③ 侯外庐：《中国古代社会史·自序》，新知书店1947年版。

内的各门社会科学不再是远离现实的书斋中的高雅学问，而成为鼓动民族志气、激发民族斗争的精神力量。① 为了救亡图强、振奋民族精神，哲学家们不约而同地把学术视野转向清理中国古代优秀哲学遗产。

1938年夏天，侯外庐编写了一本关于抗战文化运动的小册子。他在书中表达了这样的见解：国民党在1938年4月制定的抗战建国纲领已为文化运动规定好了大方向。根据这个纲领，侯外庐把文化运动称作“三民主义的文化运动”，在此，他遵循孙中山的指示，把三民主义与法国革命自由、平等、博爱的原则等同起来。但是为了抗战，他宁愿依照何思敬，把文化运动更具体地规定为革命人文主义的文化运动。在侯外庐看来，这个概念既表现了世界文化发展的国际反法西斯主义的性质，又表现了特殊的中国的性质，后者不仅存在于对中国历史最好传统的继承之中，尤其也存在于对革命和五四运动传统的继承之中。②

这样一来，侯外庐就把新文化运动理解为两条路线的结合了，一条是世界文化的国际主义反法西斯主义的思潮，另一条是存在于中国传统之中的民众的启蒙运动。同时，对于他来说，新文化运动也是两条路线的批判继承。一方面应当继承在法国大革命中表现出来的启蒙运动和人文主义的革命传统，但是对于19世纪或者20世纪初在德国、意大利和俄国已经陷入“自由主义”和“假人文主义”泥潭的民主主义运动却应当予以抵制。③ 只有还算得上进步的资产阶级人文主义和启蒙思想，就是说资产阶级民主的最好传统，才能够成为中国文化运动的有机组成部分。另一方面，对中国人文主义和启蒙运动传统的批判继承也只限于辛亥革命、五四运动和20世纪二三十年代的革命。侯外庐之所以把这些运动看作革命人文主义的因素，是因为中国的资产阶级与欧洲的资产阶级不同，还具有进步性质，人民群众已经掌握了资产阶级启蒙运动和人文主义的进步内容，并与反帝反封建运动和反法西斯主义的抗战紧密结合在一起，它因此也超过了欧洲启蒙运动的资产阶级人文主义。④ 对于侯外庐来说，革命人文主义的文化运动不仅具有批判旧世界的旧观念和继承旧世界好的思想传统的特点，而且也具有重新确立一切

① 李方祥：《二十世纪三四十年代“学术中国化”与“马克思主义中国化”的思潮互动》，《中共党史研究》2008年第2期，第60页。

② 侯外庐：《抗战建国的文化运动》，中山文化教育馆1939年版，第3—4页。

③ 侯外庐：《抗战建国的文化运动》，中山文化教育馆1939年版，第7页。

④ 《侯外庐论18世纪的经济、政治和启蒙运动的挫折》，《顾准笔记》，中国青年出版社2002年版，第245—246页。

价值和发展新知识的特点。对于侯外庐来说，属于"革命人文主义精神"的，除了继承进步的民主传统外，还有对俄国革命的基本价值的高度评价和彻底实行民主，直至社会主义和人类解放。与其把文化运动理解为两大思潮的汇合的观点相对应，侯外庐把革命人文主义文化运动的任务规定如下：国际主义的任务首先应当是反法西斯主义，但也是反对资本主义，它意味着反对法西斯的侵略和世界资本主义的复辟，捍卫政治民主和人类历史的进步；特殊的民族任务应当是为建立一个独立的人民共和国和开展法国大革命意义上的启蒙运动而奋斗，这个启蒙运动要以彻底根除落后的中世纪残余即封建主义为目标并对本国的传统持批判继承态度。侯外庐不是把马克思主义，而是把孙中山的"知难行易"学说理解为文化运动的主要理论。由于这个学说增加了"精神战胜物质"的口号，所以人们就可以克服对该学说进行自由主义和妥协主义的解释的缺点了。①

侯外庐对文化运动的定性分析是以他对政治发展的估价等同样的理论观点为基础的。在此，应当把"革命人文主义"的概念看作是与他的"三民主义的民主"、中国"激进的民主道路"和"特殊的民主制度"等概念平行的。② "革命人文主义"最终是有选择地批判继承资产阶级人文主义传统的产物，也是社会主义思想的产物。侯外庐使用世界进步文化的"中国化"概念来说明这种继承。在他的思想中，处于首位的是对把中国的文化纳入国际反法西斯主义的文化运动之中的行为的强调，是对特别起源于欧洲的进步资产阶级传统的批判接受和对孙中山发起的中国民主运动的批判继承。在此，尽管承认民族自卫斗争的政治优先权，反法西斯主义和反封建这两项任务在文化运动中仍获得了同样重要的意义。③

(二) 世界历史发展中的中国特性

当侯外庐同吕振羽和翦伯赞一样广泛涉猎中国历史的史料时，他基本上遵循了吕和翦的方法。但是他既否定后者的分期建议，也否定他们把中国的奴隶制看作"古代东洋奴隶制度的变种"的方法论。就是在对中国的发展的特殊性作具体的内容规定方面，他也确立了不同的重点。他也与何干之不同，这除了其他问题，

① 侯外庐：《抗战建国的文化运动》，中山文化教育馆 1939 年版，第 16 页。

② 罗梅君：《政治与科学之间的历史编纂——30 和 40 年代中国马克思主义历史学的形成》，第 106 页。

③ 罗梅君：《政治与科学之间的历史编纂——30 和 40 年代中国马克思主义历史学的形成》，第 234—235 页。

主要是他认为：如果只从早川二郎所强调的进贡制方面来认识亚细亚生产方式的“主要特殊性”，未免太过分了。他也否定了那种与之相关的把亚细亚生产方式视为从氏族制向奴隶制的过渡时期的观点。① 然而，同何干之一样，侯外庐的论著同样紧紧追随恩格斯关于古代社会的不同道路的思考，而且对这些思考作了进一步的加工，并把它们放到整个历史的发展过程之中。

在划分历史时期时，侯外庐不像何干之等人那样从马克思的下列著名论断，即大体说来，亚细亚的、古代的、封建的和现代资产阶级的生产方式可以看作是社会经济形态演进的几个时代②出发，认为这个次序并不合适，并且指出马克思在其他地方所说的话与上述论断不同，是把“古代的”放在“亚细亚的”前面。他以此来进一步论证他的下列命题，即亚细亚生产方式和古代生产方式是出于共同的古代范畴之内的东方社会和西方社会两条平列的发展道路。“古代”是指奴隶制阶段。侯外庐认为中国的周代便是奴隶社会，该社会在春秋时期逐渐趋于没落。周代以前是氏族社会的构成，而春秋之后则是封建主义的构成了。③

侯外庐在后来的论著中也坚持了这种分期④。他还把他的理论观点转用到其他民族和其他社会形态上。他进一步发挥说，正如马克思主义经典作家已经提到过的情形一样，不仅存在过亚细亚的、希腊的、罗马的、日耳曼的道路，而且在某一独特的社会形态范围内，可能还有别的不同的历史发展道路。他不只把这些不同的道路看作古代奴隶制构成的特殊特征，而且认为它们也适合于其他社会形态，中世纪和近代早期，就是说封建主义和资本主义，最后还有社会主义阶段，正如他在他的政治观念中所表达的思想那样。1939 年，侯外庐在《社会史论导言》中明确阐述了他研究中国历史的基本态度。他曾经花了很多年时间翻译马克思的《资本论》，现在，他根据马克思在《资本论》中的论述，确信，确定社会性质的基本范畴是生产方式，而不是技术和生产力或者商品流通和商业关系。生产方式在这里被看作是生产力和生产关系的“绍介者”⑤。

对于侯外庐来说，诱使他发表关于中国历史的具体论著的契机是围绕对诗人

---

① 侯外庐：《苏联历史学界诸论争解答》，重庆建国书店 1945 年版，第 29—30 页。

② 《〈政治经济学批判〉序言》，《马克思恩格斯全集》第 13 卷，第 9 页。

③ 侯外庐：《屈原思想的秘密》，《中苏文化》1942 年第 11 卷第 1 期。

④ 参见德里克：《革命与历史——中国马克思主义历史学的起源》，江苏人民出版社 2005 年版，第 167—168 页。

⑤ 侯外庐：《社会史论导言》，《中苏文化》1939 年第 2 期。

屈原的评价而在 1942 年与郭沫若展开的争论。为了能够更好地评价屈原，侯外庐遂转向研究亚细亚生产方式的一般性问题了。①

侯外庐称春秋战国时期是一个“大转变时期”，在这个时期，旧的社会制度，即由氏族制残余所束缚的奴隶制虽然还存在着，但是同时，新的封建制度也“出生”了。与其关于“亚细亚的”与“古代的”平行或者说相互交错的认识相对应，他也试图确定古代社会的“亚细亚性”。按照他的意见，这种“亚细亚性”就在于“城市与乡村之不可分裂的统一”。在亚洲，没有形成典型的城市国家的统治，因为古代的贵族们仍顽固坚持氏族社会的旧习俗。土地私有是作为占统治地位的诸侯公有出现的，并且采取了国家所有的形式。直接的生产者是贵族家中的奴隶，由士大夫阶级统领。按照侯外庐的意见，这就构成了“亚细亚古代的生产方法”。侯外庐也在下列情况中看到了亚细亚历史的其他特殊性，即由秦国完成的帝国的统一只改变了旧的氏族国家的形式，有很多法制是和旧公族政治妥协的。②

1943 年初，侯外庐出版了《中国古典社会史论》一书，他在书中具体阐述了他关于古代亚细亚的东方道路的观点。他首先批评指出，在社会史论战中，有的人把氏族公社社会论、奴隶制变种论或封建制变种论机械地搬用到中国历史上，并且以公式对公式，以教条对教条，很少以中国的史料信征者做基本的立足点。他本人则对研究中国历史提出了下列四点要求：①必须接受清代考据的传统；②必须接受卜辞金文家的传统；③必须基本上遵守经济学与历史学相结合的方法论；④必须对于亚细亚历史性作“理论的延长”。从物质条件是决定社会构成的基础的观点出发，侯外庐紧紧抓住他已经在其论文中反复强调过的两条法则：一是城市与乡村的分离；二是生产方式，即特殊的生产手段与特殊的劳动力之结合关系。并以此作为《史论》的准绳。与之相应，他在论述中涉及了中国古代城市国家的成立与发展、生产方式、商人与自由民以及政治与思想等方面的内容。在此，城市国家和生产方式的“亚细亚性”被加以突出强调，以区别于希腊和罗马。侯外庐原则上主张周代是一个奴隶制社会。完全同何干之一样，他也依据恩格斯的观点论述道，在古代社会内部曾经有过不同的路径——中世纪和近代早期也是如此——即

① 侯外庐：《屈原思想的秘密》，《中苏文化》1942 年第 11 卷第 1 期。

② 侯外庐：《屈原思想的秘密》，《中苏文化》1942 年第 11 卷第 1 期。

"希腊,罗马,日耳曼以及亚细亚诸路径"①。中国走的是亚细亚"路径"。侯外庐列举中国的下列标志作为古代亚细亚"路径"的特殊性:土地国有、城市与农村不可分裂的统一——这两者已经在关于屈原评价的争论中得到过阐述——以及自由民从"不合法的小生产者"当中产生,并在贵族内部的激烈斗争中逐渐站住了脚,而不像在希腊那样从旧氏族中出现。②

以后几年,中国古代的亚细亚道路仍是侯外庐的主要研究课题。1943 年 7 月,侯外庐再次呼吁,要突出强调中国古代历史的特殊性,不要把像贤者一类的中国的历史现象简单地等同于希腊的历史现象而导致不科学的推论。③ 1944 年,他又一次从理论上对他关于古代不同道路的命题作了总结并使之进一步深化。在这里,他更广泛地参照了马克思主义经典作家的著述,但没有提名道姓。他把他先前的亚细亚生产方式的定义精确为氏族国家土地所有的生产工具与集体的家内奴隶劳动力的结合。他把由亚细亚生产方式占主导地位的中国社会区分为两个阶段:古代东方"早熟"的国家阶段和"维新"的国家阶段。④

在此,侯外庐估计,作为一个特殊情况,亚细亚生产方式的早熟阶段早于古典古代的开始。他在这里特别提到了特殊的地理因素。在"维新"的国家阶段,部落首领和诸侯开始出现,他们后来也成为土地的所有者。但是,氏族公社仍被维持下来。部落不是大多数土地的所有者,而只是"占有者"。⑤ 与先前的著作相比,在这种关于亚细亚的东方道路的定性分析中,所有关系更加明显地占首要地位。侯外庐重新表述了他关于西方社会和东方社会在古代共同的社会形态中不同但又平列的发展道路的思想。他不仅主张古代有这样不同的道路,而且主张封建制也有不同的发展道路。这是与他的命题的非共时扩展相对应的。与之相应,他也做出了共时的,或者说水平的扩展,并且坚信,除了马克思主义经典作家已经举出的奴隶制构成的亚细亚路径和古典路径外,还会有其他的发展道路。在这里,侯外庐的理论出发点非常清楚。对于他来说,这些不同的道路都分别是社会形态依次更替的一般的合乎规律的历史发展进程的具体化,是一般的特殊的具体化,而这

① 侯外庐:《我对于"亚细亚生产方法"之答案与世界历史学家商榷》,《中华论坛》1945 年第 1 卷第 7—8 期。

② 侯外庐:《中国古典社会史论》,重庆五十年代出版社 1943 年版,第 118 页。

③ 侯外庐:《中国古代"贤者"之史的研究》,《中山文化季刊》1943 年 7 月第 1 卷第 2 期。

④ 侯外庐:《东方古文明理解之钥匙》,《文风》1944 年第 2 卷第 5 期。

⑤ 侯外庐:《中国古代文明起源考》,《文风》1944 年第 1 卷第 2 期。

种一般在任何地方都不会以纯粹的形式存在。侯外庐也用一般与特殊的理论范畴表达了这一认识:古代文明的发展道路总是在一般的“合法则性”的内部包含各自特殊的“合法则性”的。①

侯外庐还列举了东方的古代与古典古代的许多不同点,其中也反映出他的上述见解。他说,在古代东方,一开始就存在着大土地占有,而在古典古代却有一个从小生产向大生产的发展过程。在东方国家,家族直接被国家所替代,而在古典古代却有一个从家族经私有的形成到国家的发展过程。东方的道路是一条“维新的路径”,其中旧的被新的所取代。侯外庐也把古代东方的这条“维新的路径”与思想领域内的发展情况联系了起来。在此,旧的也不是被激进地彻底变革掉了,而是有着曲折的思想进程,旧的习俗不可能被轻而易举地彻底根除。人们只有理解这种合乎规律的运动,才能把握具体的历史真相。②

与之相反,侯外庐在 1949 年 8 月发表的《汉代社会新论》一文却在某种程度上意味着他迄今为止的研究的扩大,他第一次触及了“秦人从古代进入中古的路径”。他在文章中考察了秦汉时期的生产手段和劳动力,考察了秦汉社会的诸编制。在此,他主要探讨了农村-城市关系和超经济剥削等问题,并得出结论说,这个时期,封建社会的经济构成已经成功地取代了古代社会的经济构成。他称汉代的生产方式是领主地主所有的生产手段与农奴的劳动力二者间之结合关系。他在论述中力图说明亚细亚的古代社会向封建的中古路径的过渡,其中,亚细亚路径的残余继续存在,例如由氏族制沿袭下来的大家室集团制直到唐代仍继续以家内奴隶的形式存在于封建社会中,这样,按照侯外庐的意见,死的便束缚了活的了。③

1949 年,侯外庐的《中国古代社会史》出版了,该书主要收集了他在 1940—1945 年间所写的论文,包括他在 1943 年发表的《中国古典社会史论》的部分内容。与 1943 年的《中国古典社会史论》不同,侯外庐更普遍地使用了亚细亚生产方式概念,而不再使用他先前所表述的“古典社会及其亚细亚性的生产方法”的措辞。侯外庐自称这部著作是他的亚细亚生产方式思想的加强,是史料和理论的结合说明。他再次论述道,“古典的”古代和“亚细亚的”古代均指奴隶制社会。但是不允

① 侯外庐:《中国古代文明起源考》,《文风》1944 年第 1 卷第 2 期。

② 罗梅君:《政治与科学之间的历史编纂——30 和 40 年代中国马克思主义历史学的形成》,第 183 页。

③ 侯外庐:《汉代社会新论》,《大学月刊》1947 年第 6 卷第 4 期。

许把两者等一而视，在“一般的合法则性”方面，人们必须以经典作家为依据，但在“特殊的合法则性”方面，却要判别具体的社会发展。在这个意义上，正如他在早期的著作中已经指出的那样，他希望细致地研究中国国家、财产、奴隶或法律的特别条件，弄清它们与希腊城市国家中相应的东西的差异。对于侯外庐来说，一方面是广泛细致的史料研究，另一方面是对马克思主义发展原理的理论学习，两者缺一不可。人们应当“把中国古代的散沙般的资料和历史学的古代发展法则，作一个正确的统一研究”，侯外庐说，“从引申发展上言，这是氏族、财产、国家诸问题的中国版的延长”。① 侯外庐也把他到当时为止的全部尝试，即把中国的发展的特殊性当作在一般的合乎规律性范围内的具体特征来加以说明，置于这一关系之中。②

第二节　从侯外庐的交游看 20 世纪 30 年代北平马克思主义学者圈的形成

侯外庐回国以后，除继续翻译《资本论》外，还先后在哈尔滨法政大学和北平大学法学院执教③，在学术研究和教书育人方面都做出了巨大的贡献。在那个特殊的年代里，有一个值得注意的现象，就是某些名牌大学和其他大学的差别。清华、北大等高校的教师一般都是正经八百的学院派，管理上比较严格，政治上的要求也比较多。而差一点的高校，学术理论和学校管理等方面则比较宽松，言论相对自由，比如中国大学、朝阳大学、北平大学等高校，聚集了一大批马克思主义专家学者、先进知识分子和民主人士等，真正成了宣扬进步思想的场所。在这个群体中，左派势力比较大，有利于马克思主义理论的传播和发展。侯外庐作为当时比较知名的“红色教授”，与北平马克思主义学者有着广泛而深入的交游。本节拟探讨从侯外庐的交游看 20 世纪 30 年代北平马克思主义学者圈的形成，重点剖析为何在当时的北平能形成如此规模的马克思主义学者群体、马克思主义学者圈的活动以及侯外庐在其中的位置、侯外庐的交游对其史学研究的影响等问题。

---

① 侯外庐：《中国古代社会史 · 自序》，新知书店 1947 年版。

② 罗梅君：《政治与科学之间的历史编纂——30 和 40 年代中国马克思主义历史学的形成》，第 214 页。

③ 1931 年，侯外庐胞弟侯俊岩到哈尔滨法政大学任教的侯外庐家过春节，遂留哈尔滨法政大学就读。九一八事变后，与兄一家回北平，再次进入北平法学院学习。

表2-1为20世纪30年代北平部分高校及中心人物对照表。

表2-1　20世纪30年代北平部分高校及中心人物对照表

学校名称	时任校长	中心人物
北京大学	蔡元培、蒋梦麟	胡适、蔡元培、王国维、刘文典、冯友兰、钱穆、梁启超、陈独秀、傅斯年、李大钊、鲁迅、梁漱溟等
清华大学	梅贻琦、罗家伦等	梅贻琦、赵元任、陈寅恪、罗家伦、吴南轩、陈岱孙、费孝通、钱钟书、闻一多、朱自清等
北平大学	沈尹默等	白鹏飞、侯外庐、李达、陈启修、陈翰笙、许德珩、陈翰笙、王思华、郭沫若、杜国庠、吕振羽、翦伯赞、范文澜等
中国大学	王正廷、何其巩等	孙科、宋教仁、黄兴、李达、黄松龄、杨秀峰等
北平师范大学	张贻惠、李蒸等	钱玄同、吴承仕、黎锦熙、陈垣、白寿彝、赵进义、刘亦珩、刘书琴等

一、侯外庐与马克思主义学者的交游

20世纪30年代初，侯外庐任教于北平大学法学院。对比名牌大学和北平大学的其他学院，北平大学法学院之所以左派教授与进步学者较多，如陈翰笙、李达、许德珩、王思华、陈豹隐、李光忠、章友江等，一个重要的原因是院长白鹏飞肯容纳信仰马克思主义的学者。① 侯外庐在北平大学法学院任教期间，与众多进步教授都有较深的接触。他晚年写道："半个多世纪来，中国新史学队伍赢得科学，挣脱枷锁，是有所作为，无愧时代和民族的。在这个队伍的名录中，有郭沫若、李达、杜国庠、吕振羽、翦伯赞、范文澜、吴晗、尚钺、尹达……与他们同伍，是我的殊荣。"②北平大学法学院的学生也特别活跃，在此起彼伏的抗日救亡运动中，他们积极贡献自己的力量。

（一）侯外庐与李达

1932年秋，李达到北平大学法学院任教，与侯外庐相识。侯外庐回忆："我们在一起讨论过社会史论战中存在的许多理论缺陷。他对于社会史论战是十分关

① 《国立北平大学法学院、农学院等校合聘教员名单、薪俸表》北京市档案馆，全宗号J024，目录号001，案卷号00243。

② 王炯华：《李达评传》，人民出版社2004年版，第264页。

注的，对论战中的托派理论保持着非常敏锐的警惕性。”①李达认为，之所以研究和传播马克思主义理论，致力于马克思主义理论在中国的创新发展，在于“应用马克思主义学说改造社会”②，用先进理论指导实践，在现阶段的主要任务是解决中国革命的实际问题。侯外庐说：“为了防止鱼目混珠，划清马克思主义与机会主义的界限，李达注重介绍国际工人运动史，对欧洲各种反马克思主义的机会主义派别，尤其对当时影响甚大的第二国际修正主义者进行了批评。他还对当时国内的无政府主义思潮，江亢虎的假社会主义以及梁启超、胡适、张东荪等为代表的反马克思主义思潮做了针锋相对的斗争，对于马克思主义在中国的传播起了廓清道路的作用。”③侯外庐进一步认为，作为马克思主义的宣传家，李达兼有著作家和翻译家一身而二任的特点，他的许多理论对中国革命和民主建设发挥着重要的作用。“在中国现代革命史上，李达同志是一位普罗米修斯式的播火者。从五四时期开始，他就孜孜不倦地在中国人民中间传播马克思主义的真理，成为中国无产阶级最早的启蒙思想家之一。”④李达的理论贡献，尤为突出地表现在哲学方面。他既是在中国最早传播马克思主义哲学的播火者，又是毛泽东哲学思想的宣传者。侯外庐强调指出：“诚如鲁迅先生论定李大钊同志那样，李达同志的著译，是中国革命史上的丰碑。”⑤

在 20 世纪 30 年代众多的马克思主义哲学工作者中，最为突出的是李达。侯外庐言：“抗战前，在北平敢于宣讲马克思主义学说的学者，党内外都有，大家都是很冒风险的。但是，就达到的水平和系统性而言，无一人出李达之右。”⑥1937 年 5 月，李达撰著的《社会学大纲》由上海笔耕堂书店出版发行。“该书形成了符合中国特点的马克思主义哲学的整体性的教科书体系，被毛泽东誉为中国人自己写的第一部马克思主义的哲学教科书”⑦。当时的社会环境下，中国进步哲学界在运用唯物史观致力于哲学理论大众化与通俗化等方面取得了长足的进展，不管是在公众还是在中共领导层中都产生了重要的影响。

在北平期间，包括李达在内的马克思主义学者，通过教学、时事座谈、演讲等

① 侯外庐：《韧的追求》，生活·读书·求知三联书店 1985 年版，第 36 页。
② 《李达文集》第 1 卷，人民出版社 1980 年版，第 203 页。
③ 宋镜明：《李达与武汉大学》，山西教育出版社 1999 年版，第 77 页。
④ 侯外庐：《为真理而斗争的李达同志》，《光明日报》1981 年 6 月 18 日。
⑤ 侯外庐：《为真理而斗争的李达同志》，《光明日报》1981 年 6 月 18 日。
⑥ 王炯华：《李达评传》，人民出版社 2004 年版，第 4 页。
⑦ 《李达文集》第 1 卷，人民出版社 1980 年版，第 17 页。

活动，教育革命青年和进步学生，不断扩大马克思主义的思想理论阵地，为马克思主义信仰默默奉献。李达对侯外庐说："我的目标大，不便在社会上公开活动，你年轻，可以多做些工作。"①侯外庐在李达的影响下，在研究马克思主义理论的同时，热情投身于传播辩证唯物主义和历史唯物主义理论的活动，利用校内外各种讲坛及其他渠道积极宣传马列主义。

（二）侯外庐与吕振羽

李达到达北平任教后，与早已在北平的学生吕振羽重逢，从此，两人"论学议政，过从甚密。振羽至少每周一次去看望他的老师"，而李达又十分器重他的"高足"，"熟悉振羽的同志也常在振羽处看到李达老师"②。由李达介绍，侯外庐认识了吕振羽。起初，吕振羽研究的出发点及其重点在于现实政治和经济上面，之后，他研究的重点转向中国古代社会史方面，并接连产生了重大的研究成果，一举奠定了他的史学地位。在 20 世纪 30 年代的社会史论战中，吕振羽开始用唯物史观解释中国历史发展的过程，其理论观点在郭沫若对于中国古代社会研究的基础上有所发展，论证了中国社会发展同整个人类社会的发展遵循着共同的规律。侯外庐则是在此基础上更深入一步，研究中国历史在符合一般规律前提下的特殊性，更加具体地揭示中国历史的本质特征，侯外庐说："我们对于论战的注意点相当接近，所不同在于，他像勇士一样上阵投身进去了，而我，由于《资本论》译本出版不容稍待，只有从盈尺译稿中抬起头来喘息的一刻，才能作为观战者，分析交战各方的阵势和利弊。"③

后来，侯外庐与吕振羽在重庆重逢，吕振羽当时任教于北碚的复旦大学。侯外庐于《韧的追求》中言道："振羽的到来，政治上，我们多了一位知己，学术上，就像添了一支兵马。"④吕振羽居家于学校所在地，距歇马场的白鹤林、骑龙穴 20 余里，交通不便，但吕振羽和侯外庐常有往还。"有时偕夫人江明一起到侯外庐处，有时也独自前往。见面话题所及，无论文章、学术、时事、朋友，都能披心腹，见情愫。"⑤吕振羽在渝期间，是《中苏文化》极受欢迎的撰稿人。侯外庐约吕振羽写过

---

① 侯外庐：《为真理而斗争的李达同志》，《光明日报》1981 年 6 月 18 日。

② 江明：《展读遗篇泪满襟——记李达和吕振羽的交往》，《文献》1980 年第 4 辑。

③ 戴开柱：《吕振羽早期思想与实践研究》，湖南师范大学出版社 2007 年版，第 159—160 页。

④ 侯外庐：《韧的追求》，生活・读书・求知三联书店 1985 年版，第 104 页。

⑤ 侯外庐：《韧的追求》，生活・读书・求知三联书店 1985 年版，第 104 页。

多篇文章。“皖南事变”后，吕振羽奉命转移去新四军工作，临行前特地到黄家垭口中苏文化协会所在地向侯外庐辞别，侯外庐在回忆录中写道：“告别时，振羽神情庄严，嘱托我照顾他的年轻的弟弟持平。他把那次辞行当作最后作别，表示他此去前线，抱着不赶走敌寇誓不回头的决心。”①“振羽的作风特别求实而不尚空谈。他的作别，令我联想起古之壮士，振羽的精神当然不是古之壮士所能比拟，但恰在此中我发现了他不凡的气概。”②

交往中吕振羽对侯外庐产生重要影响，侯外庐欣赏吕振羽的战士的气质与性格。侯外庐曾经说，吕振羽走进书房是学者，走出书房是革命家。可贵的是吕振羽将学者和革命家完全自觉地融合在一起：他治学的目标是为了革命，而革命并没有妨碍他成为一个卓越的、有创建的历史学家。③

（三）侯外庐与吴承仕

当年中国大学的国学系主任吴承仕先生，是著名的经学家，他的观点和立场经历了一次较为彻底的转变。自郭沫若提出中国也存在奴隶社会，之后围绕这一论断的争论一直不休，在学术界一时还不能为所有人所接受，当时著名的学者当中，愿意放弃多年来自己熟知的研究路径和方法而进入一个陌生的研究领域的，只是少数人，这其中便有吴承仕。

在我国现代史上，波及学术界、思想界、文化界等社会各个层面的社会史大论战是具有重大理论意义的学术交锋，加速了辩证唯物主义和历史唯物主义理论在中国的传播，参与人数之多、影响之深远实属罕见。马克思主义理论在20世纪30年代的中国能够像不可抵挡的潮流涌进社会的每一个角落，是由中国特殊的国情所决定的。吴承仕先生思想的转变一定程度上也是时代造就的产物。④ 侯外庐常拿他与鲁迅比较，作为太炎的高徒，他们在学术上的造诣都很高，虽然行事的风格与治学的方法不尽相同，但最终都以马克思主义为信仰的归宿，值得深思。要深入了解吴承仕的学术及思想，绕不开其师章太炎。后来，在写《中国近世思想学说史》时，侯外庐对章太炎的理论成果和学术特色进行过深入的研究，并探索造就章太炎的社会因素和内在动力，在对章太炎思想的总结中，陈说太炎的思想的矛盾性来自看不到时代的出路。此外，侯外庐还高度肯定了章太炎在学术思想、教书

---

① 侯外庐：《韧的追求》，生活·读书·求知三联书店1985年版，第111页。

② 朱政惠：《吕振羽学术思想评传》，北京图书馆出版社2000年版，第316—317页。

③ 《新史学五大家》，社会科学文献出版社1996年版，第93页。

④ 章念驰：《章太炎生平与学术》，三联书店1988年版，第103—104页。

育人和政治观点等方面所取得的卓越成就，说："章太炎对于中国学术文化遗产的论述十分丰富。他是古文经学派最后一位大师，同时又是儒家传统的拆散者。他的思想的发展变化及其矛盾的性格，反映了中国近代历史发展的辩证法。"①

二、侯外庐与左翼教师联盟

对比钱穆《师友杂忆》中关于北平20世纪30年代学院生活之胜景的回忆，让人不禁感慨：马克思主义知识分子主要集中在二三流大学的社会科学专业，他们有广泛的群众基础，关注的是政治经济这种切要紧迫的时代问题和中国前途的问题。王汎森言："在唤起民众革命情绪的过程中，他们没有足够的时间、精力以学术方式进行研究。他们需要担当起先知的角色，为将来的行动提供锐利、明确的指导。"②王汎森道出了马克思主义知识分子在当时的社会环境下所面临的学术困境和急需解决的现实问题。包括侯外庐在内的马克思主义者公开承认他们的历史书是"战斗指南"，并说历史研究的目的"不是为了说明历史而研究历史，反之，是为了改变历史而研究历史"。③

侯外庐任北平大学法学院教授期间，经济系主任是李光忠，该校教授先后有李达、陈启修、陈翰笙、许德珩、章友江等人，学生有宋之的、韩幽桐、于玲等人。侯外庐在经济学课上主要讲授马克思主义政治经济学，在社会学课上讲授唯物史观。在北平师范大学讲授《历史哲学》，后公开使用"唯物史观"名称。教学之余，侯外庐积极投身群众革命斗争。其间，侯外庐应同事邀请参加左翼团体教师联合会（简称"教联"）。教联隶属"北平左翼文化总同盟"（简称"北平文总"），范文澜为教联的主要负责人之一。"武新宇（现全国人大副秘书长），老王（孔德学校教授）、一百二十中的老苏都是负责人。"教联"最有影响的活动时吸收了名教授许德珩、侯外庐、马哲民、施存统、黄松龄等参加。由于他们的参加，在教育界产生了极大的影响，几乎每半月或一周都有他们的政治时事和学术演讲，听众常常是座无虚席。这不仅对抗日的宣传工作起了重大作用，对宣传马列主义也起了重大作用。"④侯外庐所在的大学组有黄松龄、许德珩、马哲民、张申府、王思华等。

加入"教联"后，侯外庐经常应邀到北京大学、清华大学、北平师范大学、中国

① 章念驰：《章太炎生平与思想研究文选》，浙江人民出版社1986年版，第252页。

② 王汎森：《傅斯年：中国近代历史与政治中的个体生命》，三联书店2012年版，第159页。

③ 翦伯赞：《历史哲学教程》，新中国书局1949年版，第4页。

④ 陈沂：《1931—1932年的北方左翼文化活动》，《新文学史料》1979年第4期。

大学、民国大学、朝阳大学、北平大学法学院、北平大学女子文理学院等以及一些中学演讲，宣传抗日。当时，在大学教授中，经常发表公开演讲的，有北平大学的许德珩、师大的马哲民、中国大学的黄松龄，以及北平大学法学院的侯外庐等人。“北平文总”和“教联”由潘训①出面与侯外庐联系讲演的安排。侯外庐在中国大学大礼堂演讲时曾第一次向公众表明其亚细亚生产方式观点，嵇文甫听学生介绍后曾特地登门拜访。② 侯外庐又曾在师大演讲“法西斯种种”以揭露中外法西斯的同一反动本质，在中国大学当面与托派分子辩论并在此基础上写出《马克思主义与中国革命》。③ 侯外庐回忆：“我自从信仰马克思主义而真正从思想上走出书斋，投身到群众革命斗争的行列中去，应该说是在‘九一八’事变后，走上北平群众讲台时开始的。我从群众的救亡热情中，汲取到很大的力量，这力量对我以后的生活历程，一直起着重要的作用。”④

图 2-1 为侯外庐“什么是民主主义?”演讲稿稿本。

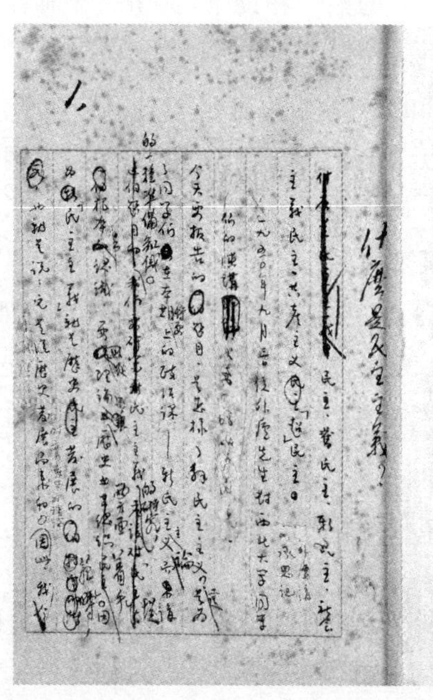

图 2-1 侯外庐“什么是民主主义?”演讲稿稿本

① 潘训，北平大学女子文理学院讲师，北平“左联”执委之一。

② 《吴承仕研究资料集》，黄山书社 1990 年版，第 127 页。

③ 《北京地区抗日运动史料汇编》第 2 辑，中国文史出版社 1990 年版，第 406 页。

④ 侯外庐：《韧的追求》，生活 · 读书 · 求知三联书店 1985 年版，第 41—42 页。

东北沦陷后，华北暂由张学良统辖，抗日救亡活动在北平如火如荼开展。侯外庐作为“教联”的成员，在“北平文总”等领导下，配合抗日救亡运动，用马克思主义宣传抗日救亡，是北平讲坛上驰名的“红色教授”。侯外庐讲演斥责“不抵抗主义”，抨击中外“法西斯种种”，自然被国民党当局视为眼中钉欲加拔除。蒋介石把其侄儿蒋孝先的宪兵三团派到北平，加强镇压革命。“蒋介石对于北平地区救亡运动的发展特别是各界人士不断公开抨击南京政府不抵抗政策十分恼火……反动派为了杀一儆百，首先选择了北平师范大学开刀。”①在这种形势下，侯外庐与马哲民、黄松龄等“左派教授”被北平师范大学校长李蒸解聘。

1932 年 12 月 4 日，北平大学法学院政治学会拟请侯外庐、许德珩等讲演，尚未登台，国民党特务便冲进会场，抓走 3 名学生。② 到 12 月 11 日，继前一日捕去师大马哲民教授后，侯宅亦被围，侯外庐被捕去，后许德珩亦入狱，是谓轰动一时的“许、侯、马事件”。在各方的鼎力相助下，又由大律师江庸为之辩护，侯外庐终在翌年 9 月获假释。③

纵观侯外庐这一时期的交游，可以管窥 20 世纪 30 年代北平马克思主义学者圈形成之一隅。侯外庐以北平大学法学院为中心，与中国大学、朝阳大学等校的马克思主义学者进行深入而广泛的交流。在这个群体中，左派势力比较大，有利于马克思主义理论的传播和发展。教学之余，侯外庐积极参加范文澜领衔的“教联”的各项宣传、讲演等活动，走上街头、车站、码头，走进群众、深入人心，扩大马克思主义理论的传播面。总之，从侯外庐的交游看 20 世纪 30 年代北平马克思主义学者圈的形成，了解侯外庐的学人网络，能凸显侯外庐在其中的位置，呈现那个特殊年代里北平马克思主义学者交游的概貌，对分析侯外庐的史学特色、理解马克思主义史学理论的内涵都大有助益。

第三节　侯外庐的山西岁月及其学术研究的起步

这一时期在侯外庐的学术生涯中处于一个极其重要的阶段，总的来说，他结

---

① 韦町：《世上有真情——黄松龄与杨淑贞》，红旗出版社 1995 年版，第 215 页。

② 《许德珩回忆录》，中国青年出版社 2001 年版，第 167 页。

③ “1933 年 9 月，张友渔从日本回国，立即与杨绍萱等积极营救侯外庐，设法筹措数千元巨款，使侯外庐以‘因病假释’为名出狱就医。”——《治学之道》，齐鲁书社 1983 年版，第 133—134 页。

束了长达十年之久的《资本论》翻译工作，开始了厚积薄发的治史历程。通过翻译《资本论》所掌握的马克思主义理论方法与原则，对侯外庐的学术研究大有裨益。山西时期，侯外庐参与的实践活动较少，著述颇丰。研究这一阶段的概况，对呈现和重新理解中国马克思主义学术的传播和发展有着至关重要的作用。通过分析可知，由于时代政治环境的复杂性，国民党也不是铁板一块，马克思主义学者善于利用这一复杂的环境进行斗争，尽量争取生存和发展，既有妥协的一面，又坚持战斗。

出狱后，侯外庐暂时隐居北平郭唯一家。为躲避南京蒋介石中央政府的“追究”，张友渔通过天津市长崔廷献向阎锡山介绍侯外庐的情况，阎锡山想利用侯外庐“左派教授”的名声来标榜“民主”、“进步”，同意侯外庐去太原。侯外庐和朋友分析后认为，纵观阎锡山辛亥革命以来的行为和在山西割据称霸的形势，他既然抗不过蒋介石，就必然坚持在山西经营独立王国，当土皇帝。山西在华北的战略地位，自古就十分重要。‘九一八’事变以后，他当土皇帝的宗旨不变，而对日寇的态度却相当暧昧。侯外庐在回忆录中言：“我决定回山西去，利用阎蒋矛盾，利用阎锡山标榜‘民主’的口号，相机寻找一个新的宣传抗日、宣传马克思主义学说的阵地。”①1934 年春，侯外庐到达山西太原。侯外庐自言：“阎锡山决定请我回太原的消息一传出，山西大学的学生便有请我任教的动议和呼声，其他大专学校的学生会组织，也纷纷准备邀请我讲演。”“消息传到阎锡山的耳朵里，立刻引起他的戒备。”②阎锡山遂规定侯外庐不得任教、不得讲演，生活费由绥靖公署支付，官方则只限定李冠洋、张隽轩与侯外庐交往。李冠洋在 20 世纪 20 年代曾参加国共合作运动，侯外庐与其在北京法政大学相识。翌年，经在山西法政大学任教的好友周北峰介绍，侯外庐认识绥靖公署秘书杜任之。杜任之回忆：“大约在 1935 年 2 月间，李冠洋带来一批理论家。我一看，他们都风华正茂，个个仪表不凡，其中有认识的，也有不认识的。我们互相引荐介绍，他们是温健公、徐冰、张友渔、侯外庐、周北峰。还有李冠洋的理论骨干张子佩、李济生、张隽轩等。”③太原失陷后，侯外庐随刘绍庭到西安。不久，山西省牺牲救国同盟会在临汾创办的民族革命大学来信邀请侯外庐任教。该校聚集了一大批民主人士和先进知识分子，同事有李公

---

① 侯外庐：《韧的追求》，生活·读书·求知三联书店 1985 年版，第 54 页。

② 侯外庐：《韧的追求》，生活·读书·求知三联书店 1985 年版，第 54—55 页。

③ 杜任之：《阎锡山〈物产证券与按劳分配〉研讨经过》，《山西文史资料》第 49 辑，第 32—33 页。

朴、施复亮、江隆基等，他们对中国的革命事业和民主进步发挥了重大的作用。侯外庐主要给学生们讲授《抗日民族统一战线》。教学之余，侯外庐坚持著述。1938年6月，侯外庐作《抗战建国论》自序，这本小册子的内容，是想把关于抗战建国纲领中的主要问题，从理论方面给予原则上的研究与探讨，使这些问题的认识更深入于科学的领域。侯外庐在书中说："本书与拙作《统一战线论》是姊妹篇……可以说是中国问题本身不可分割的两个侧面的研究。"①

1934年冬，在侯外庐的推动下，张隽轩、李冠洋促使阎锡山邀请张友渔、韩幽桐、徐冰、张晓梅、杨绍萱、黄松龄来太原活动，并请邓初民、许德珩、张申府、王思华等来太原讲学。据许德珩回忆："张友渔、侯外庐同志早在阎那里工作，张友渔同志同我们分析了阎锡山的情况，随后我们又晤见了薄一波同志，他要我们共同做好阎锡山的工作。"②由此可见，山西统战工作的复杂性与紧迫性。在阎锡山的支持下，李冠洋于1932年春组建山西第一个官办团体——"中国青年救国团"。③李冠洋为了与CC(中统)抗衡，特地在团内的秘密组织"中社"里设了一个"理论研究委员会"，委员会通过张隽轩联络、安置了国内的左派教授，除了张友渔、温健公和徐冰三人外，还有侯外庐等进步人士参加，并邀请他们到山西讲学和研究。"侯外庐、张友渔、邢西萍、温健公、王辑五等应邀到山西参加理论研究工作，利用合法身份给青年学生，并进而向阎锡山讲授科学社会主义理论。"④"有一次，'世界论坛'社的核心成员在邢西萍家里开会，讨论怎样开展工作。张友渔告诉大家，被释放后去了太原的侯外庐通过张隽轩邀请他到山西做阎锡山的统战工作。"⑤

侯外庐支持张友渔、邢西萍、周北峰、温健公等组织"中外语文协会"，创办《中外论坛》。侯外庐兼《中外论坛》编委，开始从事古史研究，发表一系列哲学论文。《中外论坛》成功地达到了宣传马克思主义，宣传国际反法西斯主义斗争，推动国内抗日斗争的目的。在当时的中国，能有一份刊物公开宣传共产国际和各国共产党的理论，是一件了不起的大事。"山西素来以落后、闭塞闻名全国。《中外论坛》的流传，使不少外地青年，特别是华北青年在心目中，把山西看成了抗日的阵地。当然，对于山西本身，更不难想见，它在青年精神世界中起到了宣传进步、促进革

① 侯外庐：《抗战建国论·自序》，生活书店1938年版。

② 《许德珩回忆录》，中国青年出版社2001年版，第184页。

③ 张友渔：《我在抗战前对阎工作的一段经历》，《山西文史资料》第33辑，第33页。

④ 《阎锡山统治山西史实》，山西人民出版社1981年版，第196页。

⑤ 《张友渔回忆录》，北京大学出版社1990年版，第54页。

命的作用。”①其中,《中外论坛》1935 年第 1 卷第 4 期出版“现代货币问题”特辑,后又于 1935 年 11 月 1 日第 8 期出版“土地问题”专号,借此公开揭露阎锡山“物产证券”②的真面目和宣传中国共产党的土地革命政策。1936 年上半年,侯外庐拒绝写吹捧阎锡山《物产证券与按劳分配》的文章,被迫离开太原到北平,下榻王思华和郭唯一家。红军东渡胜利后,中国共产党与阎锡山协议谅解,阎又派李冠洋接侯外庐回太原。

1936 年的山西,风云变幻。中共为建立统一战线,争取山西走上抗日所做的努力,取得了显著的成效。这一年,绥远抗战开始,统治山西、绥远两省的阎锡山,与日寇的矛盾尖锐起来。于是,他进一步表示愿意接受中共的抗日主张,建立起山西省牺牲救国同盟会(简称“牺盟”)。在中国共产党的领导下,“牺盟”为推动抗日民主运动的发展,扩大抗日民族统一战线的斗争,起了很积极的作用。③ 赵俪生回忆说,山西面貌为之一新,抗日救亡运动迅速高涨起来,全国各地青年,甚至海外华侨,都纷纷涌来山西,参加“牺盟”,投身抗战,形势十分喜人。“新的血液注入旧的血管里,自然就生机勃勃起来。在八年抗战中,牺盟会建立了新军(决死队),建立了部分新政权,所以一旦日本投降,这股势力就成为八路军的一支强有力的辅助力量。”④

1937 年 3 月,红军办事处在太原新满城成立。周小舟作为红军代表经常来侯外庐家,了解山西各方面的情况以及对阎锡山的看法和分析。侯外庐与周小舟在北平师范大学有师生之谊,后来周小舟返回延安时,侯外庐请他携带四部已出版的《资本论》第 1 卷全译本分赠毛泽东、朱德、周恩来、成仿吾。⑤ 侯外庐回忆:“解放后,一次在中南海开会,毛主席见到我时还提到,他在延安时看到过我们翻译的《资本论》。”⑥

---

① 侯外庐:《韧的追求》,生活 · 读书 · 求知三联书店 1985 年版,第 57 页。

② 阎锡山居大连期间,刻苦学习和探讨研究学问,几乎每天都参加听讲。下午座谈时事、政治,国内、国外、南京方面,中共方面都涉及。开始着重研究经济方面的问题多一些,一般是阎锡山主谈。后来阎锡山的“土地村公有”、“物产证券”、“按劳分配”等主张,都是在大连期间探讨的课题。参见乔希章:《阎锡山》,华艺出版社 1992 年版,第 203 页。

③ 金冲及:《周恩来传(一)》,中央文献出版社 2011 年版,第 414—415 页。

④ 赵俪生:《篱槿堂自叙》,上海古籍出版社 1999 年版,第 49 页。

⑤ 胡培兆:《〈资本论〉在中国的传播》,山东人民出版社 1985 年版,第 140—141 页。

⑥ 侯外庐:《翻译〈资本论〉的回忆——我研究中国思想史的起点》,《中国哲学》第 3 辑,第 357 页。

1937年9月，“第二战区民族革命战争战地总动员委员会”在山西大学大礼堂正式成立，周恩来做报告。中共代表是程子华、南汉宸、邓小平、彭雪枫，阎锡山方面代表是薄右丞、梁化之、王尊光、郭宗汾，其他党派和群众团体代表有侯外庐与救国会李公朴、国民党改组派郭任之及郭香涛、东北民主人士高崇民、山西省二区专员公署专员杨集贤、四区专员武灵初、察哈尔省代表阮慕韩、绥远省代表潘秀仁等。① 在周恩来的指示下，由南汉宸、程子华通知侯外庐起草《第二战区战地动员委员会宣言》。侯外庐回忆，周恩来对宣言的内容作了几点具体要求，要求他第二天交稿。侯外庐开了一通宵夜车写成，次日，南汉宸来取走稿子，去请周恩来审阅。周恩来对原稿只字未动，只加了七个醒目的字——“在阎主任领导下”，然后转给阎锡山批示。周恩来的才具，令阎锡山大为折服。阎锡山也一字不改，单把周恩来加的七个字划掉了。“这是我初次在周恩来同志领导下完成一项工作。他运筹帷幄的外交才能，令人叹止。”②此后，在周恩来的指示下，侯外庐还连续起草过一系列文件。

在太原，侯外庐通过刘绍庭而结识续范亭，成为挚友。续范亭是“动委会”(第二战区民族革命战争战地总动员委员会)主任，续氏家族传统以反阎著名。续范亭原是孙中山的部下，由于曾在中山陵剖腹自戕要求抗日而闻名遐迩。③ 侯外庐回忆：“我们从太原撤退前，我和续范亭几乎天天见面，不是他和刘绍庭先生同来我家，就是我去刘家看他。”④据侯外庐回忆，续范亭对其翻译的《资本论》和研究的经济思想史，以及他过去在大学讲授过的唯物史观，兴趣也特别高。续范亭坦白地表示欣赏马克思主义观点，他曾邀其旧部数十人听侯外庐讲授唯物辩证法。

第四节 《中国古代社会与老子》与侯外庐学术路径的形成

侯外庐早年在翻译《资本论》时，就对诸子百家学说有着浓厚的兴趣。他受马克思研究剩余价值学说史方法的启发，对老子思想获得新解。程新国在《侯外庐对老子的研究》一文中说：“老子是侯外庐重点研究的先秦思想家之一，侯外庐对老子的思想是有肯定的，他特别提到了德国古典哲学家黑格尔对老子的评价。黑

① 《程子华回忆录》，中央文献出版社2005年版，第100页。

② 侯外庐：《韧的追求》，生活·读书·求知三联书店1985年版，第79页。

③ 赵俪生：《篱槿堂自叙》，上海古籍出版社1999年版，第57页。

④ 《读书月报》1939年第1卷第3期，第144页。

格尔认为，老子的思想才是东方古代世界的精神代表者，而孔子的思想则显得贫乏。这种看法，在某种程度上或可代表侯外庐的观点。”①1934 年出版的《中国古代社会与老子》，在当时产生了不小的影响，其所坚持的马克思主义理论导向以及书中提出的与众不同的观点与看法，得到许多专家学者的高度评价，是侯外庐研究中国古代思想史的“处女作”，也是他开始以唯物史观为指导研究中国传统思想学说的标志。

一、侯外庐古史研究的肇端

1932 年夏，阎锡山令李冠洋动员侯外庐与张友渔、徐冰、杨绍萱、温健公、刘再生等加入其组织，大家采取抵制态度，其中张友渔夫妇重赴日本，邢西萍夫妇回到北平。侯外庐苦于一身债务和家累，北平的案子还维持着原判，实在无处可去，只好与温健公等一起，以拖延来对付。侯外庐断绝了与外界的来往，充分利用这段时间，在前期研究积累的基础上，潜心研究中国古史，致力于用马克思主义方法论解释中国的社会史与思想史。

侯外庐的古史研究，与马克思主义史学的关系比较密切。侯外庐等老一辈马克思主义史家所孜孜追求的是，在深入挖掘中国传统文化底蕴的基础上，推动马克思主义唯物史观在中国的广泛传播，促使其与中国社会历史的具体实际相结合。在具体适用的过程中，不能照搬国外的模式，而要立足本民族的政治状况、文化内涵及生产力发展水平，否则其结果必然走向民族虚无主义，无益于古史研究和社会进步。侯外庐强调：“我们中国人应当学会使用自己的语言来讲解自己的历史和思潮，学会使用新的方法来掘发自己民族的优良文化传统”②。自涉足古史研究以来，侯外庐致力于马克思主义史学的民族化，探讨了中国古代史的若干特征和社会发展的特殊路径。一方面，在古代社会研究工作中，侯外庐对一些争议较大且至关重要的问题进行了单独的剖析与论证，并做出了自己独到的阐释，诸如城市国家的起源和先王观等。虽然古史资料纷繁庞杂，整理、辨伪、考证的过程比较曲折，但侯外庐始终坚持着一条基本原则，那就是先对古史资料进行分层次、有步骤的归纳分类，然后运用马克思主义关于古代发展规律的基本理论以及生产力与生产关系的基本原理指导中国古代社会历史的研究，以便探寻中国古代社会

① 胡道静：《十家论老》，上海人民出版社 2006 年版，第 158 页。

② 《侯外庐史学论文选集·自序》，人民出版社 1987 年版。

发展的特殊规律。另一方面,侯外庐的古史研究论著也是中国马克思主义史学理论研究成果之重要组成部分。这一阶段中,有两本著作值得一提:一本是1933年撰写的《社会史导论》,重点探讨了生产方式问题;另一本是《中国古代社会与老子》,于1934年出版,是侯外庐的第一本史学著作,对老子的思想体系尤其是经济思想进行深入而独到的阐释,试图揭示中国古代社会的经济基础与上层建筑之间的关系及其发展规律,为后续的研究奠定了坚实的基础。总之,侯外庐的古史研究与马克思主义史学之间有着密切的联系,以马克思主义历史科学关于古代社会的发展规律理论指导中国的古史研究,引导侯外庐找到了研究古代社会的"科学路径"。在研究古代社会历史的过程中所撰写的史学论著,又一定程度上丰富了中国马克思主义史学理论研究的内涵与外延,为中国马克思主义史学理论及史学史的发展做出了重要的贡献。

此外,在侯外庐研治古史的过程中,经济学研究值得一提。侯外庐的经济学研究,与其终身治史之间有一定的联系。从现有史料来看,推动侯外庐研究经济学尤其是经济思想史的原因主要是郭沫若的新著《中国古代社会研究》给侯外庐深刻的影响,促使其将研究与翻译《资本论》的心得运用于对中国古代史的探索,使侯外庐"产生了一种愿望,想要研究和翻译中国历史各经济发展阶段与政治思想、学术思想的关系"。① 黄宣民说:"《资本论》这部伟大著作推动侯外庐从法学走向经济学。"②

早在侯外庐执教于哈尔滨法政大学时期,就开设了"中国经济思想史"课程,开始用马克思主义的经济学理论分析解释先秦诸子学说中的经济思想。"鉴于史学论战中,对于中国社会经济性质的不同看法,我于一九三三年写了一篇《社会史论导言》。一九三四年,我出版了《中国古代社会与老子》和《经济学之成立及其发展》两本小册子。"③

另外,在《社会史论导言》中,侯外庐也对苏联学者关于生产方式的定义提出不同的看法。他认为,根据马克思在《资本论》中对资本主义的分析,一定历史时期的生产方式,应是"特殊的生产手段与特殊的劳动者二者的特殊结合",是"生产力和生产关系的对立统一"。作为一个学术问题,侯外庐的见解就是不易之论。

---

① 侯外庐:《我对中国古代社会的研究——回忆录之七》,《中国哲学》第9辑,第522页。

② 黄宣民《侯外庐治学道路——从法学、经济学走向史学》,《中国社会科学院学术大师治学录》,中国社会科学出版社1999年版,第318页。

③ 侯外庐:《韧的追求》,生活·读书·求知三联书店1985年版,第225页。

从史学史的角度去认识，侯外庐提出并坚持这一观点有着特殊的意义。政治经济学本身是一门实践性极强的近代科学，对其理论的认识与理解需要有近代社会的经济条件基础。由于近代中国社会经济的停滞和畸变所造成的复杂情况，无形中增加了理解这门科学的难度。因当时的客观条件所限制，极少人有能力和条件对马克思主义广义政治经济学理论进行独立系统的研究。因此，20 世纪 30 年代的大论战中，在理论问题上，苏联学者的诠释常常被视为权威，而由于当时共产国际和中国共产党内在思想路线上的严重左倾教条主义更助长了理论研究中这种简单化、公式化倾向。在这种情况下，侯外庐没有盲从、迷信，而是根据《资本论》提供的理论和方法，提出并坚持自己的独立见解，这在中国马克思主义史学思想发展史上的意义超出了所讨论的问题本身。

从经济学转向史学是侯外庐学术生涯的重大转折，《社会史论导言》正是这一转折的主要标志。

二、《中国古代社会与老子》在侯外庐学术体系中的重要意义

《中国古代社会与老子》由国际学社出版。该书论述老子的经济思想体系、国家学说、意识形态理论、自然秩序观和方法论，提出："老子的思想体系是'原始村落公社'之理论化。"①老子的理想社会是氏族公社的社会，在氏族社会时代，没有国家的雏形，人人平等劳动，平等享受，无所谓上下、先后、善与不善、有罪与无罪等对立的形态。老子以把人性抽象化、绝对化为"见素抱朴"的"常德"，并以此来建立其理想的社会制度。② 关于自然秩序观，该书提出："大体上言之，一切学说——除了某部分发展的学说——都是想证明一个特定社会法则之万古适应，必然拿自然秩序的自然运动法则，作为适用的比况。"③老子认为："自然秩序是大公无私，那么社会秩序亦应法自然之'大公无私'的性质；自然秩序是无人已的对立，所以社会秩序亦应超乎对立，而所谓无统治被统治"。④ 该书认为："一个人学说的成败，决定于他的方法论。从方法论便可以断定学说的命运。"⑤老子虽"明白了对立物的统一"，却"因为否认'发展'概念，而主张超对立的绝对的统一，形成反辩证

① 侯外庐:《中国古代社会与老子》，国际学社 1934 年版，第 9 页。

② 梁启超:《名家品老子》，中国华侨出版社 2009 年版，第 98 页。

③ 侯外庐:《中国古代社会与老子》，国际学社 1934 年版，第 75 页。

④ 侯外庐:《中国古代社会与老子》，国际学社 1934 年版，第 80 页。

⑤ 侯外庐:《中国古代社会与老子》，国际学社 1934 年版，第 86 页。

法的方法”①。

侯外庐曾四次②写老子思想，这是他对老子思想的第一次研究，也是他关于中国思想史的第一本论著。由于当时条件的限制，有些问题并不能得到充分的发挥，但是对于老子的经济思想、国家学说、社会思想，以及自然观和方法论等方面的研究心得，基本上在这本小册子里已都提出来了。该书虽然不足 3 万字，但展示了日后侯外庐研究思想学说史的某些特点。其一，严格地从社会时代背景去把握思想学说的价值。老子思想的时代性很早就是考据学者们关注的课题，侯外庐与前人的不同点在于，他不是就思想内容分析思想，而是从思想内容所提供的线索去确定思想或学说所处社会经济形态的发展阶段，以此为旨归来判断思想学说的价值所在。他把老子确定为战国时期相对落后的南方地区氏族公社制度崩溃阶段的思想代表。其二，根据唯物史观经济基础决定上层建筑、决定意识形态的基本原则，他对老子思想体系的研究，先从经济思想入手，进一步分析政治思想，更进一步研究其名辩思想、文化艺术观点、教育思想、伦理思想以及自然观、哲学方法论等等。③ 这一研究程序拓展了思想史研究的视野，而且为把握思想学说各部分的内在逻辑和本质特征找到了正确的途径。这不仅对于老子思想学说研究，而且对于整个思想学说史研究的方法论，都有开创性的意义。其三，他认为，老子思想从各个方面反映出来的消解矛盾的主观意象，是老子思想的核心，老子的哲学是由自然天道观走向唯心主义的。这些评价在其以后的研究中基本延续下来。总之，老子思想的研究，是侯外庐把马克思主义理论方法与中国思想发展相结合的初步尝试，也是成功的尝试，为他抗战时期对中国思想学说研究的全面展开奠定了科学的基础。

① 侯外庐：《中国古代社会与老子》，国际学社 1934 年版，第 91 页。

② 侯外庐对老子思想的研究共四次，详见《韧的追求》，第 276—277 页。

③ 汤一介：《魏晋玄学研究》，湖北教育出版社 2008 年版，第 178 页。

第三章 侯外庐与20世纪40年代中国马克思主义史学的大势渐成

20世纪40年代，中国马克思主义学术研究取得了长足的发展，形成了延安和重庆两个研究中心。侯外庐的学术思想和基本观点成熟于重庆时期，重要的著述也大都完成于这一时期。值得一提的是，侯外庐在这一人生阶段的学术活动与人际交游。重庆时期马克思主义学者的学术活动比较频繁，有周恩来组织的"读书会"，经常参加者有侯外庐、许涤新、胡绳、杜国庠、翦伯赞、王寅生等人；有侯外庐、郭沫若、翦伯赞、吕振羽、吴泽、华岗等人组织的"新史学会"等。侯外庐与郭沫若、翦伯赞、吕振羽等人的交往和相互影响，一定程度上呈现出重庆时期马克思主义学者的活跃面貌，其学术有强烈的战斗性和政治性。这一时期，马克思主义史学内部有热烈的争鸣和讨论，有相当浓厚的思想、学术的自由氛围，表现出当时马克思主义史学的内在活力，一定程度上对中国马克思主义史学的大势渐成起到了推波助澜的作用。

第一节 统战工作与马克思主义思潮的发展壮大

1938年9月，侯外庐到了重庆。在抗战时期国民党统治的心脏所在地——重庆，以周恩来为领导核心的中共南方局，团结了一大批有志于抗战和学术研究的进步学者，充分发挥每一个人的积极主动性，为他们创造了一个指导思想正确、学术风气正派、大家互帮互助、目标追求明确、务求实干创新的研究环境。侯外庐作为当时的左派文化领导人之一，无论是在运用马克思主义理论进行著书立说，还是在统战工作等方面，都做出了巨大的贡献。

侯外庐在这一时期与各界人士展开广泛交往，为中共做了大量工作。在与郭沫若、翦伯赞、吕振羽等人的交往中相互影响，可以管窥重庆时期马克思主义学者的活跃面貌，其学术有强烈的战斗性、政治性。他们通过进行一系列学术思想活动而争取了民主人士，为统战工作做出了巨大的贡献。1945年10月，侯外庐所作

《中国民主前途感言》发表于《国讯》。文章认为中国的民主前途，在于中国自己发展的历史，这历史的逻辑是：要走上与先进欧美诸国并驾齐驱的民主康庄大道，否则就会回到封建社会而被历史的车轮碾碎，这中间没有第三个什么中间性的东西任你选择。“特权是谁也喜欢使用的……‘特权’可以代表理由，可以代表智能，可以代表一致，可以代表关系，故法西斯谓之‘全能’，然而全能的可以变为无能的，所谓‘专欲难成，众怒难犯’是也。”“反其道而行，那是平权，平权要把理由说明，要把智能竞赛，要把一致承认，要把关系平均，如果无平权精神的作风，团结民主是可为而不可及的。”①侯外庐在这一阶段的统战工作，主要是通过主编《中苏文化》尤其是参加中国民主革命同盟的活动来完成的。

一、侯外庐与《中苏文化》

研究侯外庐主编《中苏文化》的历史，首先要从中苏文化协会谈起。中苏文化协会（以下简称“中苏文协”），是近代中国历史上一个在文化战线发生过重大影响的民间文化团体。20 世纪 30 年代初，出于外交需要，国民党在一定程度上减弱了反苏宣传，试图以开展中苏文化交流来恢复和改善中苏关系，这使得中国的知识界和文艺界介绍苏联文化、增进中苏文化交流和宣传中苏友谊成为可能。在这种背景下，1935 年 7 月 7 日，张西曼联合徐悲鸿、张仲钧等人向国民党中央民运会申请筹设中苏文协，获得批准后，于 7 月 25 日召开了发起人大会。经过 3 个月的筹备，10 月 25 日，中苏文协在南京华侨招待所召开成立大会（见图 3-1）。会议首先由张西曼报告筹备经过，国民党政府立法院院长孙科、何汉文、苏联驻华大使鲍格莫洛夫等人发表了讲话。随后，大会通过了中苏文协的章程，规定以研究和宣扬中苏文化，促进两国人民友谊为宗旨，并推选孙科为会长，蔡元培、于右任、陈立夫、鲍格莫洛夫、中国驻苏联大使颜惠庆、苏联科学院院长卡尔品斯基为名誉会长、张西曼、徐悲鸿、傅秉常、何汉文等 15 人为理事，其中张西曼为唯一的常务理事，主持日常工作，西门宗华、钟天心、盛成等 7 人为候补理事。

中苏文协成立后，开展了一系列活动，不遗余力地宣传和介绍苏联及其文化，积极充当中苏文化交流的桥梁。其中包括举办展览会、组织座谈会和纪念会、开办俄文学习班、编辑出版大量有关苏联的书籍、出版《中苏文化》杂志等等。1936 年 2 月，中苏文协成立出版委员会，决定设置杂志和丛书两个组，由徐恩曾、张西

① 侯外庐：《中国民主前途感言》，《国讯》1945 年第 400 期“双节特大号”。

图 3-1　中苏文化协会成立大会

曼分别担任杂志组正、副主编。2 月 17 日，中苏文协又将已发行 4 年的《中国与苏俄》(季刊)更名为《中苏文化》(月刊)。“在国民党实行文化封锁，世界进步力量活动的信息受到限制的情况下，这份杂志无疑成了中国社会了解俄国文化、历史和苏联社会主义建设成就的窗口。”①中苏文协中著名的文化人士，如张西曼、曹靖华、戈宝权、翦伯赞、胡风、章乃器、萧三、屈武、秦涤清、侯外庐等人，密切关注苏联的社会状况，不辞辛劳地工作，及时而全面地将苏维埃宪法、苏联农业集体化、工农业发展的成就和科学研究的新成果等信息传达给民众。需要指出的是，中苏文协的活动并不仅限于文化交流，还涉及政治、经济、军事、妇女、儿童等方面。而且，它经常联合其他社会团体举行活动，具有广泛的群众性。总之，中苏文协利用各种形式广泛而卓有成效地向中国民众介绍和宣传苏联，宣传社会主义的优越性，更为重要的是增进了苏联对中国的了解，为争取苏联对中国抗战的同情发挥了积极的作用，成为沟通中苏关系的重要桥梁。广大会员以口笔为刀枪，为“联苏制日”和中国革命的胜利做出了重要贡献。阳翰笙后来指出：“中苏文协在抗战时期是做出了很大贡献的。”②

由于国共合作，抗日统一战线的扩大，为适应形势需要，中苏文协在 1940 年

① 田保国：《30 年代的中苏文化交流》，《民国档案》2002 年第 2 期。

② 张小曼：《张西曼纪念文集》，中国文史出版社 1995 年版，第 373 页。

初，先后分别完成了全面改组。中共趁这次改组的机会，动员了不少知名进步人士参加进去，分别担任了各执行机构的主要领导职务。1940 年改组后，形成了如表 3-1 所示的工作班子。

表 3-1　中苏文协经 1940 年改组成的工作班子

<table>
<tr><th>部　门</th><th>职　务</th><th colspan="6">负　责　人</th></tr>
<tr><td rowspan="2">研究委员会</td><td>主任</td><td colspan="6">郭沫若</td></tr>
<tr><td>副主任</td><td colspan="3">阳翰笙</td><td colspan="3">葛一虹</td></tr>
<tr><td rowspan="2">杂志委员会</td><td>主任</td><td colspan="6">王昆仑</td></tr>
<tr><td>副主任</td><td colspan="3">侯外庐</td><td colspan="3">翦伯赞</td></tr>
<tr><td rowspan="2">编辑委员会</td><td>主任</td><td colspan="6">西门宗华</td></tr>
<tr><td>副主任</td><td colspan="6">曹靖华</td></tr>
<tr><td rowspan="2">妇女委员会</td><td>主任</td><td colspan="6">李德全</td></tr>
<tr><td>副主任</td><td colspan="2">曹孟君</td><td colspan="2">谭惕吾</td><td colspan="2">傅学文</td></tr>
<tr><td>财务委员会</td><td>主任</td><td colspan="6">阎宝航</td></tr>
<tr><td>秘书</td><td>主任</td><td colspan="6">洪舫</td></tr>
</table>

除洪舫一人是国民党右派以外，其余各组织机构的实际领导权都掌握在中共手里。就是一度为洪舫把持的秘书主任一职，以后，在斗争中也得到更换，由屈武、刘仲容先后继任。这一套人马，为当时沟通中苏文化、宣传人类进步事业起到了一定的积极作用。

1939 年春末，孙科计划以中苏文化协会名义建立“中苏文化学院”，由侯外庐负责选址，先后选定重庆歇马场附近的白鹤林和骑龙穴。侯外庐晚年回忆：“一个孕育不果的‘中苏文化学院’计划，使我们得到白鹤林、骑龙穴的天地。这块天地给我们带来的好处，实在一言难尽。‘白鹤林’、‘骑龙穴’，其名之美，简直像神话中的仙境。那里也确乎是山水宜人，很有一番恬静的田园风光。但是，我无心赏悦大自然的美。伯赞和我常年安家于此，并非因为我们情致高雅，主要是因为我们穷。只有住在乡下，妻子躬亲耕作，种上一块菜地，一年四季才有可能免去一笔非同小可的开销。……对于伯赞和我来说……真正值得纪念的……我们耕耘学畴也都有所收获。”①翦伯赞著名的《中国史纲》和大量的史学论文，都产生在骑龙穴的油灯之下；侯外庐的《中国古典社会史论》、《中国古代思想学说史》、《中国近

① 侯外庐：《韧的追求》，生活·读书·求知三联书店 1985 年版，第 104 页。

世思想学说史》,也全是在白鹤林杀青。①

侯外庐抗日战争初期在重庆主编中苏文化协会的机关刊物——《中苏文化》(见图 3-2 和图 3-3)。《中苏文化》杂志,自一九三八年底按进步方针一直办到一九四六年“复员”南京为止,虽然历经坎坷荆棘,毕竟在国民党战时的“心脏”中保留了一块进步思想阵地。“八年中,从开始改变编辑方向,到消除前进道路的障碍;从巩固这块阵地到扩大它的影响,每个关键时刻,都是因为有中共和周恩来的领导和指导,才使困难得到克服,羁绊得以摆脱;才使我们一起战斗的同志得到了锻炼。”②《中苏文化》经常刊登宣传中苏友谊的文章以及苏联的古典名著和文学著作,并几乎涵盖了苏联的军事、政治、经济、科学研究、文学艺术等各方面的情况,是国共合作的阵地,是苏联研究者的摇篮。

中蘇文化雜誌創刊號目錄

發刊辭……孫科
中蘇文化的使命……鮑格莫洛夫
中蘇文化之溝通……徐恩曾
蘇聯版畫展覽……蔡元培
蘇聯美術史論序……徐悲鴻
蘇聯之科學與文化……宗華
中蘇互助與亞洲之復興……

蘇聯教育概況……鮑格莫洛夫
蘇聯大學之演進及現狀……趙演
斯泰哈諾夫運動與蘇聯文化……史達林原著
蘇聯國民的文化物質生活……黃理文
蘇聯一九三六年的財政計劃……葛譯
近十年間蘇聯文學……達明譯

图 3-2 《中苏文化》创刊号目录

在侯外庐主编《中苏文化》期间,杂志的质量和政治导向有了很大的提升,对国共双方都产生了重要的影响。为《中苏文化》撰稿的人多而杂,不但有文化名人

① 光明日报社:《历史理论研究》,重庆出版社 1984 年版,第 54 页。

② 顾执中:《回忆重庆》,重庆出版社 1984 年版,第 13—14 页。

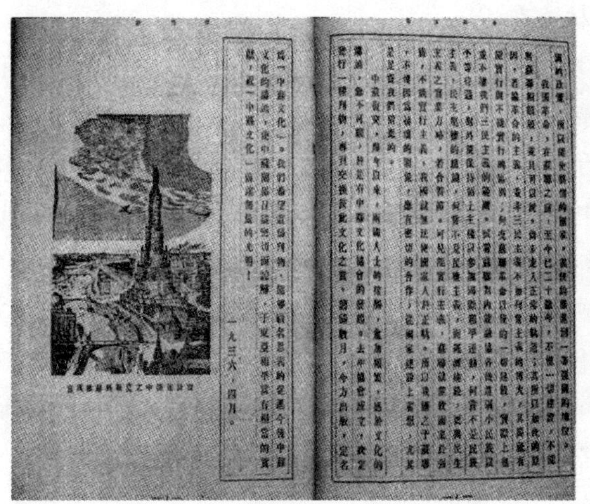

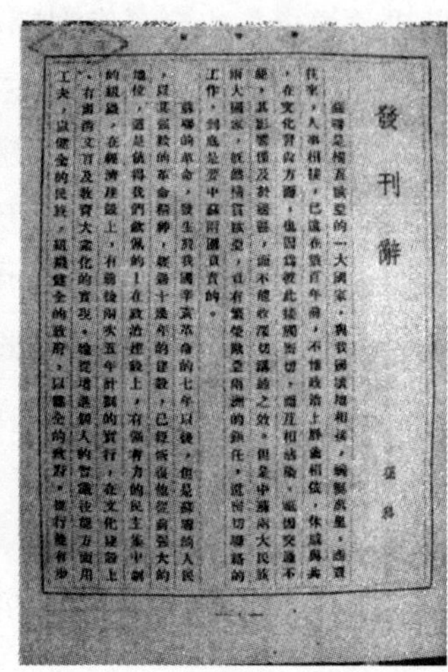

發刊辭

图 3-3 《中苏文化》发刊辞

以及各学术领域的专家学者，还有国共两党政界要人，他们的文章对局势具有很强的现实指向性，一定程度上为抗战中的国共双方提供了合作平台。基于时局发展的需要，文章对苏联社会主义建设大加赞颂，对经济生产方式改造给予充分的肯定。“出于国民党政府官员之手，除了在北伐战争以前，是空前的。”①“既能公开发表共产党领袖的文章，又较为系统地宣传列宁主义，除了《新华日报》和《群众》杂志以外，可以说只有《中苏文化》刊物具备这种可能性。”②

图 3-4 和图 3-5 是蒋介石为《中苏文化》所作的题词。

《中苏文化》之所以能在国统区产生这么强的影响力，并在推动统战工作方面发挥了重要的作用，与国共双方高层的支持是密切相关的。比如 1939 年 11 月 7 日出版的《苏联十月革命二十二周年纪念特刊》，其中的许多文章来自国民党和共产党人之手，进一步扩大了国共合作的阵地。为其撰稿的国民党人除了孙科，还有冯玉祥、邵力子、李济深等人。共产党方面主要是政论性文章，结合当前的局势进行精辟的分析，对苏联十月革命的胜利这一里程碑式的事件做宏观的概括与总结。其中，毛泽东应现实的需要和《中苏文化》的约稿，在对国际局势进行缜密分析与大胆论断的基础上，撰写了《苏联利益与人类利益的一致》一文，对当时中国民众普遍关心的问题进行深入的阐述。此外，撰稿的共产党人还有朱德、吴玉章、潘梓年、吕振羽、胡济邦等。吕振羽的《五四运动的历史意义和教训》一文对五四

① 《文史资料选辑》第 38 辑，中国文史出版社 2000 年版，第 34 页。

② 侯外庐：《韧的追求》，生活·读书·求知三联书店 1985 年版，第 95 页。

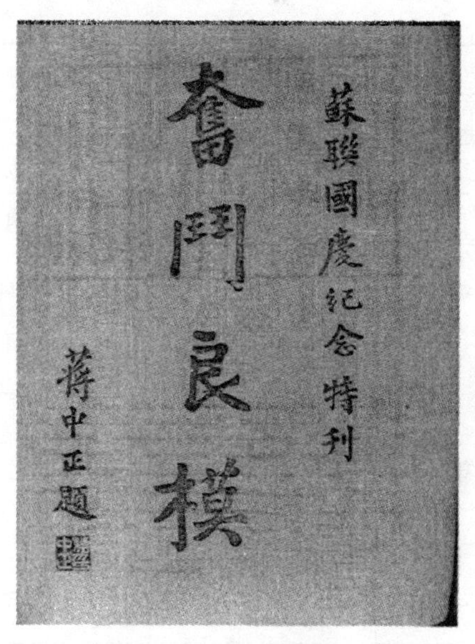

图 3-4　奋斗良模

图 3-5　亲仁善邻

运动进行回顾与反思，在当时也产生了重要的影响。此外，中苏文化协会还聘请胡济邦作为《中苏文化》驻苏记者、协会驻苏代表，当时她任中国驻苏联大使管新闻专员，实际上是一名优秀的中国共产党党员。胡济邦陆续在《中苏文化》期刊上发表了若干新闻报道，包括《战时恩格斯集体农场参观记》和《庆祝全民胜利中的莫斯科》两篇新闻稿，此外还有多篇战地新闻报道。胡济邦把苏联的情况及时传递到中国，为中国了解苏联和世界反法西斯局势提供了新的视角，突出苏联人民抗击侵略、保卫家园的坚定决心，鼓舞了中国人民的抗战斗志。

《中苏文化》文章的范围较广，几乎涵盖了苏联的政治、经济、文化、军事等各方面的情况。《中苏文化》杂志宣传苏联，宣传马列主义，集中采用各种纪念日发行特刊或专号的形式。每逢抗战纪念日、孙中山诞辰忌辰、十月革命节、列宁诞辰忌辰、斯大林寿辰、苏联红军建军节等，都会或出版特刊、特辑，或发行专号、专辑，增加宣传力度（见表 3-2）。此外，侯外庐等人有意识地利用这个阵地宣传马列主义的一些基本原理，《中苏文化》发表过列宁论十月革命的国际意义的文献，刊登过斯大林论列宁关于社会主义革命在一国取得胜利理论的文章。

表 3-2　1939 年《中苏文化》斯大林六十寿辰庆祝专号文章、照片统计表

文章题目	作　者	页　码
祝斯大林先生六十寿	梁寒操	5—6 页

续表

文章题目	作　　者	页　　码
立于全苏农展机械化广场前斯大林的雕像[照片]	—	119页
银幕上的斯大林	S. Y.(译)	111—117页
斯大林宪法全文	张西曼(译)	133—145页
斯大林在列翁中央水电厂[照片]	—	82页
斯大林时代的苏联科学	V. 科马厚夫(作),西坡(译)	102—103页
斯大林在办公室中(一)[照片]	—	35页
斯大林和南战场革命军委会各委员检阅红骑兵第一师[画图]	—	95页
第三次五年计划在农业方面的统制数字	—	53页
斯大林在第十八次代表大会上[照片]	—	2页
斯大林论列宁	曹靖华(译)	76—80页
斯大林与斯泰哈诺夫运动	I. 库士敏诺夫(著),叶文雄(译)	83—89页
斯大林与列宁在斯茂里和赤卫军谈话[画图]	—	96页
斯大林与列宁在电报机旁[画图]	—	96页
斯大林与列宁的塑像[照片]	—	119页
苏联造型艺术中的斯大林形象	(苏联)克拉夫晋克(著),长林(译)	118，121—122页
斯大林与反对派在理论与实践上的斗争	陶甄	67—72页
在苏联民众间的斯大林[照片]	—	10页
斯大林的雕像[照片]	—	120页
斯大林论干部问题	克昂	73—75页
斯大林:世界学术传统的继承者	外庐(编),洪进(译)	16，19—33页
斯大林与伏罗希洛夫在莫斯科红场[照片]	—	65页
斯大林与列宁在芬兰第一次会面[照片]	—	17页
斯大林怎样保卫了沙利青	V. Melikov(著),杜伯刚(译)	97—101页

续表

文章题目	作　者	页　码
伟哉斯大林:祝斯大林先生六十寿	张西曼	7页
斯大林在斯大林汽车工厂[照片]	—	81页
斯大林和辩证法唯物论	沈志远	34,37—40页
斯大林重要著作年表	戈宝权	128—132页
斯大林论民族运动	—	110页
斯大林传	吴玉章	8,11—15页
一九〇五年的斯大林[照片]	—	9页
体育运动大会中的斯大林像[照片]	—	66页
苏联领袖斯大林先生[照片]	—	1页
一九〇五年的雕像[照片]	—	120页
斯大林与儿童[照片]	—	59页
一九一七年的斯大林[照片]	—	9页
斯大林领导下的苏联作家生活	葛一虹(译)	104—110页
斯大林建设社会主义农业的理论与政策	黄松龄	41—53页
斯大林宪法与民主政治	张友渔	54—58页
斯大林与列宁在高尔基城(一九二二年)[照片]	—	18页
斯大林与北极探险英雄巴潘宁等[照片]	—	66页
斯大林与列宁在一九一九年[照片]	—	17页
列宁遗志的继承者斯大林的使命	王语今(译)	90—94页
斯大林领导下的苏联和平政策	潘梓年	61—64页
读伟大革命事业的领导者传记	罗荪	123—127页
红军是怎样在国内战争中胜利了的?	—	101页
编后记	—	146页
斯大林在祝鲁基兹同志葬礼中的演说(一九〇五年)[画图]	—	95页
斯大林与列宁[照片]	—	18页
在体育大会检阅台上之斯大林及中央政治局委员[照片]	—	60页
斯大林在办公室中[照片]	—	36页
斯大林在五一节检阅国际无产阶级的革命力量[画图]	—	59页

对于苏联的研究文章还有：1938 年 12 月 9 日，侯外庐作《苏联外交与现阶段的欧洲局势》，发表于《中苏文化》"抗战特刊"。文章认为："苏联立国是在当今世界系统之外，同时又在这一系统所包围之中。"①第一，从任何方面也不能否认这一事实，苏联社会主义国家外交的活动，是全世界资产阶级国际环境中的新要素，近十余年来世界主要的大事变，没有一个能够把苏联从世界新要素的构成部分中割裂出去的。第二，苏联外交在世界舞台上的进出，不是一个孤独的策略，而是与其国内社会主义政治经济的发展相配合着的整个体系的一面；同时亦是相应于国际资本主义的危机而发展，而在全人类战争厄运的酝酿中有其保障世界最好文化传统的意义。第三，因了以上两个意义，苏联外交在近十余年来的国际关系中，不但使世人惊骇于其发展，而且使世界各国很少例外地皆在亲苏反苏的变动中，从排拒新要素的离心或从吸引新要素的向心，而谋各国自身与其他国家间矛盾之解决。翌年 3 月 25 日，侯外庐作《苏联建国在现阶段的特点》，发表于《中苏文化》。文章认为："'宏大圆满'的苏联社会主义的建设完成，使'新希望'成为现实的东西，苏联创作下进步的历史，为全世界人类模仿，而……中国抗战建国的伟业，如中山先生所言'虽不能仿效其办法，亦应当仿效其精神'，'我们旁边有俄国的好学问好方法'以资'榜样'，是应如何学习历史奋斗宝贵经验与教训呢！"②1940 年 11 月 7 日，侯外庐所作《苏联现阶段文化革命之意义》发表于《中苏文化》。文章认为："苏联为了冲破反动历史的袭击，它将不但树起与资本主义竞赛之旗帜，迈步前进，而且更把资本主义国家所遗弃的文化的历史遗产，继承光大起来，使过去历史的有价溪流都倾注汇合于伟大的社会主义文化之洪流巨潮里面。"③1941 年 1 月 25 日，焦敏之编译《苏联最近关于社会发展法则之论争》发表于《中苏文化》，侯外庐应邀所作《写在〈苏联最近关于社会发展法则之论争〉之后》在同期发表。侯外庐认为："所谓'发展是对立物的斗争'这一正确命题，在苏联社会同样亦是妥当的，然而矛盾却已经不是表现于生产关系与生产力之间，而是表现于更高一级的东西上。……人类与自然的矛盾……生产与消费的矛盾，都是高级性的东西……"④

---

① 侯外庐：《苏联外交与现阶段的欧洲局势》，《中苏文化》"抗战特刊"1938 年第 3 卷第 3 期。

② 侯外庐：《苏联建国在现阶段的特点》，《中苏文化》1939 年第 3 卷第 10 期。

③ 侯外庐：《苏联现阶段文化革命之意义》，《中苏文化》1940 年"苏联十月革命二十三周年纪念特刊"。

④ 侯外庐：《写在〈苏联最近关于社会发展法则之论争〉之后》，《中苏文化》1941 年第 8 卷第 1 期"列宁逝世十七周年特辑"。

二、中国民主革命同盟中的侯外庐

在重庆，侯外庐的交际圈比较广。侯外庐住家骑龙穴期间，王昆仑及谭惕吾等常下乡听侯外庐“讲课”，侯外庐向他们介绍马克思和列宁认识问题、分析问题的方法。马克思主义对于他们并不是陌生的理论，在他们投身政治、投身社会活动的早期，作为一派政治学说的马克思主义，他们或多或少都有所识见。他们各人经历并不相同，但他们都围着三民主义兜了若干年圈子。侯外庐在1925—1926年初短期涉足孙文主义学会，劝说者和促成者便是王昆仑。“九一八”以后，王昆仑思想转变了，开始靠近共产党。1936年侯外庐在太原遇到他时，发现他的变化显著。谭惕吾是老资格国民党员，在抗日问题上，完全接受中国共产党建立抗日民族统一战线的战略思想。曹孟君则不同些，她在大革命时代就已经是共青团员。他们的半生历程，鲜明地折射出中国共产党在民主革命中的伟大道路、伟大形象的光辉。

1941年夏，在周恩来、董必武、王若飞指导下，经王昆仑、许宝驹、王炳南等酝酿，中国民主革命同盟（简称“小民革”）在重庆成立。“周恩来提议一部分中共党员同爱国进步人士、国民党左派以及在国民政府中担任较高幕僚职位的人士共同建立一个统一战线组织。后经王炳南、王昆仑、许宝驹等筹划酝酿，成立秘密政治团体中国民族大众同盟，一年后改名为中国民主革命同盟。”①中国民主革命同盟是一个自觉接受中国共产党领导的秘密革命组织。这个组织“不以发动群众为目的，而主要以推动国民党政府上层坚持抗战，反对投降；坚持团结，反对分裂；坚持进步，反对倒退为任务”②。中国民主革命同盟成立后，从政治主张到斗争行动同中国共产党基本一致，在分化国民党顽固派等方面，起了相当重要的作用。可见，统战工作是中共胜利的法宝。

日军进攻广西前，李济深在桂林大声疾呼“铲除失败主义”，要求国民党当局“动员民众”，实行“民主抗战”。侯外庐以“小民革”名义与沈钧儒、张申府等联名致电响应。1944年9月，侯外庐参加一个各党派在重庆召开的规模很大的集会，讨论如何及早实现民主。会上，各党派、各界人民都认清了蒋介石的一党专政、个人独裁的腐败政治，是军事上失败的根本原因，反映出中共在历次谈判中所坚持

① 《周恩来年谱（1898—1949）》，中央文献出版社1989年，第513—514页。

② 徐志福：《走近阳翰笙》，巴蜀书社2007年版，第236页。

的主张，已为人民、为各党派所接受。① 为此，中国共产党人在报刊上发表了不少社论和文章，批判蒋介石的法西斯主义思想体系及其反共阴谋。如王稼祥发表了《中国共产党与中华民族解放的道路》、林伯渠发表了《高举马列主义旗帜前进》、吕振羽发表了《国共两党和中国之命运》、艾思奇发表了《“中国之命运”——极端唯心论的愚民哲学》②等。范文澜也于1943年8月1日在《解放日报》发表了《谁革命？革谁的命？》一文，指出“抗日、民主是革命，反共内战、专制独裁是反革命”，“国民党是中国资产阶级的政党，其中占绝对统治地位的是大地主大资产阶级”③。此外，无党派人士周谷城在《东方杂志》、《民主世界》等杂志上发表了一系列关于民主政治的政论文章，其中颇具影响的有《世界民主政治之倾向与中国民主政治之创造》、《复兴民族之民主政治论》、《论世界民主政治之最后胜利》、《论民主政治之建立与官僚主义之肃清》、《英国民主政治之发展》、《辟几种有碍民主的言论》、《论民主趋势之不可抗拒》等文章。④ 同时，国民党内部对蒋介石的独裁统治的不满，也见于立法院院长孙科的言论和文章中。1944年，他出于对国民党统治危机的忧虑，主张实行宪政，“施行民主政治”。国民参政会秘书长邵力子，更直言反对蒋介石《中国之命运》中崇尚清朝旧制的倒退思想，疾呼清洗那种“不忠心于民主政治的人”。民族资产阶级的代表黄炎培，此时也发出“要为民主拼命”的怒吼。就连反共起家的青年党，它的领导人，以李璜、左舜生为代表，也反对国民党的一党专政，主张“切实调整国共关系”，“加速实现民主”。在这样一种形势下，通过“小民革”的活动，促进各党派加强争取民主抗战的斗争，是大有意义的，也是大有可为的。同年秋，刘仲容动员侯外庐参加“中国民主革命同盟”。⑤ 侯外庐回忆：“我把这件事告诉了徐冰。不久，徐冰、张友渔先后来找我，授意我把工作的重心转移到城里搞统战，正式参加‘中国民主革命同盟’。”⑥同时加入的还有阳翰笙、沈志远，侯外庐不久即成为核心成员。1946年1月，国民党召开政治协商会议。中国共产党和“小民革”原提名侯外庐以“社会贤达”身份为旧政协代表，但遭到傅斯年和国民党政府的反对而未果。旧政协召开之后组织“宪法审议组”，国民党又一

① 贾文轩：《中国近代史通鉴(1840—1949)》，红旗出版社1997年版，第323页。

② 参见《怀念与思考——艾思奇与马克思主义哲学中国化》，中共中央党校出版社2008年版，第10页。

③ 董郁奎：《新史学宗师——范文澜传》，杭州出版社2004年版，第159页。

④ 莫志斌：《周谷城传》，湖南师范大学出版社1997年版，第177页。

⑤ 《南方局党史资料：统一战线工作》，重庆出版社1990年版，第191页。

⑥ 侯外庐：《韧的追求》，生活·读书·求知三联书店1985年版，第150页。

次排斥对侯外庐的提名。①

在那个特殊的岁月,侯外庐一边研究、著述,一边致力于统战工作。在与社会各界交游的过程中,侯外庐通过加入“中国民主革命同盟”、主编《中苏文化》,并参与国共两党组织的各项活动,为中国的民主进程做出了突出的贡献。侯外庐与其他马克思主义学者一道,为宣传抗战、加速形成统一战线做出了不懈努力。统战工作对于争取学者和知识分子,对于扩大马克思主义思潮的影响,起着极其重要的作用。

第二节　侯外庐与其他马克思主义学者的交流与辩论

重庆时期马克思主义学者的读书、学术活动比较频繁,侯外庐和其他马克思主义学者的交流增进了学术友情,但值得一提的是,重庆马克思主义学术圈有自由讨论和相互辩论的风尚,学术气氛比较活跃,有一定的思想自由,学术探索性强。这是在20世纪三四十年代马克思主义学术思潮能够发展壮大并征服人心的一个重要内因,是马克思主义学术内在思想活力的表现。“对比之下,解放后,学术界的分歧意见动辄被上纲为‘阶级斗争’”②,这也是侯外庐回忆这一段历史时特别想强调的。侯外庐、杜国庠、翦伯赞、郭沫若等马克思主义史学家都有自己的思想特点和风格,各自的研究路径也不尽相同。比如他们关于古代社会分期的讨论,尽管存在着严重的分歧与争论,但应该看到,这一讨论对于宣传马克思主义历史理论,促进中国社会史研究向深度和广度发展,对中国马克思主义史学走向科学化意义重大。正如有学者提出的:如果说20世纪30年代中国马克思主义史家还带有不少公式化、概念化的缺点,那么,40年代这些缺点就明显地减少了,学术研究的科学性大为提高。③

马克思主义史学家阵营中,思想深度不一,师承授受不一,个人才情与天赋千差万别,学术成就在各有千秋、难分轩轾的情势下,应该说也有一个学术研究的风格问题。被史学界公认为“五老”的郭沫若、范文澜、侯外庐、翦伯赞、吕振羽的学术风格就不是一个模型铸就的。郭沫若的通家大气、范文澜的严谨贯通、侯外庐的理论艰深、翦伯赞的哲理思辨、吕振羽的不蔓不枝,给同时代及后辈学人以深刻

① 许涤新:《侯外庐史学论文选集・序》,人民出版社1987年版。

② 侯外庐:《韧的追求》,生活・读书・求知三联书店1985年版,第136页。

③ 刘茂林:《抗战时期郭沫若对中国史学的苦心经营》,《郭沫若学刊》1988年第1期。

的印象。“五老”走向史学的路径也不尽相同：郭沫若是由医学而文学而史学，范文澜是由文学、经学而史学，吕振羽是由工程技术科学而史学，翦伯赞是由商学、经济学而史学，侯外庐则是由法律、经济学通向史学。他们的个性、经历、学术传承和理论素养等的不同，又使他们的史学研究各具特色和风格，从而使中国的马克思主义史学从一开始就显得绚丽多彩。与翦伯赞、吕振羽相似，侯外庐也有短暂的留洋经历：赴法勤工俭学，起初学的也是经济学。与翦、吕不同，侯的经济学素养似乎深厚而且纯正得多，因为他与人合译并出版了《资本论》第1卷。他后来所以能主编著名的《中国思想通史》，绝非偶然。在学习和研究马克思主义方面，侯外庐曾幸运地直接受过李大钊的指点和影响。从《韧的追求》①这部自传来看，侯外庐是一个颇为自信、颇为自负的比较单纯的学术中人，与郭、范、翦、吕四人相比，他的书生气最重，这大概是他的作品特别是他的《中国思想通史》，较少时代、时势痕迹而能传世的重要因素。马克思主义史学“五老”对中国马克思主义史学建设做出了重要的贡献。其中，郭沫若最早以唯物史观为指导进行古史研究，侯外庐、范文澜则对于中国马克思主义历史科学体系的建立做出极大努力，成就斐然，翦伯赞、吕振羽在历史科学马克思主义理论化方面建树颇多。

一、侯外庐与杜国庠

早在1931年，侯外庐开始与杜国庠通信。“那时我们都在搞翻译工作。我看到他用林伯修、关念兹笔名译的书，托某书店转寄他一封请教的信，内容主要是我翻译经典著作因了水平幼稚搞不下去了，冲不破难关。杜国庠同志的回信给了我莫大的鼓励。他讲了一套有关边干边学的道理，结论是传播马克思主义都在学习的萌芽阶段，谁也不敢说译品成为定本，试做总比不做好，应准备做后来者的桥梁。”②

但侯外庐正式结识杜国庠，是在“文工会”。1940年12月，国民党军委会政治部文化工作委员会（“文工会”）成立。“文工会”团结的面比其前身第三厅时更为广泛。它虽然是一个“研究机构”，但它的成员在十分艰苦的条件下，或著书立说，

① “《韧的追求》于1985年问世，原来准备命名《坎坷的历程》，不少同志建议侯外庐改了名，韧的追求很好，他是崇拜鲁迅的人，韧就是坚忍不拔，锲而不舍。侯外庐在追求真理、研究学问等方面都是孜孜不倦地向鲁迅学习并有成就的。”《峥嵘岁月——徐淡庐回忆文选》，重庆市渝北区政协文史学习委员会编印，1998年，第85页。

② 侯外庐：《忆悼杜国庠同志》，《光明日报》1961年2月8日第3版。

或讲学论争，或从事文艺创作。他们广交朋友，联系群众，以学术文化活动的方式，造成健康的社会舆论，启发民众的政治意识，推动民主运动发展。“做学术讲演的人很多，有内部的，如郭沫若、杜守素等；也有兼职委员，如王昆仑、侯外庐、老舍等。王昆仑曾讲《红楼梦》中的金陵十二钗等，侯外庐讲过先秦诸子，老舍讲过北京的方言。”①在赖家桥，杜国庠和侯外庐交换过从先秦到近代一系列问题的见解，彼此发现是知音，越谈越深入，越讨论越细致。“有一次，我们谈到中国封建社会从劳役地租向实物地租转化的问题。杜老问我，分界线应该划在何时。我说，不好用一个年代或一个事件来划分，应该存在一个过渡期，那就是唐中期，肃宗、德宗时代。杜老对此是同意的。又谈到唐代思想史，我说，柳宗元是有唐唯物主义思想家的最典型代表，他也极表赞成。”②文工会开展了许多学术交流活动，杜国庠作过《关于墨子》、《公孙龙子》、《明末清初顾、黄诸大师的学术思想》等学术演讲。经过几年的辛勤劳作，他为后来写作《先秦诸子思想概要》和与侯外庐等合著《中国思想通史》做了准备。

此外，马克思主义学者与其他学者的论辩此起彼伏。抗战时期，冯友兰建立了由“贞元六书”构成的“新理学”体系，引起了社会关注。杜国庠发表文章批判冯友兰的“新理学”③。侯外庐后来在《杜国庠文集·序》中说：“在抗日战争时期，杜国庠同志还对冯友兰先生的著作《新理学》、《新原道》、《新原人》等宣传的唯心主义历史观进行了辩论。”④

二、侯外庐与郭沫若

郭沫若和侯外庐的性格迥然有别，郭属豪放外向，侯则矜持内向，他们的生活情趣也不尽相同。但是在政治上和学术上他们是同路人，而且结下了深厚的友谊。郭沫若比侯外庐年长11岁，当1921年郭沫若和郁达夫等人组织创造社时，侯外庐还是一个中学生。1923年，东渡日本后，郭沫若潜心研究并广交朋友，利用自己的日语优势，通过翻译河上肇的《社会组织与社会革命》，接受了马克思主义。

① 张传玺：《新史学家翦伯赞》，北京大学出版社2006年版，第66页。

② 侯外庐：《韧的追求》，生活·读书·求知三联书店1985年版，第131页。

③ 还有人从实用主义出发批评其是“无字天书”，指责冯友兰的哲学是故弄玄虚，认为“玄虚不是中国哲学的精神”。然而，这些都未使冯友兰停止探索的脚步。他的《新理学》建立了纯粹的哲学体系，证明了“冲漠无朕”、“万象森然”的理平铺在那里存在。参见湘人：《冯友兰》，湖北人民出版社2002年版，第49—50页。

④ 侯外庐：《杜国庠文集·序》，人民出版社1962年版。

侯外庐当时虽然也已经读过一些陈独秀、李大钊等撰写的宣传马克思主义的著作，但由于书读得太杂而又无人具体指点，竟至于误入“孙文主义学会”，并认为无政府主义是一种彻彻底底的解放。1924 年郭沫若回到上海，次年目睹“五卅惨案”，结识了瞿秋白，并与恽代英、张闻天、沈雁冰等人发起成立“中国济难会”，从此开始了自己的革命生涯。在他的带领下，创造社提出了“革命文学”的口号。1926 年 2 月，郭沫若应聘去革命的中心广州任广东大学文科学长，后参加北伐。这期间，侯外庐在同乡的引荐下认识了李大钊等革命人士，思想、观念发生了明显变化。① 他在参加学生运动的同时，开始深入学习马克思主义理论。1927 年大革命失败以后，郭沫若参加八一南昌起义并加入中国共产党。后因躲避国民党政府缉捕，化名旅居日本千叶县市川市。此后两年间，他开始从事甲骨文、金文和中国古代史研究，并出版了《中国古代社会研究》。② 其后，陆续出版《卜辞通纂》、《两周金文辞大系图录考释》等书。侯外庐 1927 年赴法国求学，1928 年开始试译《资本论》，同年加入中国共产党。通过对郭沫若和侯外庐早年经历的对照，不难看出，在他们结交之前，郭沫若无论在政治上、理论上和学术上，其起步和成熟都比侯外庐要早。侯外庐在回忆录中说：“郭老对我，一向若师若兄。”③这既是他的肺腑之言，也的确反映了他们之间诚挚的友谊。20 世纪 30 年代以后，郭沫若和侯外庐等新哲学的接受者的理论水平有更大的提升，他们既接受唯物史观，也接受辩证唯物主义。他们沿着李大钊开辟的研究方向，更为深入、更为具体地研究中国传统学术，取得了更大的成绩。④

侯外庐在与郭沫若交往中的友谊与学术分歧，从以下的几次讲话中可见一斑。1945 年 4 月，重庆各党派领袖和文化界人士设宴慰问郭沫若和文化工作委员会诸工作人员，侯外庐与沈钧儒、左舜生等相继发言。侯外庐认为：“郭先生在文化学术方面的伟大贡献，使他不但是中国的权威，也是世界的权威之一，他几十年来奋斗所得的文化成果，给了我们许多不朽的著作，我们相信郭先生今后还要更多创造有利于中国人民的作品。在欧美各国，最有成绩的学术研究机关，差不多

① 侯外庐：《我与李大钊先生》，参见张岱年：《蓬窗追忆》，北京师范大学出版社 2005 年版，第 168 页。

② 侯外庐：《“只顾攀登莫问高”——纪念郭沫若同志诞辰九十周年》，参见何刚：《郭沫若研究文献汇要》第 10 卷，上海书店出版社 2012 年版，第 234 页。

③ 侯外庐：《韧的追求》，生活・读书・求知三联书店 1985 年版，第 136 页。

④ 宋志明：《中国近现代哲学四论》，中国社会科学出版社 2012 年版，第 371 页。

都不是官办的，就是苏联，有名的学者也独立发展其研究，如瓦尔加的经济研究所。"①又，阳翰笙记载："侯外庐先生主张在郭先生的领导下，创立一民间性的文化研究所。"②6月8日下午，中苏文协、全国文协、全国剧协举行欢送郭沫若等赴苏联访问的大会，侯外庐与邵力子、茅盾等致辞。侯外庐在发言中提出："郭先生是中苏文协的领导者之一，郭先生在中国学术上的成就是没有能出于其右的。相信郭先生必能有很好的成就，且必能把苏联学术上的成就和他们的精神带回中国。"③8月，郭沫若在莫斯科苏联对外文化协会历史哲学组演讲，郭沫若谈道："在研究这一时期的哲学问题及其他思想形态问题的中国历史学家当中，侯外庐占据了最显要的地位。不久以前，他发表过《中国古代社会史论》和《中国古代思想学说史》二书。他认为周代是奴隶社会，在这一点上，他的见解和我是相符的，但在这一时期的思想史的许多问题，我们之间就有了本质的分歧。"④

总体上来说，"以马释中"作为20世纪诠释中国哲学的主要范式之一，与郭沫若、侯外庐的成就与影响密切相关。作为马克思主义者，二人主要是运用唯物主义历史观来解读中国的历史、社会史与思想史，虽然他们都没有通史性的哲学史论著，但他们将哲学问题一般地内置于思想史之中，从唯物史观的立场对中国哲学史中的相关问题进行探讨。⑤ 侯外庐和郭沫若研究思想史与社会史的历程，是当时史家治马克思主义史学的一个缩影。在马克思主义学者内部，侯外庐与郭沫若的学术观点的异同较有代表性，以下进行简要分析。

（一）侯外庐与郭沫若的中国古代社会史研究之比较

在20世纪三四十年代，郭沫若立足于马克思主义哲学立场，首先站出来对儒学表示同情，大胆肯定儒学的现代价值，对于扭转一味批孔的偏激心态起到了一定的作用。但是，郭沫若关于儒学的看法，感情色彩比较重，这限制了他研究的深度。侯外庐、杜国庠等人弥补了这一不足，运用唯物史观对儒家思想作了比较客观的研究，取得了阶段性的研究成果。在历史断限上，侯外庐认为中国的奴隶制

① 《在不自由的狭小天地中——欢宴文化战士郭沫若》，《新华日报》1945年4月9日第2版。

② 《阳翰笙日记选》，四川文艺出版社1985年版，第369页。

③ 《中苏文协等三团体欢送文化使节郭沫若》，《新华日报》1945年6月9日第2版。

④ 郭沫若：《战时中国历史研究》，《中国学术》1946年第1期。

⑤ 郭齐勇：《当代中国哲学研究》，中国社会科学出版社2011年版，第36页。

社会起始于周初，终于秦汉之际。即是说，侯外庐也是个西周奴隶社会论者。不过，他的一些见解与郭沫若颇不相同，而有着自己的特色。他的主要看法如下。

（1）关于周代的氏族组织。侯外庐注意到："不论在希腊或罗马……氏族的血缘政治，后来都被土地私有制所冲破，财产贵族与国家机关代替了经济政治混合于血族的制度……中国的古代制度颇有些特殊性。""周代社会……国家成立是没有疑问的，而其组织则是有它的特色。"这特色便是"土地制度的所谓'国有'形态"和"周代政治成了绝对的家族长大氏小宗的贵族政治"。侯外庐强调："民与氏是国家的两个基本条件"，"周代是以姬姓氏族为中心，而联合了其他氏族如曹姓、子姓、姜姓、己姓、姒姓、任姓诸氏族，而形成氏族联盟"，"周代的奴隶制则主要是氏族奴隶"，"氏族集团奴隶"。与希腊社会的"打破了氏族组织"不同，"周代则始终维持着氏族宗法制度"。正是由于"过时的氏族枷锁之于中国古代社会之束缚……由于氏族古制的保存，使社会的变革，难以明朗化，走了长期转变的道路"①。

（2）关于西周的土地所有制。侯外庐认为，"周代，已从殷代牲畜为主的社会，发展至土地农业生产的时代"。"土地国有制是周代的特点"。② 在这种土地所有制下，"因氏族贵族独占，生产力难以发达，未能产生典型的生产手段私有的显族。生产手段既为氏族贵人所有，则其所得形态，便是'公食贡，大夫食邑，士食田，庶人食力'，故赋税与地租未能分开"。侯外庐还认为，《诗经》所言甫田、大田，"是鄙野之公田"，地块较好，在当时形成很大的规模，但"南亩、十亩，则可能为小生产市民如百姓、国人、士人之使用田，后者当然是土地制度的从属意义，支配者还是前者。西洋古典社会，也不是清一色的，自由民亦有其一分的"。"因此，'雨我公田，遂及我私'，这私亦不是自由买卖的私有土地，至多是在鄙野大量土地以外的自由民使用之小块田"。③

（3）关于"封国"非封建制度。侯外庐指出："东方的王公诸侯，没有封建的影子。封建一词，日文袭中国文而译西文的费地阿里斯模，复由日文之译语，贩入中国，于是两合，封建便出于西周。"而实际上，"'封'在殷周之际，是以树木分略疆界之谓，没有'爵诸侯之土'的一点痕迹"，"不论从周金的文字，或从《周书》《诗经》的

① 侯外庐：《中国古代社会史》，新知书店 1948 年版，第 160 页。

② 林甘泉等：《中国古代史分期讨论五十年》，上海人民出版社 1982 年版，第 130 页。

③ 张广志：《中国古史分期讨论的回顾与反思》，陕西师范大学出版社 2003 年版，第 85 页。

文字，赐、命、令、锡等文，殊为习见，而爵封则未一见”。“周代同姓诸侯之‘封建’相似罗马的殖民制度无疑，而异姓诸侯之‘封建’则不过自居于盟主地位罢了”。① 因此，周之“封建”同作为社会历史发展阶段的“封建制度”是截然不同的。

(4) 关于西周劳动者的身份。侯外庐认为，周人对殷人及其他族的不断征服，把大量的“俘族”“大抵全族转为生产者”，转为“族奴”，如殷民六族、殷民七族、怀姓九宗、井人等等；康王时期《麦尊》锡臣可多达“二百家”，足见他们是用于生产的，“因为家内奴隶是用不着这样大的数目，尤其在当时的社会生产状况之下”。金文中“锡田常与锡人并提，这种叙法正是土地与生产者的结合样式，并非偶然的事件”。② 通过以上的对比与描述不难发现，周代生产者其实为集体族奴。

西周封建社会论者与西周奴隶社会论者有过激烈的论辩，西周封建社会论者在驳郭沫若以可以赏赐、买卖为由把“众”和“庶人”视作奴隶这一点上，是颇为成功的，因为，按斯大林的说法，农奴也是可以赏赐、买卖的；但他们把西周广大农业生产工作者视作农奴，特别是像翦伯赞那样，居然可以简单地、不加分析地说周灭商后，“首先便宣布土地王有，和奴隶制的废除”，诸侯们“一到封区，便把封区以内的人民，不问其为殷族，或为‘夏族’，不问其为自由民抑或奴隶，便把他们整族整族地转化为农奴”，同样是没有多少依据、缺乏说服力的。

郭沫若之失主要有三：第一，上面讲过，他把“众”、“庶人”说成奴隶的主要依据不外乎这些人可以被赏赐、买卖，而仅凭这一点，是划不清奴隶同农奴之间的界限的；第二，把广大劳动者普遍化为奴隶。在郭沫若看来，西周社会除了奴隶主外，就是尽人皆是的奴隶。如果真是这样，西周岂不成了比希腊、罗马还要典型、纯粹的奴隶社会了吗？因为，在希腊、罗马，除了奴隶主、奴隶外，也还有自由民的存在。当然，郭沫若这样说的时候，他自己也显得有些底气不足，不得不承认西周的奴隶与雅典的颇不相同，承认后者“是无身体自由的”，而前者却和斯巴达的黑劳士一样，“有充分的身体自由”，“显得那么自由”，可到头还是巧为之说，借什么土地的“缧绁髡钳”作用，把这些“有充分的身体自由”的农业生产者一个不剩地全部划为奴隶。这种做法，实际是抱着奴隶社会的先人之见，硬在古代中国社会寻找奴隶，放大奴隶，制造奴隶。

① 张广志：《中国古史分期讨论的回顾与反思》，陕西师范大学出版社 2003 年版，第 85 页。

② 张广志：《中国古史分期讨论的回顾与反思》，陕西师范大学出版社 2003 年版，第 85 页。

侯外庐充分注意到西周社会生活中氏族制的存在和土地私有制的不存在，是比较尊重中国史的实际的，但他同样简单地靠“征服”整族整族地制造“集体族奴”的做法，则是有违于西周史的实际的。

（二）侯外庐与郭沫若的中国古代思想史研究之比较

侯外庐相继完成《中国古代思想学说史》、《中国近代思想学说史》的撰著，在当时马克思主义史学界产生了重要的影响，奠定了他在思想史领域的地位。为了尊重合作者的意见，《中国古代思想学说史》中一些独到的见解未能在《中国思想通史》第1卷中充分吸收。如在《中国古代思想学说史》中，侯外庐对孔子的看法同郭沫若的观点有很大的分歧，郭沫若认为“仁”是孔子思想体系的核心，是孔子倡导的日常生活中言行的指南。这里的“仁”是一种“牺牲自己以为大众服务的精神”①。对于孔子思想体系的内核的探索，持不同观点的侯外庐则认为“立于礼”是孔子思想的核心，是孔子信奉的言行守则。孔子的仁政，从一般道德律的角度看，具有国民的属性，但是，每当触及具体的制度和传统观念时，“仁”的道德律又是“君子”所专有的了。

侯外庐在自己关于屈原评价的文章中也提出了与郭沫若不同的观点。论战是由郭沫若完成的关于诗人屈原的历史剧而触发的。历史剧《屈原》的主要内容是楚怀王与诗人政治家屈原之间围绕着反抗秦国还是与秦国合作问题而展开的斗争。那位没有能力统治国家的国王准备妥协，而屈原则怀有“高贵的统治者”的幻想，公开而且无畏地主张抵抗，不过他没有采取积极行动来反对国王，以至于最终失败，被迫离开故土。这个历史剧不光号召抗击外来侵略者，在当时也特别号召抗日，而且也以楚怀王其人映射蒋介石没有能力也不愿抗日。郭沫若作《屈原思想》连载于《新华日报》1942年3月9日第4版及3月10日第3、4版。该文系与侯外庐商榷屈原的世界观和方法论。周恩来读后致信郭沫若：“……拿屈原作为一个伟大的思想家而兼艺术家，我同意，说他是革命的思想家，容有商榷余地。质之你以为何如？”②4月，侯外庐的文章《屈原思想的秘密》在《中苏文化》上发表。在论战中，首先涉及对屈原的世界观和方法的评价。郭沫若认为屈原的世界观是进步的，而他的方法，即消极反抗是反动的。与之相反，侯外庐认为，屈原的世界

---

① 郭沫若：《十批判书》，中国华侨出版社2008年版，第77页。

② 《对〈屈原思想〉的意见》，《周恩来书信选集》，中央文献出版社1988年版，第216页。

观，即他对于“高贵的统治者”的信赖是反动的，而他探求真理的方法却是进步的。

侯外庐称赞屈原是“中国历史中最可模范的人格”，这一点上，与郭沫若评论屈原有相同的认识。① 侯外庐在《屈原思想渊源的先决问题》一文中说：“关于中国周秦社会史的论断，我和郭先生虽然各有重点的注意，大体上是站在一道的，没有这个相接近的观点而研究屈原思想的渊源，好像如韩非子之评儒墨，‘孔子墨子俱道尧舜，而取舍不同，皆自谓真尧舜，尧舜不复生，将谁使定儒墨之诚乎？’”②侯外庐又道：“关于屈原问题，四十年代我和郭老在认识上有三个共同的基点：其一，由于当时我们都认为封建社会始于秦、汉之交，所以一直地把春秋战国看作大转变的时代，封建制在难产中的时代。……其二，我们都确认屈原是儒者。其三，我们都肯定屈原人格伟大，屈原诗篇不朽。”“我们的分歧的核心在于：对于作为儒者的屈原，他‘问天’‘招魂’所寓之理想，究竟是‘以德政实现中国一统’，还是前王之制的魂魄，说得再简单些，究竟是社会进步的理想，还是倒退的奴隶制残余的梦想。”③

总之，侯外庐与郭沫若在对中国思想史和社会史领域的研究中用力颇深，学术观点各有不同。郭沫若的学术思想和研究成果对侯外庐的影响非常深刻，不但在研究方法、研究思路以及逻辑架构等方面给予侯外庐以启示，而且他在古文献、古文字和考古学方面的渊博知识，地上文献与地下出土文物相互印证的创新理念，以及对古史研究中疑难问题的大胆论断，也都开阔了侯外庐的眼界。此外，侯外庐与郭沫若不同的治学特点、不同的研究旨趣、产生的不同影响和贡献，以及二人之间的互相借鉴与促进，这些不同对于马克思主义史学发展的丰富与促进等方面，都是中国马克思主义史学研究领域的重要课题，值得我们今后做进一步研究。

三、侯外庐与翦伯赞

侯外庐与翦伯赞相遇在重庆《中苏文化》杂志。侯外庐是由西安经汉口到达重庆，然后，通过孙科的代表王昆仑，进入《中苏文化》杂志。这时，翦伯赞则是“中苏文协”湖南分会的实际主持人兼湖南分会机关刊物《中苏》半月刊的主编。④ 翦

① 黄中模：《现代楚辞批评史》，湖北教育出版社 1990 年版，第 176 页。

② 王锦厚：《百家论郭沫若》，成都出版社 1992 年版，第 484 页。

③ 侯外庐：《韧的追求》，生活·读书·求知三联书店 1985 年版，第 133—134 页。

④ 《翦伯赞全集》第二卷，河北教育出版社 2010 年版，第 6 页。

伯赞赴重庆前夕，在侯外庐主编的《中苏文化》上发表论文两篇。翦伯赞来到重庆后，以湖南中苏文协分会负责人的身份补为总会理事兼杂志副主编，身份和职守与侯外庐完全相同，住处也相邻，由此开始了他们的交往。① 侯外庐在晚年的回忆录《韧的追求》一书中，特辟一节"翦伯赞的风格"，追忆翦伯赞。对于这段追忆，与翦伯赞甚熟的刘大年说："翦老这位挚友出于肺腑的对他的评价，公允精当，不可移易。"②侯外庐和翦伯赞是同辈、战友、同志，但《翦伯赞的风格》一节，侯外庐却是带是十分推崇的感情写出的，不但写活了翦伯赞，而且感人至深。这是迄今所能有的对翦伯赞最传神而又最洗练的概括评价。这一概括评价不但在刘大年看来"公允精当，不可移易"，与侯、翦都过从甚密的胡绳也"感到外庐同志对他们二人间的关系的描写是非常恰切的"③。

侯、翦之间彼此推崇，但并未成为至交，他们的"彼此推崇"，是建立在理性——"我们确乎是真正认识对方价值的"④——基础上的。看来影响他们深交的一个主要因素是他们学术观点上的对立。所以，侯、翦之间有"隔阂"，完全可以理解。侯、翦之间的学术分歧主要表现在：在重庆时期，侯主"秦汉封建论"，翦主"西周封建论"，而且，侯外庐在论战时，主要以翦伯赞为实力目标。⑤ 侯外庐说："我和伯赞在中国古代史分期、古代生产方式、封建社会土地制度等一系列问题上分歧很大，这是众所周知的。"⑥

经翦伯赞介绍，覃振的部分家眷亦住到白鹤林，侯外庐从此与覃振相交。距翦伯赞居所只有二三里的山清水秀的白鹤林，就是王昆仑、曹孟君夫妇和侯外庐全家的居处，王昆仑、侯外庐两位是翦家的常客。住在赖家桥的郭沫若、于立群夫妇，还有郑伯奇、杜守素、白薇，住在北碚的吕振羽、张志让、周谷城，以及陶行知、邓初民、章伯钧等也经常前来，周恩来、冯玉祥、鹿钟麟、覃振等也来过。⑦ 至于追踪而来的记者，慕名而来的大中学生，几乎络绎不绝。对于翦伯赞来说，送往迎来

---

① 《达德研究文集》第2辑，香港达德学院校友会福建分会编印，1991年，第84页。

② 《翦伯赞纪念文集》，人民教育出版社1998年版，第32页。

③ 卢钟锋：《侯外庐纪念文集》，陕西人民教育出版社1991年版，第4页。

④ 《读侯外庐〈韧的追求〉》，《李侃史学随笔选》，中华书局2008年版，第504页。

⑤ 侯外庐：《中国封建社会前、后期的农民战争及其纲领口号的发展》，《历史研究》1959年第4期。

⑥ 《胡绳全书》第3卷，人民出版社1998年版，第720页。

⑦ 张传玺：《翦伯赞传》，北京大学出版社1998年版，第79页。

都是革命工作。① 除此之外，翦伯赞的主要任务是讲理论、写文章、著书、立说。

另外，值得一提的是，侯外庐与翦伯赞以及周恩来对活跃重庆马克思主义学术圈所起的作用。抗战时期，以周恩来为领导核心的中共南方局，团结了一大批有志于抗战和学术研究的进步学者，为他们创造了一个良好的研究环境，实在难能可贵。身居重庆的侯外庐、郭沫若、杜国庠、翦伯赞、吴泽等人或创办进步刊物，或撰著、编纂马克思主义史学理论及其用马克思主义史学方法论研究中国传统历史文化方面的书籍，或发起成立“新史学会”，以特殊的方式致力于马克思主义史学在中国的新发展。这一阶段，侯外庐的交游非常广泛，参加各种学术交流与社交活动，接触的人中既包括马克思主义者，也有马克思主义学者，但更多的是马克思主义史学家。

“皖南事变”后，周恩来为了保存干部，为将来的新的战斗做好准备，执行党中央的决定，在重庆亲自部署和指挥党内外人士撤离。同时要求在大后方的党员做到勤业、勤学、勤交友，就是要“闭门”读书，开展业务活动，深入学术研究，做好统一战线工作，实现职业化、社会化、合法化。② 侯外庐想去延安，周恩来觉得去延安太冒险，建议他留下来抓紧时间研究学术。

1941 年，中共和周恩来组织“读书会”，约两周一次，侯外庐和许涤新、胡绳等人为经常出席者。据《韧的追求》载：“当时我们这些同志，个个都把唯心主义哲学家冯友兰、贺麟视为对立面。……有一次，周恩来同志来了……他平静而中肯地对大家说：民族大敌当前，在千千万万种矛盾中间，学术理论界也面临着错综复杂的矛盾。我们和冯友兰、贺麟在阶级立场上，矛盾固然是尖锐的，但毕竟不是主要矛盾。当前，学术理论上最危险的敌人，是国民党右派的妥协投降理论，我们斗争的锋芒应该对准陈立夫的‘唯生论’。”③针对纷繁复杂的现实情况，周恩来一针见血地指出了当时学界斗争的严峻性。翌年，侯外庐、杜国庠等成立“新史学会”，马克思主义新史学队伍扩大了，新史学具有新的特点。顾颉刚、张志让、周谷城等著名学者都来参加活动，互相砥砺切磋，气氛很活跃。有一段时间，重庆、香港一些文化工作者对胡风的“主观战斗精神”、“写真实”有不同意见，发表了一些批评文章。④ 周恩来明确表示这是内部问题，他强调要培养良好的学术作风，认为学术上

① 张传玺：《新史学家翦伯赞》，北京大学出版社 2006 年版，第 60 页。

② 胡绳：《中国共产党的七十年》，中共党史出版社 1991 年版，第 181 页。

③ 侯外庐：《韧的追求》，生活・读书・求知三联书店 1985 年版，第 122—123 页。

④ 童小鹏：《风雨四十年》第一部，中央文献出版社 1994 年版，第 305 页。

的问题要通过深入研究、充分讨论、详尽说理来解决，决不能强加于人。周恩来的观点对侯外庐等人的学术导向产生了一定的影响，侯外庐言："如果说，我一生还曾取得一些成绩的话，一个极重要的原因便是，我受到过周恩来同志的教导，我在那个环境中得到过支持，得到过锻炼。"①

周恩来身在重庆，他在国共合作方面所做的努力，得到了国共双方及民主各界人士的认可，证明了共产党执行统一战线政策的襟怀和至诚，对于全民抗战起到极其重要的作用，为抗战胜利奠定了坚实的基础。② 侯外庐回忆："刘仲容晚年有一次和我谈起周总理个人人格与形象对他所产生的影响，他说：'很久以来，我一想到中国共产党，脑子里就出现周恩来的形象。'"③这句话，很能反映周恩来对于统一战线所起到的非凡作用。

第三节　主编《文汇报》新思潮副刊和反自由主义

在20世纪40年代的重庆，统一战线规模空前，中国马克思主义思潮不断壮大。其中，进步期刊所起的推动作用，功不可没，在民族危难形势下创刊的《文汇报》值得一提。创刊后，该报采取灵活的办报策略，排除万难，及时报道中国军民英勇抗战的消息，大胆揭露汉奸败类的黑幕，猛烈抨击世界法西斯，有力地打击了敌伪的嚣张气焰。解放战争时期的《文汇报》，抗日战争胜利后于1945年8月18日第一次复刊，1947年5月24日因积极宣传、支持爱国民主运动而被国民党反动政府勒令停刊。之后主要负责人和部分职工离沪去港创办了香港《文汇报》，侯外庐任新思潮副刊主编，发表了一系列文章，以公正姿态揭露内战真相，面向知识界论述中国的新民主主义前途，在当时反自由主义运动中发挥了不可替代的作用，在民主阵线中产生了重要的影响，为中国的民主正义事业做出了突出的贡献。④ 本节以侯外庐为个案，论述马克思主义在与自由主义等形形色色思潮的角逐中，如何占据上风，并随着中国革命的成功，逐渐成为思想界的主流。

---

① 侯外庐：《韧的追求》，生活·读书·求知三联书店1985年版，第126页。

② 《中华文史资料文库》第8卷，中国文史出版社1996年版，第108页。

③ 侯外庐：《韧的追求》，生活·读书·求知三联书店1985年版，第155页。

④ 周立华：《"孤岛"时期的〈文汇报〉研究》，江西人民出版社2009年版，第2页。另参见黄立夫：《香港文汇报创刊的前前后后》，引自《从风雨中走来——文汇报回忆录》，文汇出版社1993年版，第98页。

一、主编《文汇报》新思潮副刊及学术交游

1947年10月初，一位国民党军界的朋友秘密通报说侯外庐被列入上海警备司令部的黑名单，杜国庠力主侯外庐去香港。侯外庐遂化名“徐康”，携儿子侯闻初到香港。到港后暂住读书出版社经理黄洛峰处，由党组织解决生活问题，党组织代表是胡绳、冯乃超。① 后由狄超白联系，侯外庐搬家到九龙汉口道。侯外庐回忆：“抵港后积极与我联系的党派不少，潘汉年建议我帮助马叙伦工作，因此，我为他主持的中国民主促进会起草过一些文稿。”②不久，侯外庐在香港达德学院法政系任教授，系主任是邓初民，成员有狄超白、翦伯赞、沈志远等，侯外庐讲授《新民主主义论》等课程。达德学院院长陈其瑗是中国国民党革命委员会创始人之一，学校倡导理论联系实际、百家争鸣等学风。百家争鸣、民主探讨表现在允许发表各种不同的学术见解，扩大思考领域，提高探索兴趣。以历史教学为例，尽管达德学院的几位著名教授都属马克思主义阵营，但在相同学科中仍有不同的学派。邓初民和翦伯赞都是“西周封建”论者，侯外庐和杜守素将我国封建社会的历史上限推迟了800～1000年。郭沫若则从早年的“殷商奴隶、西周封建”修正为“春秋过渡、战国封建”，成为较具权威的主张。“百家争鸣、民主探讨也不致影响教授们之间团结战斗的友谊，侯外庐与翦伯赞观点不同，但在侯外庐的回忆中，翦伯赞‘正直刚毅，才思敏捷，学识渊博，文采斑斓’，是一位‘德、才、学、识’四者兼备的学者。”③

翌年春，林焕平同香港大学中文系主任马鉴、“七君子”之一章乃器等民主人士创办了南方学院，为华南解放准备人才。林焕平说：“蔡元培是我的老师，我很欣赏他的办学和延揽人才的主张。我也一向认为，一所高等院校，不延揽一大批优秀人才，是很难办得好的，因此，我尽最大力量，把当时流亡香港的一大批著名文化人聘请为南方学院教授。侯外庐、翦伯赞、杨东莼为其中三人。他们都是著名历史学家。南方学院没有历史系，只有文艺系中国通史课，聘他们为讲座教授，翦伯赞讲通史的专题，侯外庐讲近代史的专题，实质就是反帝的爱国主义思想的

---

① 马仲扬：《出版家黄洛峰》，光明日报出版社1991年版，第87页。

② 侯外庐：《韧的追求》，生活·读书·求知三联书店1985年版，第201页。

③ 曹直：《文化青山——香港达德学院概况》，中山大学出版社2004年版，第40—41页。

专题，杨东莼则以现代史的名义讲革命史的专题。”①

5月，徐铸成到香港筹办《文汇报》，其适应主流的办报思想和秉承传统的文汇特色为进步学者所认可，包括郭沫若、矛盾等在内的文化界著名人士都给予大力支持。侯外庐经郭沫若介绍与徐铸成相识，徐铸成回忆：“我首次到九龙郭沫若的寓所拜访时，他就表示愿全力支持。不久，就为我们规划了七个周刊。我们一起商定，由他和侯外庐先生主编‘哲学周刊’”②。经过精心策划，《文汇报》副刊阵营如表3-3所示。

表3-3 《文汇报》副刊阵营统计表

时　间	栏　目	主　编
星期一	《新文艺》	郭沫若、夏衍
星期二	《新经济》	张锡昌、秦柳方
星期三	《新社会》	李平心
星期四	《新科学》	丁瓒
星期五	《新教育》	孙起孟
星期六	《新思潮》	侯外庐、杜国庠

当时香港学人对《文汇报》及其副刊的评议较高，在思想界占有重要的地位，为中国的民主事业做出了重大贡献。早在上海时，由侯外庐与杜国庠主编的新思潮副刊，首期发表郭沫若的《春天的信号》，以极大热情讴歌春天必将很快到来，在当时的思想学术界产生重大影响。此外，《新思潮》大力宣传马克思主义历史观，与胡适等人展开论争。《新思潮》的撰稿人有郭沫若、周作人、杜国庠、楚图南、周谷城等，阵容庞大。徐铸成言：“我几乎每周必过海两三次，走访郭老、茅盾、翦伯赞、侯外庐诸先生，征询对《文汇报》意见，有时……留饭，大都是外庐先生留饮白酒，侯夫人并亲调山西面食款待。有一次，侯夫人说：‘你们《文汇报》，几乎常常引起我们家的矛盾。’我愕然不解所以。外庐先生莞尔笑道：‘她是给你开玩笑。我们一家人，清早起来，都抢着先看《文汇报》。她是夸奖你的《文汇报》办得好。’”③侯外庐主编《文汇报》新思潮副刊，共出了13期（见表3-4）。

---

① 《历史学界的双星——记翦伯赞、侯外庐同志》，《林焕平文集》第10卷，广西师范大学出版社2003年版，第306—307页。

② 徐铸成：《旧闻杂忆》，四川人民出版社1981年版，第207页。

③ 《徐铸成回忆录》，三联书店1998年版，第171页。

表 3-4 1947 年《文汇报》新思潮副刊上发表的部分文章统计表

刊　期	发表时间	作　者	文章题目
第 1 期	3 月 1 日	侯外庐	《新思潮的障碍》
第 2 期	3 月 8 日	侯外庐	《思潮与制度·风气》
第 3 期	3 月 15 日	侯外庐	《温习“打不平”的文化感召》
第 4 期	3 月 22 日	侯外庐	《新纵横家的思想倾向》
第 5 期	3 月 29 日	侯外庐	《政治道德律》
第 6 期	4 月 5 日	侯外庐	《旁观与客观》
第 7 期	4 月 12 日	周谷城	《新思潮之历史的意义》
		马寅初	《以德服人欤抑以力服人欤?》
		蔡尚思	《近代中国学术思想丛书例序》
		纪玄冰	《无类逻辑的放大》
第 8 期	4 月 19 日	纪玄冰	《思潮论断想》
		任白涛	《新闻事业心理研究的重要性》
		守素	《漫谈接受遗产》
		邱汉生	《思辨篇》
第 9 期	4 月 26 日	胡绳	《关于文化上的群众路线》
		蔡尚思	《李大钊的思想评介(一)》
第 10 期	5 月 3 日	小诃	《走在世界前面》
		蔡尚思	《李大钊的思想评介(二)》
		孙泽瀛	《作为一个大学教授的独白》
		何贤春	《顺潮流》
		郑重之	《发展五四文化运动的几个问题》
第 11 期	5 月 10 日	沈立人	《从文化与历史论思潮》
		李成蹊	《思想自由的历史考察》
		苏隽	《“五四运动”与中国民主思潮发展史》
第 12 期	5 月 17 日	侯外庐	《司马迁思想的悲剧性》
第 13 期	5 月 24 日	侯外庐	《司马迁怎样说出墨者要旨呢?》

根据形势的变化和革命工作的需要，侯外庐于 1948 年 11 月乘“华中号”客轮(见图 3-6)由香港赴东北解放区，同船的有郭沫若、马叙伦、许广平、曹孟君、翦伯

赞、茅盾、宦乡、连贯等三十余人①。

图 3-6 侯外庐(左)与许广平(中)、郭沫若(右)于 1948 年 11 月在“华中号”客轮上

侯外庐在这一时期的交游，反映出复杂的国内外形势下，马克思主义学者如何步步为营，在学术与社会政治活动中扩大马克思主义理论的影响，与形形色色的非马克思主义展开激烈的论争，拓展自己的领地。侯外庐的史学实践，为马克思主义思潮在中国的发展壮大做出了突出贡献。

二、思想上的反自由主义

抗战后期和胜利以后，新民主主义革命进入十分关键的阶段，“两个中国之命运”展开激烈的斗争。一部分代表民族资产阶级右翼的知识分子以超然于国共对立之外的“中间派”、“第三方面”的形象在政治舞台粉墨登场，他们认为，国民党是反动的，共产党也激进了一些，因而极力主张国共双方把“所有武力交还给国家”，各党派一律在民主宪政的“正常轨道”上活动，中国应走既非资本主义也非社会主

① 任沁沁:《鲁迅之子周海婴:我用镜匣记录人间 70 年》,《新华每日电讯》2008 年 11 月 20 日第 7 版。

义的"中间路线",又称"第三条道路"。即政治上实行英美式的民主政治,经济上实行改良的资本主义,其实质是要在中国建立资产阶级共和国。① 1948 年春,香港进步文化界活动的最主要内容是展开对"自由主义运动"的批判。所谓"自由主义运动",是解放战争时期"第三条路线"的别称。

(一)"自由主义运动"的兴起及其批判

正当国民党军事处境危急,"自由主义运动"在政府的推波助澜之下,又活跃起来,"自由主义"的宣传阵地扩大了,除原有的《大公报》以外,又出现《周论》、《观察》和《新路》等。更引起大家注意的是,北平成立了一个"中国社会经济研究会",出面组织的人中间,有一些较有影响的人士如邵力子等。郭沫若在批判《大公报》及其主编王芸生的文章里,还特别点了该报主持文艺副刊的萧乾的名,说他和国民党要员邵力子等一些人"拿着豪门的钱",组织什么"研究会"来鼓吹"中间路线"。一如厌恶《大公报》甚于《中央日报》,郭沫若公开表示:"萧乾比易君左坏。"②侯外庐回忆:"香港的左翼文化界密切注意这一动向,《华商报》召集过座谈会,也向文化界广泛征稿。我针对这一问题写过几篇文章……"③侯外庐在《胡适、胡其所适?》一文中说:"胡适,这位不大颇小的人物,连说一句'东北成为苏联远东的铁幕',也要括符之外加上,唯恐'自由主义'的'独立',不是舶来品,以表示他的'德高望重'。"④在侯外庐的诸多批判性文章中,有一篇题为《自由与自由主义》,分析清华大学两位有代表性的自由主义教授所走的道路,一位是王国维,另一位是闻一多。王国维曾作过这样的表白:"余知真理,而余又爱其谬误。伟大之形而上学,高严之伦理学,与纯粹之美学,此吾人所酷嗜也。然求其可信者,则宁在知识上之实证论,伦理学上之快乐论,与美学上之经验论。知其可信而不能爱,觉其可爱而不能信,此……最大之烦闷。"王国维宁可殉身"可爱"的谬误,而不愿皈依"可信"之真理,可见是抱着"自由主义"投水的。闻一多则不然,他觉醒到温情的改良主义没有出路,便服从了历史的规律,转变为民主的斗士,旗帜鲜明地站到时代的前面,他牺牲在民主的敌人的枪口下,他是为人民争取自由解放的理想而殉道的。

针对"自由主义运动"的批判,侯外庐的《自由与自由主义》在当时引起强烈反

---

① 余丽芬:《正道上行——马叙伦传》,浙江人民出版社 2008 年版,第 222 页。

② 冯锡刚:《郭沫若的三十年》,中央文献出版社 2011 年版,第 404 页。

③ 侯外庐:《韧的追求》,生活·读书·求知三联书店 1985 年版,第 201 页。

④ 许道明:《箭与靶——文坛名家笔战文编》,上海文化出版社 2001 年版,第 360 页。

响。侯外庐的结论是，自谭嗣同以后，中国的自由主义者面前，只有王国维和闻一多走过的两条路，中间再没有第三条路可走。对知识分子来说，绝大多数的人民能得翻身与否，这是最根本的问题。对这个根本问题，抱两行其便、依违其是的态度，政治上是不名誉的，其中劣者，与时浮沉，其中黠者，则一如乡愿售奸。① 如钱穆在解放军过江文告中所见，哪有容人之量，逆我者就得像王国维那样投水去死了。怪不得胡适晚年追溯他与陈独秀之间是从“容忍”与“不容忍”的分歧开始走向两条道路的。绝大多数人民翻身以后，就得“民如虎狼，士如牛马”了。②

侯外庐在1948年6月发表于《展望》的《我的研究经验》里更进一步指出：“我个人有一个经验，作为一个写作家，初步最重要的练达，切勿自作聪明……批判或延长古人思想，而应该多看大思想家如何处理具体材料的范例，然后在学习之中‘举一反三’。”“说到集中的思考，去研究学术的人……古人所谓‘念念在兹’。不要大题小做，相反地要从小处一点，以螺旋形似的钻子，钻研下去，钻到深处，然后积点成面成体。这与实验主义的‘多研究问题，少谈些主义’相反，进步的革命的主义正是一个前进学者的世界观，而少讨论主义的胡适，糊涂的多元制主义，正是他的‘少论主义’的反动主义，他可以感到科学发达，‘哲学消灭’，我们则懂科学愈发达则理论的科学即哲学更高级化。……这还是一句名言可以解释的：‘方法论从属于世界观。’因此求‘深’不能限于一点，而堕于‘见木不见森林’，求‘深’在于积集组织批判的功力探寻全船环链的幽险。”③

（二）侯外庐对胡适文化战线的批判

1947年以后，整个知识界“左倾”，胡适却“反潮流”地坚持自由主义立场，抨击苏式社会主义制度和法西斯政权一样，其实都是一种现代极权政治，在他看来，欧美式的自由民主资本主义才是唯一的“人间正道”，这样一来，在现实中，胡适就不得不把自己的命运和失去人心的国民党政府捆绑在一起。

侯外庐曾言：“当时，胡适在散布“善未易明，理未易知”的观点，宣扬善恶不易辨明，真理不可知，有意识地模糊马克思主义与反动思想的界限。”④《新思潮》以宣

① 郭沫若：《春天的信号》，文汇报馆1947年版，第26页。

② 郭沫若：《春天的信号》，文汇报馆1947年版，第26页。

③ 侯外庐：《我的研究经验》，《展望》1948年第2卷第8期。

④ 侯外庐：《韧的追求》，生活·读书·求知三联书店1985年版，第196页。

传马克思主义的科学的历史观为己任,与胡适的真理不可知论作不调和的斗争。① 1948 年 2 月 10 日,《文汇报》第 4 版以《悲忿的抗议》为题登载侯外庐与施复亮、周建人等的谈话,侯外庐认为:“文明人与野蛮人的分野,要在中国试练。暴行是野蛮的,民主社会不允许它存在!”另,1946 年 3 月,郭沫若撰《隔海问答》,除抨击胡适外,重点批判《大公报》的两篇社评:对发表于 1 月 8 日的《自由主义者的信念》,批评“以暴易暴”的忧患;对发表于 3 月 8 日的《论自由主义者的时代使命》,对否定“健全而无限期的政府”的观点加以责难,并引用美国高层人士的言论以证明,这是“走中间路线的所谓‘自由主义者’们”隔洋与“高鼻子”“公然在从一个鼻孔里出气”。② 马寅初赠胡适诗一首:“逢人见妒岂无因,淡抹轻匀自可人。一从结得深恩后,六宫粉黛尽如尘。”③

胡绳于《关于“第三条道路”的破产》一文中,对“第三条道路”的产生背景及其破产的原因作了精准的分析。他在比较国共双方在和谈诚意以及民心所向等方面后指出,蒋介石的破坏和谈和大打内战已经宣告了“第三条道路”的破产。

① 侯外庐:《揭露美帝国主义奴才胡适的反动政治面貌》,《胡适思想批判文集》第 1 集,河南人民出版社 1955 年版,第 17—18 页。

② 冯锡刚:《郭沫若的三十年》,中央文献出版社 2011 年版,第 403—404 页。

③ 许道明:《箭与靶——文坛名家笔战文编》,上海文化出版社 2001 年版,第 363 页。

第四章　侯外庐的中国社会史、思想史研究及其理论意义

侯外庐在社会史研究领域成就卓著，重庆时期他的中国社会史体系初步形成。侯外庐的学术尤其是中国社会史研究有一个重要特点，在马克思主义史学家中是非常突出的，那就是侯外庐对马克思的社会经济形态理论研究比较深入，对马克思的本意有准确的把握，他积极探索将唯物史观和中国历史实际相结合，在世界史的范围中，在中外历史比较的视野下，运用社会经济形态理论探索中国历史自身的发展道路与规律。与同时代其他马克思主义史学家郭沫若、翦伯赞、范文澜等人的中国通史著作相比，侯外庐有其独特的研究路数。

中国学术思想史的写作和研究是晚清以来“国学”以及新文化运动“整理国故”的重点，而到了20世纪三四十年代，马克思主义的中国思想史研究已经产生了一些重要成果，为这个领域带来了新面貌、新思潮。“中国马克思主义的思想史研究，兴起于20世纪30年代，那时，继‘整理国故’运动之后，对中国历史和文化的学术研究进至一个更加深入也更加多元化的时期。继承‘整理国故’的事业，马克思主义的中国思想史研究继续发掘……中国学术思想史的边缘和异端，阐发中国思想遗产中理性主义、人道主义、人本主义等‘现代性’因素，并在这个意义上重建中国文化的新‘道统’，也指引着中国社会、文化和思想的变革方向。新文化运动时期，‘天’变‘道’亦变，‘国学’成了‘国故’，中国文化及其价值系统从根本上丧失了真理性而被历史化。马克思主义的中国思想史研究以唯物史观为指导，将中国固有的学术、思想、观念更进一步地还历史语境化，致力于揭示那些‘真理’形式的言说与一定的社会经济形态及其转变、阶级构成及其斗争之间的内在联系，从而判定某种思想、意识形态的‘进步’性与否。”①在这个时代背景下，侯外庐的中国思想史研究取得了斐然的成就，尤其在中国古代思想史研究领域产生了极其深远的

① 江湄:《创造“传统”——梁启超、章太炎、胡适与中国学术思想史典范的确立·自序》，社会科学文献出版社2013年版，第5页。

影响。“30 年代以后兴起的中国马克思主义史学，将中国学术思想史作为重要的研究领域，其中最具典范意义的是侯外庐的中国思想史研究。”①侯外庐多次强调，他的思想史研究针对的是胡适、冯友兰以及钱穆、梁启超等人的思想史叙事。“他和同道一起研究与写作中国思想史时，就专门注意研究胡适与冯友兰对思想人物的选择与评价，并在自己的著述中有针对性地加以批判，这种方式一直沿用到新中国成立后编写《中国思想通史》。”②总之，侯外庐的中国社会史和思想史研究在 20 世纪 40 年代成就卓著，张剑平在《侯外庐社会史和思想史研究的成就》一文中说：“社会史和思想史是侯外庐学术研究的主要阵地，社会史的研究使侯外庐的思想史的论述有了坚实的社会基础，思想史的研究又丰富和深化了侯外庐对社会历史的深刻认识，二者相得益彰。侯外庐的社会史研究成果，集中体现在《中国古代社会史论》和《中国封建社会史论》两部重要的论著……侯外庐的研究以注重马克思主义理论为指导，探讨中国古代社会发展的路径和中国封建社会的特点，他的思想史研究，注重用马克思主义的唯物主义和辩证法分析中国思想家的思想，他的治学方法体现了马克思主义的显著风格。”③

第一节　侯外庐的中国社会史研究体系的初步形成

侯外庐在中国史研究领域，坚持以辩证唯物主义和历史唯物主义方法论为指导，结合中国的现实情况，致力于马克思主义史学理论的繁荣与发展。侯外庐在研究思路、写作方法、行文风格和逻辑架构等方面另辟蹊径，他的著作不仅宣传了马克思主义理论，加速了唯物史观在中国的传播，更重要的是他抓住了中国历史的特点。④ 白寿彝对侯外庐的社会史研究评价很高，他说：“侯外庐的贡献主要是在社会史方面而不是思想史方面，他的代表作应该是《中国古代社会史论》。后来，《中国思想通史》写得那么大，量那么多，但写这书的史学思想是受《中国古代社会史论》指导的。”⑤

---

① 江湄：《创造“传统”——梁启超、章太炎、胡适与中国学术思想史典范的确立·自序》，社会科学文献出版社 2013 年版，第 17 页。

② 江湄：《创造“传统”——梁启超、章太炎、胡适与中国学术思想史典范的确立·自序》，社会科学文献出版社 2013 年版，第 17 页。

③ 张剑平：《中国马克思主义史学研究》，人民出版社 2009 年版，第 115 页。

④ 吴怀祺：《中国史学思想通史》近代后卷，黄山书社 2002 年版，第 406 页。

⑤ 《白寿彝史学论集》上，北京师范大学出版社 1994 年版，第 415 页。

自20世纪30年代开始，侯外庐对于中国历史的研究，主要做了两个方面的工作：一是社会史研究；二是思想史研究。他认为，社会史与思想史相互一贯，不可或缺，而“研究中国思想史，当要以中国社会史为基础”①。当然，侯外庐研究社会史，并非仅仅为了研究思想史，更重要的还是为了探讨中国历史发展的规律性。这一点，在其1946年写《中国古代社会史论》自序时做了说明。

在20世纪30年代的马克思主义学者当中，对生产力与生产关系、经济基础与上层建筑之间关系做过深入探究的人不在少数，尤其是针对当时急需解决的问题，要弄清生产方式对社会性质的决定性作用。但何为生产方式，对生产方式本身如何理解，却仁者见仁、各执一端，认识上存在较大分歧。侯外庐分析后认为，少数学者对生产方式及其影响的理解与解释，多少有点牵强附会、词不达意。“针对上述情况，我在1933年到太原后，花了两个月的时间，写了那篇《社会史导论》，根据我研读和翻译《资本论》的体会，力图从经济学和历史学统一应用的角度，讨论生产方式。”②之后，侯外庐将《社会史导论》加以整理，更名为《社会史论导言》，投稿到《中山文化教育馆季刊》，但杳无音信。

1938年侯外庐到重庆，从事学术著述与统一战线工作。同年，中山文化教育馆也迁到山城。侯外庐回忆：“我认识了在该馆工作的陈斯英，抱着侥幸心理请他设法查一下《社会史论导言》原稿的下落。没有想到，他很快就把原稿取出交给了我，真是喜出望外。”③拿到原稿后，侯外庐根据自己最新的研究成果进行重新梳理与补充，结合当时的社会情况，在保持原文基本内容与框架结构的基础上，为了便于审核出版，删除某些不合时宜的文字和段落，篇名改为《社会史导论》。这是侯外庐研究中国社会史的第一篇论文，原载于《中苏文化》1939年9月1日出版的第4卷第2期。

至重庆时期，侯外庐的中国社会史研究体系已初步形成。在其诸多社会史著作中，《中国古典社会史论》在侯外庐的治史生涯中占有特殊的位置，一定程度上可以说，它是侯外庐史学的奠基之作。20世纪30年代初，郭沫若的《中国古代社会研究》出版，引起史学界关于中国社会史的论战，这也是侯外庐学术的切入点。

---

① 侯外庐：《中国古代思想学说史・自序》，重庆文风书局1944年版。

② 侯外庐：《我对中国社会史的研究》，《历史研究》1984年第3期。

③ 侯外庐：《韧的追求》，生活・读书・求知三联书店1985年版，第227页。

他先是写作了《中国古代社会与老子》一书，这是他转入社会史、思想史的开端。①此后的重要成果是1941年写成、1943年出版的《中国古典社会史论》。侯外庐说："在近十余年来，著者治学的诸科目之中，中国古代史一课题占据了重要的一部分。这里面分做了三个内容：一是亚细亚生产方法的确定概念，关于这种理论延长的工作，并不是一蹴而就的，经过著者的长期研究，相信把这一古代史的秘密得到一个结论了，想推翻这一结论颇不容易；二是中国古文献学上的考释，关于这部分工作，著者在主要材料方面亦弄出些头绪，而前我为斯学的王国维、郭沫若二先生是我的老师；三是理论与史料的结合说明，这一工作必须以独创精神贯彻一个体系。"②

侯外庐写作《中国古典社会史论》的动机，是十年前就形成的。那是中国史学界开始论战，苏联学者也把亚细亚生产方式作为"空白"史提出来讨论的时候。由于侯外庐没有直接参加到论战中去，而是在中国古代史领域潜心于学术研究，从传统文化中探寻社会发展的特征以及社会形态更替的规律，以马克思主义理论观照中国古代社会情况，所以就为他摸索自己的路赢得了时间。《中国古典社会史论》在当时引起学术界相当的重视，原因在于，对于郭沫若从甲骨文和青铜铭文中发现的奴隶社会，侯外庐在理论上又作了论证。

该书主要从亚细亚生产方式入手，来谈各民族的历史路径。"要研究一个社会发展阶段的历史，确定这一阶段的生产方式总是先决条件。我在研究中，形成一个确定的认识，各民族所经历的古代奴隶制，有着不同的路径，即有'古典的'和'亚细亚的'之别。'古典的古代'是革命的路径，'亚细亚的古代'是改良的路径。中国古代的奴隶制，是'人惟求旧，器惟求新'的'其命维新'的奴隶制。"③

《中国古典社会史论》完成后，侯外庐随即转向对先秦诸子思想的研究，开始写作《中国古代思想学说史》。④ 侯外庐认为："我写《中国古典社会史论》时进一步感到，在亚细亚古代社会发展规律探明的前提下，对先秦诸子思想学说产生、发展的背景和实质做出科学说明的条件已经具备。"⑤紧接着，侯外庐拟定写作计划，并

① 林红：《侯外庐对道家思想的研究》，《近现代的道家观：对近现代道家思想研究的探析》，山东大学出版社2012年版，第224页。

② 侯外庐：《中国古代社会史·自序》，三联书店1949年版。

③ 侯外庐：《韧的追求》，生活·读书·求知三联书店1985年版，第117页。

④ 宋志明：《中国近现代哲学四论》，中国社会科学出版社2012年版，第378页。

⑤ 侯外庐：《韧的追求》，生活·读书·求知三联书店1985年版，第118页。

投入到中国古代思想史的研究与撰著当中，从政治、经济、文化等各方面对中国古代社会深入剖析，建立古代研究的系统，形成自己的研究特色，实现思想史与社会史的贯通。

第二节　论20世纪40年代侯外庐中国社会史研究的理论意义

在侯外庐运用马克思主义理论研究中国社会史的过程中，虽然困难与挫折重重，但从来没有中断他探索马克思主义理论与中国实际相结合的道路，始终没有动摇过他对马克思主义的坚定信念，以“韧”的精神书写人生。他在《饱尝甘苦的十年》一文中说：“从翻译《资本论》到研究史学的转变，在我身上，过渡得十分自然。从少年时代起，我就癖好史学。20世纪30年代初开始的中国社会史论战，以及郭沫若对中国古代社会的研究，对我产生很大影响。从《资本论》中探得唯物史观的真谛，诱发我萌生一个新的理想——用唯物史观作工具，去探索中国历史规律的奥秘。由此，我进入了中国社会史领域。”①侯外庐比较关注经济状况、生产方式、阶级关系，以此考察社会历史，在此基础上，考察思想史。此外，侯外庐还强调生产力与生产关系的相互作用对人类历史发展的影响。侯外庐的社会史研究体系在这一时期逐渐走向成熟，并对当时及以后的史学界产生深远的影响，有重要的理论意义。下面从三个方面予以简要论述。

第一，以“亚细亚生产方式”理论开辟社会史研究新方向。

《资本论》的翻译，对侯外庐的社会史研究产生了重要影响。他从马克思对资本主义社会形态所做的高度概括中得到启示，具体来说，社会形态是多种因素合力的结果，但社会的生产方式是决定这一社会形态的根本性要素。所以，对生产方式本身的认识与解读就显得特别重要。根据马克思主义理论，它是一种“特殊方式和方法”，先是由生产资料与劳动者的相分离，分离的情况下只在可能性上是生产的因素，然后在资本家手中实行两者相结合。在深刻理解马克思主义关于生产方式理论的基础上，结合中国的具体情况，侯外庐的中国古代社会史研究就是从探讨“亚细亚生产方式”的性质入手的。许苏民在《早熟与滞后：侯外庐对中西文明形成和发展的途径及现代思想启蒙道路的比较研究》一文中言：“侯外庐不仅把马克思主义关于亚细亚生产方式的理论运用于中国古代奴隶制社会的研究，而

① 《治学集》，上海人民出版社1983年版，第8页。

且把这一理论运用于中国封建社会的研究，全面地比较了中西社会形成和发展的历史途径的异同；此外，他还试图参照西方近代社会历史运动的规律，揭示中国社会走出中世纪的思想启蒙的规律性。所有这一切，都体现了马克思主义关于社会发展的一般规律与特殊规律的统一的观点。"①

侯外庐以社会史为基础构建其史学思想，在对中国古代社会文献资料深度挖掘的基础上，于1946年写成《中国古代社会史论》，该书在肯定亚细亚生产方式的奴隶制社会性质的前提下，对这一问题提出了"路径说"。相对于原始社会说、东方封建社会说、东方独特社会说等不同观点，侯外庐的"路径说"更加切合中国的实际情况。②

侯外庐在这方面的贡献在于，首先，在辨伪、考证的基础上，对古代社会原始资料及后人的代表性论著进行整理、爬梳，证实了历史记载中邦、封和城、国同义。不仅如此，他通过运用马克思主义唯物史观方法论原理，联系中国古代社会的生产力发展水平及政治文化状况，还揭示出其中所蕴含的社会历史内涵。其次，在侯外庐对奴隶社会与封建社会之异同进行比较，尤其是围绕以亚细亚生产方式为切入点观照奴隶制社会整体的研究后指出，周人之"封建"所以不能认为是封建社会，是有多方面原因的，除了政治法律思想、宗教、文学艺术等上层建筑方面实难与封建社会固有特征相契合之外，其关键点是因为他们还没有"以农村为出发点"的经济基础。再次，揭示都鄙制度即国野之分的实质。与"革命路线"不同的是，中国"亚细亚的古代"走的是"维新路线"，中国历史文化有自己的特色，古代城市是建立在"宗子维城"的宗法政治的基础之上，形成了农村与城市的特殊统一。居于城市的统治氏族与居于农村的被统治氏族之间结成主奴关系，彼此依存、不可分割。这较之"古典的古代"是城市与农村相分离的历史，判然有别。时至今日，侯外庐的"路径说"对中国古代史的研究仍具有一定的参考价值，成为众多史学研究者的研究对象。

值得一提的是，关于亚细亚生产方式的讨论，一波三折。新中国成立后，有段时间讲亚细亚生产方式是要受到批判的，1958年到1961年极"左"思潮泛滥，学术界正常的争论受到很大的冲击，侯外庐因对亚细亚生产方式的研究也受到攻击。但改革开放后，史学界的思想解放是从重新讨论亚细亚生产方式开始的，有着不

---

① 许苏民：《比较文化研究史》，云南人民出版社1992年版，第810页。

② 李学勤：《深刻的启迪——回忆历史学家侯外庐先生》，引自《求真务实五十载——历史研究所同仁述往》，中国社会科学出版社2004年版，第68页。

同于以往的背景和动力，其中最重要的是恢复了解放思想、实事求是的优良学风，当然也与这一时期批判封建专制主义有联系，学术界更加重视对马克思恩格斯经典，尤其是《资本主义生产以前的各种形式》一文的解读，此外还受到20世纪六七十年代国外学术界有关亚细亚生产方式问题的研究成果的影响，因而此次争论取得了前所未有的学术成果。①

第二，以封建生产关系为研究对象，致力于马克思主义史学在中国的新发展。

以唯物史观为指导，结合中国的客观实际，把辩证唯物主义和历史唯物主义方法论运用于研究中国封建社会史，是侯外庐史学研究的一大特色。侯外庐认为马克思主义关于封建生产关系的普遍原理，不但适用于西方的封建社会制度研究，同样适用于中国封建社会史和制度史的研究，诸如封建土地的权力结构决定并制约着品级结构，封建土地占有权和使用权的划分等。② 中国封建制的产生有其复杂的内外部因素，侯外庐在史学研究中，非常重视社会经济条件对社会形态性质的影响，他结合马克思主义关于封建生产关系的普遍原理研究中国封建社会史，并探索中国封建社会长期延续的原因。

从分析明清之际的资本主义萌芽入手，结合整个封建社会尤其是封建社会中后期的社会经济发展情况，在中西比较的视角下，探索中国社会近代化的难产性，以及早期启蒙思想晚出的原因，是侯外庐运用唯物史观理论研究中国史的重点课题。③ 自明朝中后期至鸦片战争前夕，自然经济在社会经济中仍占据主导地位。资本主义生产关系萌芽的发展在中国封建社会举步维艰，主要体现在封建国家对私商贸易的限制甚至打压等方面，足见中国社会近代化的难产性。马克思在《资本论》中认为，世界商业与世界市场是在16世纪开始资本的近代生活史的。④ 16世纪的中国，封建社会盛极而衰。但中国的资本主义社会为何走不通，存在许多错综复杂的原因，归根结底，是因为不适合中国的国情。毛泽东在对中国资本主义萌芽研究后认为，中国封建社会内的商品经济的发展，已经孕育着资本主义的萌芽，如果没有外国资本主义的影响，中国也将缓慢地发展到资本主义社会。⑤

---

① 王立端：《亚细亚生产方式问题争论研究(1949—1999)》，福建师范大学2011年博士论文，第107页。

② 胡如雷：《抛引集》，河北教育出版社1993年版，第86页。

③ 《中国资本主义萌芽问题讨论集》上册，三联书店1957年版，第91页。

④ 《资本论》第1卷，人民出版社1975年版，第149页。

⑤ 《毛泽东选集》第2卷，人民出版社1991年版，第620页。

第三，在马克思主义理论与中国历史实际相结合的基础上，通过深入的研究工作，侯外庐提出了一系列特殊的认知理路，这极大地推动了中国马克思主义史学的发展。

与范文澜等杰出的中国马克思主义史学家一样，侯外庐既重视马克思主义理论的学习，又重视对中国历史资料的分析；既重视马克思主义经典作家关于历史问题的论断，又充分注意到经典作家的许多看法立足于欧洲历史。因而，他们既承认马克思主义社会形态理论的普遍意义，又特别重视对中国历史自身特点的探讨。因而，这些马克思主义史学家既有别于当时处于主流的史料考据学派，也不是教条主义者，而是真正将马克思主义理论与中国历史实际相结合的历史学家。正如有学者言："把马克思主义理论与中国历史实际相结合，根本目的在于阐明中国历史发展的规律。侯外庐同志在自己的研究工作中，一向比较注意历史发展的统一性和多样性的辩证关系，并把揭示中国历史发展的特殊规律列为自己的重要课题。……他既反对以公式对公式、教条对教条，不以中国的史料做基本立足点，也反对在形式上占有一些古代的材料，实际上却忽略中国古代社会的基本法则。他希望使历史科学中关于古代社会规律的理论中国化，并且用中国的具体材料来丰富和发展这个理论。"①又如有学者言："侯老的科学态度集中表现在坚持马克思主义理论与中国历史实际的结合上。他既不孤立地用马克思主义的某个结论代替对中国历史的具体分析，也不轻易否定马克思主义的普遍性原理适用于中国。他以中国历史实际作为基本立足点，探讨中国社会的基本法则，重视掌握中国丰富的历史资料，把它与马克思主义关于人类社会的发展规律结合做统一的研究，从中总结出中国社会发展的规律和历史特点。"②从这一点来说，与同时代其他马克思主义史学家相比较，侯外庐更加关注历史的重大问题和历史大的关节点，他对马克思经典作家关于亚细亚生产方式和东方社会的理论予以深入的探讨，对中国古代文明发展路径的研究，对于封建社会土地制度的剖析与阐述，等等，无一不是在马克思主义理论的启发之下，结合中国历史的实际，经过深入研究和独立思考，从而提出自己的看法。

总而言之，对中国社会史的研究，涉及生产力与生产关系、经济基础与上层建

① 林甘泉：《哲人不萎，风范长存》，《纪念侯外庐文集》，陕西人民教育出版社 1991 年版，第 158 页。

② 刘宝才：《侯外庐先生对中国封建社会土地制度的研究》，引自《纪念侯外庐文集》，第 220 页。

筑各方面的因素，许多马克思主义学者都对此进行过深入的分析与探讨。侯外庐运用马克思主义关于古代社会生产关系的普遍原理，通过运用地上资料与地下文献参照考证的学术研究方法论，结合中国古代社会的发展历程及其盛衰的原因，对古代社会的政治、经济、文化等各方面的探究都做出了努力，为中国的社会史研究做出了杰出贡献。

第三节 侯外庐的中国思想史研究

在中国近现代史上，对于中国思想史领域的研究一直没有中断过，不论是章太炎，还是梁启超、梁漱溟等人，都对中国思想史有过较为深入的探究，在若干思想家与思想范畴的探索上都提出了许多值得思考的问题，有些观点和结论对现在的史学研究仍具有重要的参考价值，对其所取得的研究成果应予以肯定。“但由于他们缺乏科学的历史观作指导，不善于从社会经济结构的运动中，探求思想赖以产生和发展的深刻根源，更不懂得用历史主义与阶级分析的方法去揭示思想演变的客观规律，因而没有揭示出中国思想史的本质。”①“五四”以后，中国新旧文化思想激烈冲突中涌现出马克思主义生力军。李大钊、陈独秀等早期马克思主义者在传播唯物史观的同时，对孔子的学说以及孔子所代表的封建伦理道德进行了猛烈的批判，开启了科学的中国思想史研究之先河。随后郭沫若、吕振羽等马克思主义史学家首先在社会史领域，然后在思想史领域开始了开拓性工作，不仅解开了许多中国古史之谜，而且对中国古代意识形态进行了探索和梳理。而在中国思想史研究上“能力最强，成就甚大”②的，则是侯外庐。侯外庐自言：“在研究社会史取得一些成绩的基础上，进一步致力通过社会存在研究社会思想意识，建立一个社会史与思想史相吻合的研究体系，由此，我又踏进了中国思想史的天地。”③他一生学术事业的丰碑主要是建筑在中国思想史领域，他对中国古老文化的精神历程作了完整而深入的论述，并初步建立起马克思主义的中国思想史体系。

一、侯外庐中国思想史研究论著及其特点

侯外庐运用马克思主义唯物史观开启了中国思想史研究的新领域，初步建立

① 张书学：《中国现代史学思潮研究》，湖南教育出版社 1998 年版，第 458—459 页。

② 《郭沫若研究》第 1 辑，文化艺术出版社 1986 年版，第 347 页。

③ 《治学集》，上海人民出版社 1983 年版，第 8 页。

了中国思想史的学术体系，标志着马克思主义中国思想史学科的形成。正如侯外庐所说，这一时期的学术研究，“中国学人已经超出了仅仅仿效西欧的语言阶段了，他们自己会活用自己的语言而讲解自己的历史与思潮了。从前他们讲问题在执笔时总是先看取欧美和日本的足迹，而现在却不同了。他们在自己土壤上无所顾虑地能够自己使用新的方法，掘发自己民族的文化传统了。”①用他的这一评价来评估他自己的学术方法与成就也是非常恰当的。另外，何兆武对侯外庐的学术方法也作了比较客观公正的评价：

我以为以侯先生的博学宏识和体大思精，确实是我国当代一派主要历史学思潮的当之无愧的奠基人。侯先生是一个真正的马克思主义者。我这里所谓真正的马克思主义者并非是说，别人都是假马克思主义者；而是说侯先生是真正力图以马克思本人的思想和路数来理解马克思并研究历史的，而其他大多数历史学家却是以自己的思想和路数来理解马克思并研究历史的。马克思主义不是中国土生土长的东西，而是一种舶来品。大凡一种外来思想在和本土文化相接触、相影响、相渗透、相结合的过程中，总不免出现两种情况：一种是以本土现状为本位进行改造，但既然被中国化了之后，即不可能再是纯粹原来的精神和面貌了；另一种则是根据原来的准则加以应用，强调其普遍的有效性，从而保存了原装的纯粹性。前一种史学家往往号称反对西方中心主义，却念念不忘以西方历史作为标准尺度来衡量中国的历史；我以为侯外庐先生是属于后一种历史学家的，这类史家为数较少，却真正能从世界历史的背景和角度来观察中国的历史。

先生给我最大的启发是：他总是把一种思想首先而且在根本上看作是一种历史现实的产物，而不单纯是前人思想的产儿；他研究思想史决不是从思想到思想，更不是把思想当作第一位的东西。这一观点是真正马克思主义的，即存在决定意识而不是意识决定存在。旧时代讲思想史的，总是从理论本身出发，前一个理论家所遗留下来的问题就由后一位理论家来解决；这样就一步一步地把人送上了七重天。新时代有不少人沿着这个方向走得更远了，干脆认为思想是决定一切的，历史就是沿着人的思想所开辟的航道前进的。此外，侯先生对辩证法的理解……上也是马克思主义的（有时虽也不免偏离），即矛盾双方是由对立斗争而达到更高一级的统一。②

---

① 侯外庐：《中国古代思想学说史·再版序言》，文风书局1944年版。

② 《何兆武学术文化随笔》，中国青年出版社1998年版，第301页。

侯外庐独立撰著和领衔编著的中国思想史论著主要有《中国古代思想学说史》、《中国近世思想学说史》、《中国思想通史》等。侯外庐于1942年底写完《中国古代思想学说史》后，打算着手研究中国封建社会史和中古各朝思想史。新的工作刚要开始，周恩来希望他根据时代的需要，研究一些中国近代史的问题。“我理解，研究近代历史与确定半封建半殖民地中国所面临的革命任务，这两者之间有着密切的关系。因而，接受周恩来同志的指示以后，我立刻调整了自己的工作计划，决定马上着手近代问题，准备在完成近代社会与近代思想史研究之后，再回过头来从事中古诸朝的社会与思想的研究。”①遂先写《中国近世思想学说史》。《中国古代思想学说史》和《中国近世思想学说史》中的许多观点和创见令人称道，一定程度上也为《中国思想通史》的编著打下了坚实的基础。

（一）《中国古代思想学说史》的写作背景、社会评价及主要特色

1.《中国古代思想学说史》的写作背景

抗日战争爆发后，随着形势的发展，国民党当局开始热衷于思想史上沉渣的利用。针对这种情况，侯外庐决心对中国思想史这一领域进行科学、系统的研究，以批驳形形色色的错误观点。他在完成《中国古典社会史论》后，就把研究工作的重点转移到对先秦诸子学说的研究上。此时适逢郭沫若在写作历史剧《屈原》，他与郭沫若原本在先秦社会史研究方面接近，但当论到屈原思想时，他们的观点却发生分歧，于是两人在1942年初展开了一场论争。② 这不仅使侯外庐加深了对屈原的研究，而且也使他加快了全面研究先秦思想的步伐，终于在1944年出版了一部研究先秦思想史的专著《中国古代思想学说史》。侯外庐作《中国古代思想学说史》自序时提出：“研究中国古代思想史的第一步，当以文献学为基础，作者的时代，著书的真伪，文字的考证，材料的头绪，皆专门学问，清代学者于此成就虽宏，而慎以取舍，颇为难题，若稍不慎，即张冠李戴。”“研究中国古代思想史的第二步，当以古人用语的实在所指为起点，各家所用术语除了其自身的特别规定外，更有中国古文字的限制，难以就表面文字即一望而知其概念所含性质，故谨加分析，颇为不易。若不仔细推断，即蔽于文字符箓。”③

1942年底，侯外庐完成《中国古代思想学说史》，其中诡辩学章、荀子章为侯外

---

① 侯外庐：《韧的追求》，生活·读书·求知三联书店1985年版，第119页。

② 杨胜宽：《郭沫若研究文献汇要》第9卷，上海书店出版社2012年版，第530页。

③ 侯外庐：《中国古代思想学说史·序》，文风书局1946年版。

庐与赵纪彬合作。“就荀学研究而言，侯外庐结合古典社会的分析考察了荀学的渊源，论证了荀子超越经验论传统的具有唯物论特征的方法论，同时他既指出了荀子历史观的唯心主义因素，又肯定了荀子把先王思想还原对儒家传统的朴素修正。”①把社会史和思想史有机地结成一个系统进行研究，是一个合理的途径。20世纪40年代初，侯外庐自社会史的研究而进入思想史的研究。“我自己的计划是，准备写一部完整的中国思想史，拟分古代、中古、近代三编。……从三十年代初讲授中国思想史的古代编大纲到撰著《中国古代思想学说史》，是我撰著生活的重要的开端。因为这是完成《中国思想通史》的第一步，而这第一步是走完全程的发轫。”②然而，“新的工作刚要开始，周恩来同志向我提出，希望我根据时代的需要，研究一些中国近代史或近代思想史的问题”，“我理解，研究近代历史与确定半封建半殖民地中国所面临的革命任务，这两者之间有着密切的关系”③。因而，接受周恩来的指示以后，侯外庐立刻调整了自己的工作计划，决定马上着手近代问题，准备在完成近代社会与近代思想史研究之后，再回过头来从事中古诸朝的社会与思想的研究。④ 侯外庐研究近代思想的这一转向，也得到了郭沫若的大力支持。《中国近世思想学说史》有几个章节写成后，都被郭沫若拿去，首先发表在他主编的刊物《中原》上。在20世纪40年代初，他这种研究思想史的方式和写作方法本身，就已经决定这两部书不是一般意义上的思想学说史著作而成为具有拓荒性质的作品。通过对中国历史上明清之际和春秋战国两大变革时期的思想发展路径的梳理和阐释，通过对一系列疑难问题的发掘和独特解答，奠定了侯外庐全面而深入地研究中国思想通史的基业。

又，侯外庐自述：“写一部完整的中国思想学说史的愿望，在我内心，在较早就有所酝酿的。一九四二年底，我完成了《中国古代思想学说史》时，就有意按时间的顺序，继续整理并写作秦汉思想史、中古玄学史、宋明理学史及近世思想史。后来，因形势的需要，也因我个人对秦汉社会的研究尚未完成，临时变更了写作顺序，先整理出十七世纪以至清末民初的思想，写下《近世思想学说史》。而后，准备返回头去，从事封建诸朝的社会史和思想史研究。从某种意义上讲，这个初步设

① 江心力：《20世纪前期的荀学研究》，中国社会科学出版社2005年版，第234页。

② 侯外庐：《韧的追求》，生活·读书·求知三联书店1985年版，第265页。

③ 侯外庐：《韧的追求》，生活·读书·求知三联书店1985年版，第119页。

④ 赵吉惠：《历史学概论》，三秦出版社1986年版，第85页。

想本身，就已经是关于思想通史的理想了。”①当时他之所以能迅速改变计划，客观上还有另一个原因，那就是，整理秦汉思想须以弄清秦汉社会史为基础。“当时，学术界对古代至秦汉的中国社会的讨论尚不充分，单枪匹马去搞，究难以一时搞清。……我觉得，先将这两个时代辉煌的思想成果整理出来，也是极有意义的事情。”②

1944 年 6 月，侯外庐所著《中国古代思想学说史》由重庆文风书局出版。在侯外庐的《中国古代思想学说史》出版前后，有关中国思想史的马克思主义著作，问世者已有十余种之多，其中有郭沫若的《十批判书》，杜国庠的《先秦诸子思想》，赵纪彬的《论语研究》，杨荣国的《孔墨研究》。侯外庐自述：“这些著作，见解虽不一致，但是都有研究上的独创，是可贵的。我国马克思主义的学术史研究工作得到前所未有的发展。”③

2.《中国古代思想学说史》的社会评价

《中国古代思想学说史》一经出版，立即引起强烈反响。阳翰笙认为，《中国古代思想学说史》和其他史学论著“都努力以唯物史观来探讨历史发展的规律，从历史宏观的角度阐明我国社会的发展，以科学的力量，证明了抗日民族战争的必胜前途。尽管论述的是古代史，但它以事实说明正义必胜，反动派必亡，所以在大后方群众中具有很大的吸引力和影响”④。韩侍桁回忆：“一九四三年七八月份我在中央社工作的同时，又兼了文风书局总编辑。文风书局是贵阳《中央日报》的记者周杰夫办的，他常到中央社总编室找我要消息，后来我们相处很熟。办起文风书局后，他当总经理，要我当总编辑，钱是贵阳《中央日报》一帮人拿出的，我通过左恭找萧同兹当董事长。文风书局出版的第一本书是翦伯赞的史学论著，由左恭（左胥之，1905—1976，湖南湘阴人，中共地下党员，曾任《中山文化教育馆季刊》主编）介绍来的；还有侯外庐的《中国古代思想史》，也是左恭介绍的。”⑤

1944 年 12 月，《图书季刊》介绍侯外庐所著《中国古代思想学说史》，认为：“侯君是书大体以时代先后为论叙次第。惟较后起之老庄学派，叙次在思孟以前，则又不尽然也。侯君书中多驳近人学说，于梁启超、胡适、冯友兰诸氏尤甚，但侯君

① 侯外庐：《坎坷的历程——回忆录之六》，《中国哲学》1942 年第 8 辑，第 455—456 页。

② 侯外庐：《坎坷的历程——回忆录之六》，《中国哲学》1942 年第 8 辑，第 379 页。

③ 侯外庐：《韧的追求》，生活·读书·求知三联书店 1985 年版，第 271 页。

④ 阳翰笙：《风雨五十年》，人民文学出版社 1986 年版，第 270 页。

⑤ 韩侍桁：《我的经历与交往》，《新文学史料》1987 年第 3 期，第 79—80 页。

之说，似乎未有以胜于诸氏。侯君自序谓过去治中国思想史者有许多缺点，有以古人名词术语附会现代科学为能事者，有以思想形式之接近而比拟西欧学说者，侯君自信无此积习。案前一积习，本书似未能免。而比拟之处又不一而足。其实比拟有助读者之了解，未必是病，要看是否正确与是否不穿凿附会耳。侯君是书文字艰涩，若能加以芟除整理，当更便于读者。"①

赵纪彬作《思想史研究的新果实——评侯外庐著〈中国古代思想学说史〉》，发表于《读书与出版》。文章认为："在中国的社会史或思想史的研究上，运用着科学的方法论而从事于论著，是一九二七年以后就已经开始了的工程。但是，当一九四二年侯外庐先生写作他的《中国古代思想学说史》的时期，却正是'学术中国化'工程的伟大开端；因而，本书也就属于拓荒时期的著作。"②本书的价值在于：①"就解决历史疑难方面来看，本书确有着独创的论断"；②"就建立体系方面来看，本书更有独到之处。这是因为，著者在写作本书以前，即已据其关于'亚细亚'社会性质的独特的创见，完成了他的《中国古代社会史论》"；③"拓荒期著作，最忌脱离文献学基础而架空立说，亦忌对于前人业绩'述而不作'。本书则绝无此失"③。

3.《中国古代思想学说史》的主要特色

《中国古代思想学说史》首先强调研究思想史的方法问题。侯外庐所强调的马克思主义思想史研究方法有以下两点。第一，研究思想史必须以社会史为基础。也就是说，分析理解思想史的发展变化，必须以其社会史背景的发展变化来作参照。认为这种研究方法是马克思主义思想史研究方法的基本原则，因为唯物史观与唯心史观的根本区别就在于：唯物史观强调用社会存在决定社会意识，强调要在政治、经济制度等等的变化上，来考察意识形态的斗争和演化，而唯心史观则反之。侯外庐在思想史研究方法上提出了"社会历史的演进与社会思想的发展关系何在"这一命题，表明他在思想史研究中突出了马克思主义思想史研究方法的重要性。④ 事实上，他先从事社会史研究而后转入相应时代的思想史研究，这一研究程序本身就表明了他遵守马克思主义历史研究方法的基本原则。第二，他强调思想史研究必须具体分析思想史上各家各派的理论概念。认为，诸子百家的术

---

① 《图书季刊》1944 年第 5 卷第 4 期，第 75 页。

② 《赵纪彬文集(2)》，河南人民出版社 1985 年版，第 389 页。

③ 赵纪彬：《思想史研究的新果实——评侯外庐著〈中国古代思想学说史〉》，《读书与出版》1947 年第 2 卷第 5 期。

④ 阮青：《20 世纪百年学案(哲学卷)》，陕西人民教育出版社 2002 年版，第 432 页。

语、概念及其理论观点，不仅与今人不同，它们相互之间也各有不同；即使是同一个范畴，各家所述含义也不尽一致。因此，研究先秦思想，必须由表及里，由外部分析进入其内部含义的理解，尽量做到具体问题具体分析，阐述各家各派的真正思想内涵及其相互关系。

《中国古代思想学说史》的出版，赢得了马克思主义史学界的普遍关注，获得了好评，在中国马克思主义思想史研究上具有相当重要的学术地位。《中国古代思想学说史》在分析思想史的变迁和思想家的思想理论过程中，具体而详尽地揭示了思想观念产生和变化的社会根源。不仅从生产方式(社会经济形态)的变化上，而且从社会制度的变革上，深入地分析了社会存在的变化给人们思想观念带来的影响。以前的哲学史著作，如胡适、梁启超等人的论著都曾想揭示思想观念变化中的社会现实影响，但由于资产阶级的局限使他们不能从社会生产方式和社会制度上进行分析研究，在论及具体的思想流派和思想变迁时，往往忽视社会存在的影响。而该书最鲜明的特色，就是强调社会存在对人们思想观念的影响。因此，他每论述一代思想观念的发展，先论述其社会发展状况；每论述一个学派，先分析其阶级根源和社会制度变化对他们的影响。不仅远胜于以前资产阶级学者对思想史变迁的社会根源分析，而且比同时代马克思主义者的思想史有关论著也深入了一步。如侯外庐所说："亚细亚的中国古代社会是未能机械地根据希腊、罗马社会来比拟的。但我们虽然须了解特殊的合法则性，却委实亦要记取一般的合法则性，尤以生产方法的构成论以及城市与乡村的相互支配论为问题的中心。胡适、梁启超、冯友兰辩论中国古代社会及其思想的相互关系，颇具追求真理的热心，已经划出神话和理性的研究鸿沟。然而关于这一问题则他们有局限，答案是错误的。反之，我们也反对给诸子划脸谱的唯物论研究者。因为思维过程史有它具体复杂的关系，仅仅以代表地主或代表工农的一般断语为自明律，是极其有害的轻率研究。"这段阐述既有中肯的批评，同时也具体说明了所著《中国古代思想学说史》在这方面的成就。该书对思想史根源的分析，有许多地方在深度上大大超过了前人。例如，在谈到西周初期的思想史时，他认为，由于西周封邦立周时采取的是保留氏族旧制的维新路线，把土地氏族贵族所有制强化下来，从而使西周的学术教化局限于王侯士大夫的官学，使学在官府演变成思想观念的氏族贵族所有，最终使思想上表现为"国有"思想，亦即一切学术思想的创造活动均成为官方的，或者"国有的"。如他所说："土地在氏族贵族公有之下，国民人物既没有在历史上的登场，则思想意识的生产，亦当不是'国民'的，而是'国有'的。具体讲来，意识的生产则只有在氏族贵族的范围内发展，不会走到民间。春秋时代所谓学术下民间的历史，已经是周道衰微的见证了。”显然，这些分析，即是从社会生产方式着手研究思想史产生根源的典型的例证。再如，在分析孔墨之后战国诸子的思想时，也对老庄、思孟、后期墨学以及其他名家等学说体系所得以产生的社会根源进行过粗线条的勾勒叙述。他说：“战国中期的新社会是相对的显族社会，然而孔墨显学所理想者却未能阻止社会之矛盾扩大……这里，正类似希腊、罗马的第三世纪危机，劳动力的再生产是严重的问题，而大生产之下的土地国有与尽地力的郡县制仍在死活皆所苦痛。这个时期，人类面对现实，却最不正视现实，人类在现实中，却想跳到现实之外。接受孔墨显学传统者固然升华了其现实的方法。问津于宇宙与人生形而上的常变。而反对孔墨显学的传统者，亦趋寻自然史的道路，概念史的是非。总之都在以‘一般’代替‘具体’。现实的社会可以歪曲到没有问题，而‘道’则可以真实地究极问题。感觉的东西都可以说相对到不成东西，而越感说的本体则可绝对到真成东西。”①这些分析是颇有见地的。他从社会物质生产，从社会上的政治、经济制度等方面来分析思想观念的发生和发展，并且这些分析甚至能具体到各家学说互相争辩及其产生的社会、阶级根源，这在当时的史学界来说是极为难得的，毫无疑问，这样的著作对宣传马克思主义唯物史观具有重要意义。

在探索先秦学术演变的具体问题上，该书也发表了许多新见解。诸如老子时代问题，西周官学和诸子出于王官问题，诸子思想互相影响和互相促进发展的历史线索问题，等等，都有诸多发现。② 关于《老子》一书成书年代问题，一直是颇具争议。胡适、郭沫若等人都认为它成书于孔墨之前。而侯外庐认为《老子》晚出于孔墨。早在20世纪30年代的《中国古代社会与老子》一书中，他就曾以老子的经济思想为中心，研究过《老子》。撰写《中国古代思想学说史》时，他又另寻佐证试图更有力证明《老子》晚于孔墨而开战国诸子之先声。他论证的新颖之处，表现在以下几方面。首先，他指出：“在孔墨的代表作中，讲‘地’的观念，是普遍以社稷代替，社稷二字，虽理论化，然……不和天对立，而且反是还原于天的人格神。然而《老子》一书，天地对立的理想则成了家常。如‘有物混成，先天地生’，‘天得一以清，地得一以宁’，‘人法地，地法天，天法道，道法自然’，‘天地相合以降甘露’。这

① 侯外庐：《中国古代思想学说史》，文风书局1944年版，第159页。

② 罗映光：《蒙文通道学思想研究》，巴蜀书社2011年版，第66页。

种形而上学的天地观，与其说是发明，毋庸说是战国诸子的共同点。”其次，他认为《老子》攻击“仁”、“义”等观念的虚伪，认为“大道废，有仁义；智慧出，有大伪”，认为“天地不仁……圣人不仁”则明显是继承了关于“仁”的争论而反对孔墨的。再次，他认为《老子》中还有许多战国时代的观念。“例如，‘金玉满堂，英之所宗，富贵而骄，自遗其咎’，‘财货有余，是谓盗夸’，‘人多技巧，奇物滋起’，这些经济的观念，决不能生成于春秋时代。‘天下神器，不可为也……为者败之，执者失之’，‘大制不割’，这些政治的观念，正是对于战国巨室的反感。”他的这些新论断，确实有其独到之处。关于先秦诸子学说的渊源及其相互影响和演变，他也提出了自己的新看法，认为春秋时代社会的演变使西周宗法社会的礼制等文化制度成为不育生新思想的陈旧仪式。“东迁以后的春秋文化，除了管仲、子产的言行以外，实在没有光荣的记载。西周的文化典章，在春秋……已经不是有血有肉的思想文物，而仅仅作为形式的具文，背诵古训教条罢了。”被称为缙绅先生的儒者，就是维护旧典章、传播旧文化的职业儒术活动家。孔丘、墨翟创立的孔墨显学继承以往儒者的儒术，加以去取存留，结果产生了两方面的影响：“一方面是对于春秋文化具文批判，他方面又是开启子学发展的源流。”由邹鲁缙绅先生的诗书礼乐之学到春秋末战国初的孔墨显学的产生，便是西周官学向战国诸子学说的转变过程。认为老庄又是在反显学的斗争中形成的。稍后的思孟和后期墨学分别是对孔墨显学的批判继承，并且二派都和老庄学说相互驳难过。后来广受注意的名辨学者乃从老庄学说发展而来，接着，博大的荀学就对以上诸学说来了一次全面性的批判总结，并使儒学再放新光彩。随着社会现实斗争的发展，诸子学说渐渐由务实的法家接下接力棒，走向了先秦学术的末期。他强调指出：“末期学术在社会危机的潮流中，已经损失了古代思想最好的传统：诸子的理想主义。他们在这儿走了两个相反的路线，一种是顺应现状的爬虫主义——纵横家；另一种是歪曲现实的无稽之谈——阴阳五行家。汉代便结合了这种学派，附以黄老，名以经学，不为博士便为经师，类似西洋中古的经验学派，烦琐地解释圣经，开启了中国的今古文学笺注主义。”以上说明，该书在探索先秦诸子学说的演变线索问题上形成了一家之言的系统观点。

《中国古代思想学说史》中，侯外庐对思想流派和思想家的理论学说的叙述，处处体现了自己独特的分析方法和评论方法，时见新颖之论。分析一位思想家的思想观点，必须首先弄清他所处的社会时代，弄清他对社会人生的认识，而后从逻辑学观点，剖析其认识论，再针对各家的理论重点，随时因人制宜，阐述其伦理思想、政治思想等。如论孟子思想的三节中，第一节讲“孟子的社会人类观”，第二节讲“孟子的政治思想”，第三节则针对孟子思想体系中有较多独创发明的人性论观点，讲“孟子的天论与性善论”。① 侯外庐在《中国古代思想学说史》中对其他思想家和思想流派的分析，均有大致相似的如上方式。这种分析评价，确实体现了他在该书《自序》中所说的唯物主义思想史研究方法：即重视社会史对思想史的影响，力图从社会存在角度来阐发思想意识的价值和意义。

《中国古代思想学说史》在对思想家和思想流派的具体分析上，也颇有创见，多发前人所未发。如墨子有“尚同”、“兼爱”学说，侯外庐认为，墨子的“人类观乃化别为兼，所谓‘兼以易别’，兼之义即平等（形式的），别之义即等差。他主张把不当作人看待的奴隶变成和氏族贵族的人一样，即国有化”，这种思想“乃古典社会的形式民主”，尽管“这一形式的人类平等观，本质上是另一种不平等观（引者按：指国有化这一民主化方法体现了墨子对奴隶的不平等看待）……然而在氏族贵族的旧制度束缚的当时，敢于非别，这却是历史的卓见，可以说是人类光辉的认识”。这种深入现象内部的本质分析读起来的确引人入胜。该书对孔子、老子、庄子等其他思想家的评价、分析也屡有创见。②

侯外庐对所著《中国古代思想学说史》曾作过自我评价，认为该书有三个特征：第一，始终注意社会史与思想史的关联；第二，偏重于解决一些学术界争论难定的疑难问题，重在对历史事实和历史线索的澄清；第三，写作朴实，立论有据，不作虚词装饰。这些自我评定是符合事实的。但该书也有些明显的缺陷。如对唯物主义与唯心主义的区别及其相互斗争未予重视，因此，对大多数思想家的评论也显得笼统，泾渭不明。对古代辩证法思想史叙述较少，对逻辑思想史和认识论的评论也有方法、术语前后不一之处。另外，对先秦思想发展的叙述，有些方面明显自相矛盾，如对战国末年和秦汉之际思想成果的评价过低，就使该书在总体理论上产生矛盾。按照侯外庐本人的思想史研究方法，思想意识的发展变化恒常受社会史发展的影响，既然战国秦汉之际中国社会进入了新的历史发展阶段，那么，在思想意识领域，就应该有反映新事物的内容。认为战国末期的学术走向诸子末流，最后又演变成中世纪封建社会的烦琐笺注主义，这种评价就与其社会史观点发生冲突。当然，上述缺陷与其成就相比，是次要的。《中国古代思想学说史》出

① 宋志明：《中国现代哲学通论》，中国人民大学出版社 2008 年版，第 249 页。

② 张铁生等：《资本主义世界新形势》，（香港）新中出版社 1947 年版，第 91 页。

版前后，用马克思主义观点指导撰写的有关中国思想史的著作，已有10余种相继问世。在这些众多的先秦思想史专著之中，侯外庐的《中国古代思想学说史》在对先秦思想的具体分析上讲究树立自得，与其他各家的观点互相争鸣，促进了马克思主义的先秦思想史研究进一步深入。在中国思想史研究方法上，该书强调联系社会史的发展变化来研究思想史，也是独树一帜，颇有学术价值的。① 他后来主编的五卷六册本《中国思想通史》，其中最富有特色的思想史研究的社会背景分析方法，就是从《中国古代思想学说史》中发展而来。

《中国古代思想学说史》无论在研究方法上，还是对先秦思想的具体分析上都独树一帜，具有开拓性和较高的学术价值。主要表现在以下几个方面。

第一，重视思想文化现象的基本立足点——社会经济基础，把思想史的研究和社会史的研究密切地联系起来。侯外庐把《中国古代思想学说史》看作是他的《中国古典社会史论》的姊妹篇，反复强调“研究中国思想史，当要以中国社会史为基础”②。为了阐明中国社会各种思想产生的物质基础，侯外庐全面、系统地研究中国古代社会，特别是研究了中国古代社会中的疑难问题，提出了不少独到的见解。他认为中国奴隶社会走的是一条“维新”(改良)的路线，在奴隶社会内部保留了较多的氏族制残余，如土地所有权没有被分割，血缘纽带没有被破坏，等等。③ 所以直到春秋时期，旧时的王官之学在思想界仍占主要地位，文化知识仍基本上掌握在卿、大夫一类人物手中。春秋思想史上的著名人物管仲为齐桓公上卿，叔兴是周内史，史墨是晋太史，子产是郑国执政，晏婴是齐国大夫。当时的学问主要还是《礼》、《乐》、《诗》、《书》、《易》。此外，就是关于实沈、台骀、鲧化黄熊一类的神话以及黄帝、炎帝、共工等传说故事。春秋末期才形成私人讲学的风气，出现了孔子这样的私人学者以及《孙子兵法》和《春秋》两部私家著作。④ 这种情况也决定了中国古代思想家们价值观念的晚出。这种将思想史与社会史相结合的方法，是侯外庐一生始终坚持并不断发展的一个重要方法。后来由他主编的《中国思想通史》，其中最富有特色的思想史研究的社会背景分析方法，就是从《中国古代思想学说史》中发展而来的。

第二，从材料实际出发，实事求是，反对“虚幻的想象与无根据的推断”。侯外

① 桂遵义：《马克思主义史学在中国》，山东人民出版社1992年版，第406页。

② 侯外庐：《中国古代思想学说史·自序》，文风书局1944年版，第3页。

③ 《乐此不疲集——张岂之自选集》，首都师范大学出版社2009年版，第211页。

④ 刘泽华等：《中国政治思想史研究》，湖北教育出版社2006年版，第141页。

庐在这一时期与郭沫若等马克思主义史学家一样,格外重视材料,重视证据。他说他研究中国古代社会有3个步骤,其中第二个步骤是:"主张谨守着考证辨伪的一套法宝,想要得出断案,必须遵守前人考据学方面的成果,并进一步订正其假说。这一套专门学问,并不是史学者一定要搞的,但如果研究中国古代,就必须钻一下牛角尖,至少也要守其家法。"他认为:"科学重证据,证据不足或不当,没有不陷于闭门造车之臆度的。"①他认为正确的方法应为:①必须以文献学为基础,做好史料整理、考辨工作;②必须用科学方法分析古人用语的特殊含义,不能望文生义。这些实事求是的原则和方法都渗透在对每一个具体问题的研究中。

第三,坚持独立自得精神,论前人所未论,注重解决难题。侯外庐在这一时期的思想史研究中,阐微决疑,注重独立自得之见,追求自我的学术"个性"。② 在每一个问题上,他都"严格遵循科学态度",得出自己的结论。在《中国古代思想学说史》中,他首先向自己提出了6个问题,给自己立下了规范,要求自己以科学的态度解决前人所未解决的问题。这6个问题是:"社会历史的演进与社会思想的发展,关系何在?人类的新旧范畴与思想的具体变革,结合何存?人类思想自身的过程与一时代学说的个别形成,环链何系?学派同化与学派批判相反相成,其间吸收排斥,脉络何分?学说理想与理想术语,表面恒常掩蔽着内容,其间主观客观,背向何定?方法论犹剪尺,世界观犹灯塔,现实的裁成与远景的仰慕恒常相为矛盾,其间何者从属而何者主导,何以为断?"③在这一规范指导下,他敢于迎难而上,论前人所未论,奋力解决历史难题。例如,关于西周学官以及诸子出于王官的问题,关于老子思想是早于孔子还是晚于孔子的问题,关于孔子的人类认识与墨子的国民自觉的问题,关于诸子思想所反映的各自的阶级性的问题,关于老子憧憬小国寡民的原始公社生活的问题,关于《商君书·开塞篇》把历史分为上世、中世、下世一段论述所作的历史定性分析的问题,等等,都是历史上或思想史上前人所未论及或论及甚少的难题,侯外庐在这本著作中都一一进行了研究,提出了自己的独到的见解。这种重视独立自得的精神,始终贯穿于侯外庐以后的思想史研究中。

在当时,用马克思主义观点研究中国思想史的学者为数尚少,占统治地位的还是一些用资产阶级观点撰写的著作。在这种情况下,侯外庐试图用马克思主义观点

① 侯外庐:《中国古典社会史论·自序》,重庆五十年代出版社1943年版。
② 邹士方:《国学大师的文人情怀》,浙江大学出版社2012年版,第35页。
③ 侯外庐:《中国古代思想学说史·序》,文风书局1946年版,第1—2页。

来系统探讨先秦思想学说史，显得十分必要。此书的新颖之处体现在以下几点。

首先，《中国古代思想学说史》在分析思想史的变迁和思想家的思想理论过程中，具体而详尽地揭示了思想观念产生和变化的社会根源。不仅从生产方式的变化上，而且从社会制度的变革等多个方面，深入地分析了社会存在的变化给人们思想观念带来的影响。以前的哲学史著作，如胡适、梁启超等人的论著都曾想揭示思想观念变化中的社会现实影响，但由于资产阶级的局限性，使他们不能从社会生产方式和社会制度上进行分析研究，在论及具体的思想流派和思想变迁时，往往忽视社会存在的影响。该书对思想史根源的分析，有许多地方在深度上都大大超过了前人。例如，在谈到西周初期的思想史时，他认为，由于西周封邦立周时就沿袭土地的氏族贵族所有制，对氏族旧制有所保留，走的是维新路线，从而使"学在官府"演变成意识形态的王侯士大夫所有，使当时的学术教化囿于氏族贵族的官学，其结果在思想上突出表现为官方意识，也就是一切理论教化及学术思想的创造行为均成为"国有的"。显然，这是分析学术思想与政治关系的典型例证。难能可贵的是，侯外庐从社会物质生产，从社会上的政治经济制度等方面来分析思想观念的发生和发展，并且这些分析甚至能具体到各家学说互相争辩及其产生的社会、阶级根源，这在当时史学界来说是极为难得的。毫无疑问，这样的著作对宣传马克思主义唯物史观具有重要意义。

其次，在探索先秦学术思想演变概况的具体问题上，该书也发表了许多新见解。比如诸子和西周官学出于王官的问题，老子和孟子时代问题，诸子思想互促互进、相互影响并协同发展的历史线索问题，等等，都有诸多发现。① 关于《老子》一书的成书年代问题，一直是颇具争议。胡适、郭沫若等人都认为它成书于孔墨之前。而侯外庐认为《老子》晚出于孔墨。早在20世纪30年代的《中国古代社会与老子》一书中，他就曾以老子的经济思想为中心，研究过《老子》。撰写《中国古代思想学说史》时，他又另寻佐证试图更有力证明《老子》晚于孔墨而开战国诸子之先声。他论证的新颖之处，表现在以下几个方面。首先，他指出："在孔墨的代表作中，讲'地'的观念，是普遍以社稷代替，社稷二字，虽理论化，然……不和天对立，而且反是还原于天的人格神。然而《老子》一书，天地对立的理想则成了家常。如'有物混成，先天地生'，'天得一以清，地得一以宁'，'人法地，地法天，天法道，道法自然'，'天地相合以降甘露'。这种形而上学的天地观，与其说是发明，毋庸

① 罗映光：《蒙文通道学思想研究》，巴蜀书社2011年版，第66页。

说是战国诸子的共同点。”①其次，他认为《老子》攻击“仁”、“义”等观念的虚伪，认为“大道废，有仁义；智慧出，有大伪”，认为“天地不仁……圣人不仁”则明显是继承了关于“仁”的争论而反对孔墨的。他的这些新论断，确实有其独到之处。以上说明，该书在探索先秦诸子学说的演变线索问题上形成了一家之言。

再次，在对思想家、思想根源以及思想流派的具体分析方面，《中国古代思想学说史》也另辟蹊径，提出许多新的观点和见解。比如在对墨子的思想内核的挖掘上，侯外庐用力颇深，观点独到。他认为墨子的“人类观乃化别为兼，所谓‘兼以易别’，兼之义即平等，别之义即等差。他主张把不当作人看待的奴隶变成和氏族贵族的人一样，即国有化”，这种思想“乃古典社会的形式民主”，尽管“这一形式的人类平等观，本质上是另一种不平等观……然而在氏族贵族的旧制度束缚的当时，敢于非别，这却是历史的卓见，可以说是人类光辉的认识”。从中可看出侯外庐对古代思想家的独特解读，这种深入现象内部的本质分析读起来的确引人入胜。该书对孔子、老子、庄子等其他思想家的评价、分析也屡有创见。

（二）《中国近世思想学说史》的写作背景和早期启蒙思想研究

“五四”前后，学术理论持续发酵，钱穆、胡适与梁启超等人以其独到的见解，数量可观的论著，在学术界有着广泛而深刻的影响。相比之下，这段时间马克思主义史学家对思想史及学术理论的深入研究还比较薄弱。由于现实斗争需要，开辟清代学术史的研究领域、构筑马克思主义的研究阵地、拓宽马克思主义史学发展道路的决心，是促使侯外庐转入清代学术史研究的重要原因之一。在对中西方同时代思想进行研究比较之后，他认为：“中国先秦诸子思想之花果，固然可以比美于希腊文化，而清代思想之光辉，亦并不逊色于欧西文艺复兴与宗教改革以来的成果。”②在侯外庐看来，中国反正统的异端思想和哲学唯物主义由来已久，这些优良传统集中体现在先秦时期与明清之际，应该在更深层面上解析与继承这两个重大时期“惊心动魄的文化遗产”。

侯外庐较多地发掘、宣传近300年的民主思想，尤其是近现代这一断限。早在抗日战争初期的国共合作时，侯外庐就以研究孙中山思想为契机，通过论述三

① 侯外庐：《中国古代思想学说史》，岳麓书社2010年版，第153—154页。

② 侯外庐：《近代中国思想学说史》上册，生活书店1947年版，第63页。

民主义的民主制度，以反对国民党蒋介石一党独裁。① 后在1946年春夏间，在国共两党矛盾日益激烈时，他又以研究孙中山政治思想为契机，再次宣传民主政治。侯外庐在离渝之前，集中力量研究了《五五宪草》、各国宪法、孙中山先生有关宪政的论述以及其他的宪政理论，并撰写了一批文章，配合当时的形势。② 这一时期的文章主要有《根据中山先生遗教研究中国宪政的途径》、《中山先生宪法思想之理论与现实》、《省宪是中山先生命定的遗教》等。这些研究与《中国近世思想学说史》关于民主思想的发掘和弘扬是一脉相承的。这说明，侯外庐在《中国近世思想学说史》中对民主思想特加重视不是偶然的，是他注重史学研究现实作用的体现。

1.《中国近世思想学说史》的成书过程及社会评价

1943年初，侯外庐开始撰写《中国近世思想学说史》。1944年11月，《中国近世思想学说史》上卷由重庆三友书店出版。1945年6月，《中国近世思想学说史》下卷由重庆三友书店出版。

对于侯外庐《中国近世思想学说史》的评价很多，这里试举几例。1945年1月3日，《新华日报》第1版登载侯外庐著《中国近世思想学说史》上卷评论："著者治思想史有年，诚如过去有人对他的著作评论说，侯先生著思想史，致力很深而后写出的，因此才能从前人著作中的隐晦的术语和对古籍的诠释中，把真面目揭发出来——著者是用了很大功力的，能作很恰当的分析，因此就使思想史豁然显露，'凡注意中国思想史的人是一定都要赏识他的书的'。"③3月，杜国庠作《接受遗产与知人论世——介绍近刊侯外庐著的〈中国近世思想学说史〉上卷》发表于《青年知识》。文章认为："第一，著者在本书中，是运用着正确的历史方法的。他处处注意于从社会的存在去研究社会的意识，注意于'社会史的时代认识'等等。""第二，由于把握正确的方法，导出了他的时代学术的支配的主潮的认识——即是认识明清之际诸老学说的创造价值，而乾嘉时代的学术则系'退休状态'，是余波，不是主潮。""第三，由于把握了正确的方法，故能够透过事物的现象而把握到它的本质。"④

---

① 金冲及：《孙中山研究论文集(1949—1984)》下册，四川人民出版社1986年版，第1061页。

② 《重庆抗战纪事(续编)》，重庆出版社1991年版，第99—100页。

③ 《新华日报》1945年1月3日第1版。

④ 杜国庠：《接受遗产与知人论世——介绍近刊侯外庐著的〈中国近世思想学说史〉上卷》，《青年知识》1945年第1卷第2期。

1945 年 6 月，《图书季刊》介绍侯外庐的《中国近世思想学说史》下卷，认为："是书论述近三百年中国思想学说，以人而不以学派或思想学说之各方面为单位……侯君所最推许者，为王夫之、颜元、戴震三家。"①10 月 31 日《新华日报》第 1 版登载"打破抗战以来纪录之巨著出版"，介绍侯外庐所著《中国近世思想学说史》下卷："侯先生著作等身，而以本书为其最精到的代表作。全书内容，十七世纪至二十世纪中国哲学、历史学、经济政治思想之源流发展，学派演化，思潮变迁，学术交替；其写作方法，则材料与训释兼重，考核与断证并顾。"

1947 年 7 月，杜国庠作《〈近代中国思想学说史〉介评》，发表于《读书与出版》。文章认为："通观全书，确能遵守着这一'朴实'的'实事求是'的方法。而其成就也颇有'独立自得'之处。""侯外庐的'实事求是'的作风，首先表现在对于社会史的确实把握。"②

2. 侯外庐的早期启蒙思想研究

20 世纪三四十年代，一大批中国马克思主义者在深入研究中国传统哲学的基础上，以各种方式助推马克思主义哲学中国化运动。侯外庐以独特的视角对早期启蒙思潮的阐述与剖析，是其中较有代表性的理论思想。萧萐父在《"早期启蒙说"与中国现代化——纪念侯外庐先生百年诞辰》一文中赋诗致颂："蓟下烽烟笔仗雄，胸悬北斗气如虹。洞观古史知难产，发掘新芽续启蒙。细案船山昭学脉，钟情四梦寄幽衷。百年风雨神州路，永记前驱播火功。"③在对明清之际思想研究的方法论上，侯外庐坚持运用唯物史观指导思想史与社会史的贯通研究。他认为："我们研究明、清之际的思潮，并不是由思想史的总结来看社会，相反，是由社会形态的发展来研究思想。如果这时不是如黄宗羲所讲的'天崩地解'的时代，也就没有王夫之所谓的'六经责我开生面'的思潮。"④由此可见，明清之际的学术思想是我们的宝贵财富，侯外庐对于中国早期启蒙思想的研究，对于代表性思想家的思想内涵与社会时代的内在关系的剖析与阐释，在当时史学界和哲学界都产生了深远的影响，其中的许多观点和论断对当下的史学研究仍有启发。

侯外庐运用马克思主义基本原理研究早期启蒙思想，对明清之际以来的诸多思想家和思想史著进行了深入的探讨，出版了《中国近世思想学说史》，其内容主

① 《图书季刊》1945 年第 6 卷第 1、2 期合刊。

② 杜国庠：《〈近代中国思想学说史〉介评》，《读书与出版》1947 年第 8 期。

③ 萧萐父：《吹沙三集》，巴蜀书社 2007 年版，第 38 页。

④ 苗润田：《儒学与实学》，中华书局 2003 年版，第 120—121 页。

要分为三个部分。第一编主要探究十七世纪的启蒙思潮和有代表性的思想家，以独特的视角，论述了黄宗羲等人的学术思想，认为他们是近代思想的启蒙人。第二编的主要内容是十八世纪的汉学运动，为学问而学问，论述了戴震、惠栋、章学诚等人的学术思想。侯外庐总结汉学的特点为："在古籍的狭小天地中只有科学态度的冷静，而没有科学态度的热力，这热力是要超出于古籍而进入物质世界与光明社会的。"①他指出汉学是脱离社会现实的学术研究，并结合当时社会的政治、经济、文化状况，对形成汉学运动的内外部原因进行探索与总结。十九世纪中叶至二十世纪初叶的文艺再次复兴为第三编，论述了康有为、龚自珍、谭嗣同等人的学术思想，内容丰盈而宏大，受西洋学术的影响较深。康有为等人的活动时代，是西方资本主义世界进入了帝国主义的时代，是中国亿万人民正在风起云涌地走上了觉醒道路的时代，是列宁所说的"落后的欧洲与先进的亚洲"正在开幕的时代，是马克思主义发展的第三时期——向东方传播将要来临的时代。② 以下以王夫之、黄宗羲和傅山为例，简要论析。

(1) 侯外庐对王夫之思想的探究，不是从《中国近世思想学说史》才开始的。在此之前，侯外庐运用马克思主义的观点和方法，结合当时的史学思潮，深入研究王夫之的学术思想，撰著《船山学案》，是他研究王夫之的阶段性成果。③ 在《船山学案》的自序中，曾谈到他对王夫之哲学思想的发掘在当时所具有的重要意义。他说："梁任公与钱穆皆治中国近代三百年学术史，在船山的片段学术中颇有论述，而亦缺少对于他的哲学体系的发挥，这不能不说是一种中国学术界的空白了。"④他对王夫之思想的研究确实涉及较为全面，尤其偏重阐发王夫之的哲学思想，能令当时人读后陡增一哲学家王夫之的概念。萧萐父说："侯老之所以能卓有成效地运用马克思主义世界观和方法论剖析船山哲学，是与他深入钻研马列主义特别是《资本论》这部科学巨著紧密相关的。"⑤侯外庐运用马克思主义的观点和方法，对船山哲学进行了审慎的发掘与探索，做出了船山"是中国历史上具有近代新世界观萌芽的杰出唯物主义哲学家"这一明确评断，使得《船山学案》在船山哲学

---

① 侯外庐：《中国近世思想学说史》，重庆三友书店1944年版，第371页。

② 侯外庐：《戊戌变法六十周年纪念集·序言》，科学出版社1958年版。

③ 包遵信：《跬步集·序》，四川人民出版社1984年版。

④ 蔡尚思：《王船山思想体系》，湖南人民出版社1985年版，第178页。

⑤ 萧萐父：《吹沙集》，巴蜀书社1991年版，第514页。

研究的许多方面度越前人，别开生面。① 此外，他还认为王夫之的政治思想中含有近代的“法权”思想，不同于西方“法权”的特点之一是，更加强调了道德伦理因素在“法权”中的重要作用。

（2）侯外庐以十七世纪中国历史大变局为时代背景剖析黄宗羲思想学说中的“民主主义”。在当时诸多的政治思想史学论著中，黄宗羲的代表作《明夷待访录》为学人所推崇，梁启超说：“我们当学生时代，黄宗羲《明夷待访录》实为刺激青年最有力之兴奋剂。我自己的政治活动，可以说是受这部书的影响最早而最深！”② 侯外庐认为，黄宗羲的《明夷待访录》“类似《人权宣言》，尤以《原君》、《原臣》、《原法》诸篇显著说出民主主义……无疑为一代表时代精神的作品”③。无论如何，在对封建专制的批判和对民主观念的倡导等方面，黄宗羲的“经”与“世”都有其独特内涵。此外，侯外庐还认为黄宗羲在人民权利关系上主张着“天下大公”制度。

（3）侯外庐还对傅山等人的思想及哲学进行阐释。侯外庐言：“傅山是一个富于现实批判精神的思想家，尤其是封建道学不可调和的敌人。他对道学的批判，总的说来，是以启蒙学者的理性主义反对封建蒙昧主义。他指出道学在理论上是一种虚构，而且它严重桎梏着人们的性灵。”④ 总之，侯外庐认为，新旧更替是历史发展的必然规律，对于中国传统学术，“取其精华、去其糟粕”是思想史的重要任务之一，这也是侯外庐撰著《中国近世思想学说史》的主旨所在。

侯外庐较多地发掘、宣传近300年的民主思想。明末清初和19世纪中叶前的一些思想家，大多有反封建君主的集权专制、主张社会平等的政治思想。在侯外庐看来，这是近代启蒙式的民主思想，应该予以肯定和表彰。他还认为，近300年来中国启蒙思想学说中的民主主义传统，在康有为的君主立宪思想和章太炎的民主革命思想中，有较明显的表现。⑤ 他曾追根溯源，认为王夫之的政治思想中“含有近代的‘法权’思想，从平均主义达到形式的平均主义，和卢梭的天赋人权说不同，而强调了政治上人为的调节，肯定了道德律之节制”。黄宗羲的《明夷待访录》更进一步，被认为“类似《人权宣言》，尤以《原君》、《原臣》、《原法》诸篇显著说出民

① 《萧萐父文选》上册，武汉大学出版社2007年版，第230页。

② 梁启超：《中国近三百年学术史》，人民出版社2008年版，第47页。

③ 《李锦全自选四集》，延边大学出版社2001年版，第475页。

④ 赵宝琴：《傅山纪念文集》，山西人民出版社2007年版，第486页。

⑤ 湖北省哲学社会科学学会联合会：《辛亥革命五十周年纪念论文集》，中华书局1962年版，第293—294页。

主主义……无疑为一代表时代精神的作品"①。他还认为,以康有为、梁启超、谭嗣同等人为代表的君主立宪思想是改良式的民主思想,与章太炎所鼓吹和孙中山所实践的革命民主主义有着严格的区别。② 他说:"中国当时的民主派之所以有其民主派的精神者,一在于民众性,二在于土地政纲……维新派在言论上没有一字提到土地政策,改良主义所以区别于革命,就在这里。"他认为,近代民主启蒙的言论,是从披着先王外衣、绕圈子逐渐走到民主革命上来的。因而在近代启蒙思想史上,任何一种敢于直面现实的民主思想都应予以表彰。例如,除了前述王夫之、黄宗羲、康有为、章太炎之外,顾炎武关于言论自由与个性解放、关于虚君与寓封建于郡县的民主思想,颜元关于平均土地的民主倡议,李颙的"平均与自由的思想",唐甄关于"人权平等的启蒙憧憬",等等,都被认为是不可多得的我国近代民主启蒙思想的宝贵遗产。这些看法在当时引人注目。

早在抗日战争初期的国共合作时,侯外庐就以研究孙中山思想为契机,通过论述三民主义的民主制度,以反对国民党蒋介石一党独裁。③ 后在 1946 年春夏间,在国共两党矛盾日益激烈时,他又以研究孙中山政治思想为契机,再次宣传民主政治。如他在回忆录《韧的追求》中所说:"在一九四六年六月离渝之前……有三个月左右的时间,我集中力量研究了《五五宪草》、各国宪法、孙中山先生有关宪政的论述以及其他的宪政理论,并撰写了一批文章,配合当时的形势。这一时期的文章主要有《根据中山先生遗教研究中国宪政的途径》、《中山先生宪法思想之理论与现实》、《省宪是中山先生命定的遗教》等。与此同时,我还将抗战初期写的有关中山先生三民主义的论文若干篇,汇集成册,题名《三民主义与民生主义》,于 1946 年由上海长风书店出版。这本小册子的主题与上述宪政问题研究的宗旨是相互衔接的,旨在阐明政治上的民主是制宪的先决条件。"这些研究与《近代中国思想学说史》关于民主思想的发掘和推崇是一脉相承的。这说明,侯外庐在《近代中国思想学说史》中对民主思想特加重视不是偶然的,是他注重史学研究现实作用的体现。

该书还突出地表彰了近 300 多年思想学说史中的民族气节和爱国主义传统。如晚明傅山、李颙、朱之瑜和晚清的章太炎等人的民族气节,龚自珍、魏源、谭嗣同

① 《李锦全自选四集》,延边大学出版社 2001 年版,第 475 页。

② 刘勇强:《古代文化经典选读》,北京大学出版社 2008 年版,第 257—258 页。

③ 金冲及:《孙中山研究论文集(1949—1984 年)》下册,四川人民出版社 1986 年版,第 1061 页。

等人的爱国主义思想，对此，都重彩浓抹，极力颂扬。① “傅山的爱国节操可以和顾炎武、黄宗羲等比美。他和炎武也甚相契合。炎武说：‘萧然物外，自得天机，吾不如傅青主。’他们二人有唱和诗，显示出他们的爱国思想。”②吕良海在《魏源向西方学习问题的探讨——兼与侯外庐同志商榷》一文中说：“鸦片战争以后，魏源提出必须向西方学习。他把是否了解关于西方资本主义世界的知识，并学习西方国家在科学技术方面的某些长处，提到能否战胜外国侵略者的高度来认识。”③侯外庐研究历史，通过热情地宣扬民族气节和爱国主义思想，对激励抗日民众的爱国情感具有现实意义。

但该书也存在一些不足之处。比如，侯外庐分析 18 世纪清代汉学兴起的社会背景，只谈到康熙、乾隆时期文字狱的文化高压政策，未能进一步分析社会经济发展状况对思想史的影响。④ 这与侯外庐本人后来在《中国思想通史》第五卷中对 18 世纪社会史的详细分析恰成对比。关于 19 世纪的中国社会史，侯外庐也仅仅谈到外敌入侵、殖民地化和社会经济商业化等特点。⑤ 全书对社会史的分析既少又杂，确实与《中国近世思想学说史》自序中所说对社会史的重视不相符合。另外，从《中国思想通史》中可以管窥侯外庐对马克思主义经济形态理论有较为深入的研究，里面涉及马克思如何研究西欧封建社会的内容。侯外庐在熟谙马克思主义经济形态理论的基础上，分析中国的社会状况，阐述土地国有化等概念是有其特殊的原因的。但实际上，不完全适用于中国的历史现实，产生诸多问题。比如法权等概念，在中国没有纯粹的法权意义上的私有制的观念，而在西方罗马法时期就有。相对于西方的法权概念，中国讲究的是上下尊卑的“礼”的概念。侯外庐在论述过程中有自相矛盾之处。

纵观侯外庐的思想史研究，虽然他力图兼顾普遍性与特殊性，但由于过分强调阶级根源与哲学的党性原则，使得其研究越来越有简单化或教条化的倾向，如将复杂的社会问题简单化为阶级矛盾的问题，将多彩的哲学史教条化为唯物与唯心、形而上学与辩证法的斗争史，等等，而这必然导致立体的思想史的平面化，尤

---

① 谢泳：《钱钟书和他的时代》，上海辞书出版社 2009 年版，第 150 页。

② 霍润德：《晋阳文化研究——历代名家论傅山》，山西古籍出版社 2007 年版，第 49 页。

③ 吕良海：《魏源向西方学习问题的探讨——兼与侯外庐同志商榷》，《近代史研究》1979 年第 2 辑，第 239 页。

④ 郑天挺：《明清史资料》下册，天津人民出版社 1981 年版，第 147 页。

⑤ 桂遵义：《马克思主义史学在中国》，山东人民出版社 1992 年版，第 412 页。

其是在某种意识形态的影响下，这种做法极易使得思想评判沦为某种政治立场的宣扬，以致整个研究表现出强势的价值评判色彩，从而最终造成对中国社会、思想、哲学之特点的某种遮蔽。显而易见，这种价值评判"很容易流为某种现代的傲慢与偏见"。①

（三）《中国思想通史》前三卷的编研缘起、始末及重要意义

抗战胜利后，生活书店准备发行一套"新中国大学丛书"（见表4-1）。生活书店在《"新中国大学丛书"编辑缘起》中言：抗战的胜利结束，民主和平建国的开始，为中国开辟了一个空前伟大的时代，配合着这样一个时代，自然需要一种新的进步学术——适应民主和平建国的要求和指导这一时代顺着历史轨迹向前迈进的新学术。从它的本质上讲，这种新时代的学术，首先应当为实现中国之独立自由幸福而服务。同时新中国的学术，不只是为中华民族的自由服务，它是民族性的，同时又是世界性的。中国学术界负有与政治经济的建设任务相配合的学术建设的使命。②

表4-1 "新中国大学丛书"目录统计表③

序号	著（译）者	书　名	序号	著（译）者	书　名
1	王剑秋译	近代西洋哲学史纲	11	陈原著	中国经济地理
2	侯外庐著	近代中国思想学说史	12	千家驹著	新财政学大纲
3	翦伯赞著	中国史纲（第一卷）	13	邓初民著	新政治学大纲
4	李达著	新社会学大纲	14	吕振羽著	中国政治思想史
5	平心著	近代社会思想史	15	张铁生著	现代国际关系史
6	沈志远著	新经济学大纲（增订本）	16	章友江著	比较宪法（上）
7	沈志远著	近代经济学说大纲	17	周新民著	民法总论
8	彭迪先著	世界经济史纲	18	郑振铎著	中国文学史
9	杜国庠著	中国经济史	19	卢于道著	科学新论
10	吴清友译	世界经济地理教程			

不久，"新中国大学丛书"编辑部向侯外庐约稿。侯外庐在回忆录中坦言："当

① 赵峰：《中国哲学研究的四个范式》，《人文杂志》2009年第6期。

② 侯外庐：《近代中国思想学说史》，生活书店1947年版，第1页。

③ 侯外庐：《近代中国思想学说史》，生活书店1947年版，第1页。

时，我们受到一个推动的力量，商务印书馆出版过一套“大学丛书”，其中有钱穆主编的《先秦诸子系年》等。我们不同意旧的思想史研究方法和观点，我们确信，新的时代已经临近了，我们有责任向新一代青年提供用新观点写成的新的思想史。《中国思想通史》最初的构想和计划，就是这样形成的。”①正因此书在当时的背景下所肩负的历史使命，所以尽可能体现其系统、创新、翔实的特征。②“一九四六年下半年，内战爆发，我到了上海。周恩来同志嘱咐陈家康同志告诉我，要我主持撰著一部系统论述从先秦到现代的中国思想通史。”③侯外庐在完成了研究“中国思想通史”的上述奠基工作之后，自 1946 年开始组织杜国庠、赵纪彬、邱汉生等著名学者实施撰写《中国思想通史》这一宏大工程。截至新中国诞生，完成了《中国思想通史》的 1～3 卷，即先秦、秦汉和魏晋南北朝部分，总计 120 多万字。台湾地区学者陈鼓应回忆侯外庐的《中国思想通史》对他本人及台湾地区其他学者的影响时说：“我回大陆不久，和三十几位学者合编《明清实学思潮史》，就是因为受了侯先生这部书的影响。”④可以说，《中国思想通史》是集哲学、逻辑、社会思想于一体的大成之作，基本反映了 20 世纪上半叶运用唯物史观研究中国思想史的基本状况和理论深度。

1.《中国思想通史》第一卷

《中国思想通史》第一卷是在《中国古代思想学说史》基础上进行修改充实而成的，结构较《中国古代思想学说史》更为完整，论证也更为深入严密，篇幅也由原书的不足 25 万字增至 48 万字，行文上也对原书过分吝墨而骨多于肉的嶙峋瘦态作了一定程度的改进。

1946 年夏秋之交，《中国思想通史》第一卷的详细章节安排和分工的计划得以确定。侯外庐言：“《思想通史》研究集体的形成，应该说，杜老（杜国庠）有殊大功劳。因为，对全书有重要贡献的学者，有好几位都是杜老推荐的。至今在我的记忆中，一九四七年杜老请来邱汉生，为第一卷校样，不久就开始和我们合作第二、三卷的情景，杜老向我介绍当时未曾谋面的白寿彝的史学史研究成就的情景，都还历历在目。”⑤“当时，杜老在工商专科学校任教，赵纪彬是东吴大学教授，我除了

① 侯外庐：《回顾史学研究五十年》，《中国史学集刊》第 1 辑，第 13 页。

② 侯外庐：《坎坷的历程——回忆录之五》，《中国哲学》第 7 辑，第 360 页。

③ 侯外庐：《我是怎样研究中国思想史的》，《历史教学问题》1982 年第 4 期。

④ 卢钟锋：《侯外庐与中国的马克思主义历史科学》，《中国哲学》第 15 辑，第 341 页。

⑤ 侯外庐：《韧的追求》，生活·读书·求知三联书店 1985 年版，第 189 页。

中国文化学术工作者协会的工作外，也在工商专科学校兼一点课。我们三人都住在北四川路、狄思威路一带，相距不远，商讨问题，交换意见，都很方便。由于先秦的材料大家都最熟，我们每个人都抓得很紧，又有我的《中国古代思想学说史》作底本，所以进度很快，不到半年，《中国思想通史》第一卷便写成了。”①

翌年6月，侯外庐作《中国思想通史》第一卷之“中国学术研究所序”：“这部中国思想通史的写著，志在辨章学术，考竟源流。通之取义，仅谓贯通今古，揭发思想演化的因果，与断代研究或系列编述有所区别而已，非谓细大不捐，包括无遗。……依据于联系观点为认识基始的规律，将它当作系列编著如政治思想史或哲学史的序论去看待，可以相得益彰。”②

2.《中国思想通史》第二、三卷

1947年春夏之交，侯外庐请杜国庠、赵纪彬、邱汉生到狄思威路寓所，一起讨论《中国思想通史》第二、三卷的编写计划。侯外庐回忆：“事先由我草拟了一个提纲，提出两汉、魏晋南北朝列入目录的思想家名单，请大家讨论。”③此外，这次讨论还详细安排了二、三卷的内容和章节，以及各人的写作分工。

7月1日，侯外庐所作《司马迁的诸子要旨及其用意》发表于《大学》月刊。该文修改后收入《中国思想通史》第二卷第四章“司马迁的思想及其史学”第三节“司马迁诸子要旨的历史价值”。文章首先论述汉初道法“相为表里”的学风，认为司马谈的《论六家要旨》可从主客观两方面分析：“在客观的价值方面而言，这‘整齐百家’的要旨多从结果上去分析，虽不能概括全旨，但说出了部分的诸子真面目。”“在主观的价值方面而言，要旨除了把道家抬高地位，兼容百家而外，另有一种针对武帝思想统一的非难精神，这是前人所没有理会，而又异常之有价值的。”④司马迁企图要对三千年的历史图景做出前人所不能作的总结，特别是企图要把汉兴以来的当代社会图景，大胆创出当代学者所不敢做的“实录”。⑤ 侯外庐认为：“司马迁的著作充满了人民性和思想性，他不但总结了前代学人的成果，所谓‘六经以后，惟有此作’，而且长期教育了中国人民。”⑥

---

① 侯外庐：《韧的追求》，生活·读书·求知三联书店1985年版，第272页。

② 侯外庐：《中国思想通史·中国学术研究所序》，新知书店1947年版。

③ 侯外庐：《韧的追求》，生活·读书·求知三联书店1985年版，第280页。

④ 侯外庐：《司马迁的诸子要旨及其用意》，《大学月刊》1947年第6卷第2期。

⑤ 傅斯年：《名家品史记》，中国华侨出版社2009年版，第110页。

⑥ 《司马迁与〈史记〉论集》，陕西人民出版社1982年版，第97页。

关于第二、三卷的特点，侯外庐做了总结。

(1)“论述了封建经济、封建政治与意识形态之间的关系。从汉法度的森严中探讨正宗思想的经济政治基础，论述《白虎通德论》统一今文学异议的学术意义与政治意义。从魏晋名门的合同离异分析魏晋思想的合同离异，探索清谈玄学的政治根源。从汉末经师的融通今古，不拘师法，魏晋名士的风流放诞，发言玄远，探索了其所由产生的经济政治原因。这些，是依据客观历史情况，力求做出历史唯物主义论断的若干尝试”。

(2)“以法典作为判断社会性质的标志。在第二卷、第三卷中，最主要的是以汉初萧何定律、韩信申军法、张苍制章程、叔孙通定朝仪作为封建社会形成的标志。”①

(3) 在中国封建思想文化发展脉络的清理上，侯外庐等跳出了一般哲学史以正统儒学代表人物为主线的窠臼，不以学派类别和意识形态等因素作为评判史家学术造诣及其研究论著的重要标准，端正客观对待历史的态度，着力发掘了一批历来不受人重视的反正统的“异端”思想家，如王充、仲长统、范缜等。尤其是从思想学说与一定社会政治、经济的深厚关系上清理出两大思想体系斗争的发展脉络，用马克思主义辩证法正确看待其发展过程中的争鸣与融合，肯定异端思想存在的必要性，表彰了中国古代思想中的唯物主义和无神论优良传统。②

3.《中国思想通史》的理论意义

五卷六册的思想史巨著《中国思想通史》在中国马克思主义学术史上有里程碑的意义。它依照中国社会史的不同发展阶段，第一次比较系统地、全面地分析和论述了中国各个历史时期的哲学思想、逻辑思想和社会思想的发生、变化和发展的客观规律性，对社会发展各阶段的学术思潮做出了精准的概括，包括从先秦子学、两汉经学一直到近代启蒙学说等，比较其不同的演化路径及其与社会发展的密切联系，并揭示了各学派间的对立和融合。这是中国思想史研究在近半个世纪内所取得的重大成果，无论就所用思想材料、著作的结构和体例、所用的方法和内容的深度，以及著作的规模等方面，都是其他同类著作所无法比拟的。蔡尚思读后在《侯外庐函(1946 年)》中言：

尊著拜读，兄垦殖之勤，立论之邃，叹为观止。见兄著提及李贽、吕留良著书，

① 侯外庐：《韧的追求》，生活·读书·求知三联书店 1985 年版，第 286—287 页。

② 《新史学五大家》，社会科学文献出版社 1996 年版，第 353 页。

惜涉不广，未见为憾。兄如能借读此项材料或指示何处可阅，则不啻指路。弟现执笔思想史，深望兄于拙作有所批正，以备修改之南针，想蒙不弃，赐示！①

中国思想通史研究不仅坚持在分析社会政治经济关系的基础上来阐述整个思想意识形态发展变化的唯物史观基本原则，而且对历史上思想意识形态在社会历史发展中的具体促进作用或阻滞作用方面，也分析叙述得很详细。与其他哲学史、思想史著作相比，其最大的特点就是拥有完整系统的关于中国奴隶制社会史和封建社会史的理论分析和具体叙述。这种系统的理论分析和具体叙述，一方面为思想史的社会背景分析提供了理论和事实基础，另一方面又能对各个时代思想观念的社会历史作用，在社会史的具体发展上做出切实的说明。侯外庐在其著作中，详细分析了思想史上相互对立的各思想流派的具体思想，联系具体的社会历史的发展，从理论和历史实际等方面，切实地分析叙述思想意识形态的社会作用。因此，全书确实体现了侯外庐所说的“着重基础、上层建筑和意识形态的说明”的特点。②《中国思想通史》在叙述中国古代思想史的时候，已为我们提供了整个中国悠久历史的政治、经济和社会、文化发展的大背景。③ 这是该书与其他哲学史著作相比，表现出的优越之处。张岂之、刘宝才说：“侯先生等的《中国思想通史》，从殷周写到近代，系统研究了上下三千多年中国思想史。这部用二十多年时间完成的《中国思想通史》，是第一部马克思主义的中国思想通史，也是有史以来第一部中国思想通史。”④

4. 从《中国古代思想学说史》到《中国思想通史》的沿袭与嬗变

如果说侯外庐撰著的《中国古代思想学说史》是阶段性成果的话，那么，由其主编的《中国思想通史》则可以看作是集大成之作。侯外庐的中国思想史研究之所以取得如此大的成就，是与其一以贯之的治学方法、思想体系、学术观点分不开的。从《中国古代思想学说史》到《中国思想通史》，体现出多条清晰的沿袭脉络。在编著《中国思想通史》的过程中，一批学术志趣相投、研究方向相近、理论观点趋同的史家走到了一起，为侯外庐学派的最终成形奠定了基础。

前面说到，侯外庐负责的《中国思想通史》第一卷便是以《中国古代思想学说史》作基础，并在很短的时间内写了出来。《中国思想通史》在内容与深度上都有

① 《侯外庐函(1946 年)》，参见《蔡尚思自传》，巴蜀书社 1993 年版，第 170 页。

② 蔡尚思：《中国古代学术思想史论》，广东人民出版社 1990 年版，第 61 页。

③ 桂遵义：《马克思主义史学在中国》，山东人民出版社 1992 年版，第 474 页。

④ 张世林：《学林往事》下册，朝华出版社 2000 年版，第 954 页。

着较大的发展，但就其治学方法、思想体系与学术观点而言，却大同小异。这说明，在新中国成立前，侯外庐关于老子及其思想学说等史学问题的理论观点就已经形成框架，并让《中国思想通史》与《中国古代思想学说史》在诸多方面保持一致。卢钟锋在《诸子百家思想学说的阐发——侯外庐的〈中国古代思想学说史〉》一文中说："此书(《中国思想通史》——笔者注)无论在内容、体例、结构体系上，还是在许多问题的观点和提法上，基本上与《中国古代思想学说史》一致，但是，此书的内容还融合了杜国庠的《先秦诸子思想概要》和赵纪彬的《古代儒家哲学批判》的许多见解和史料，对一些问题的论证更加深入，同时也扩大了篇幅，因而使此书的体系更加完备。"①可见，两书的很多相似性，主要表现在对古代思想发展阶段的划分、全书体系的架构安排和内容的表述风格等方面。此外，《中国思想通史》在对诸多问题的逻辑论证和阐释剖析上也更加缜密了。侯外庐言："四十年代前期，我撰写《中国古代思想学说史》时，比较侧重探究春秋战国社会史的运动与孔墨显学继承、批判的演进之间的关系，当时是把孔墨两家学派的方法论与学说体系分成两章对比剖析的。撰写《中国思想通史》第一卷时，决定专章论孔，这章请纪彬处理。纪彬大体按照我原论的逻辑，编排组合各节内容。"②《中国思想通史》第一卷孔子章的内容，包括了侯外庐在《中国古代思想学说史》中评价孔子的论点和论式。

将思想史与社会史相结合的方法，是侯外庐一生始终坚持并不断发展的一个重要方法。由他主编的《中国思想通史》，其中最富有特色的思想史研究的社会背景分析方法，在思想史研究尤其在对代表性人物思想内涵的剖析中发挥了重要的作用。如果仔细分析，则不难发现，这一方法是从《中国古代思想学说史》中发展而来的。侯外庐的史学造诣，集中体现在社会史与思想史两个领域，其中，尤以思想史为最。从《中国古代思想学说史》到《中国思想通史》，可以窥见侯外庐在研究体例、学术志趣和研究方法等方面的沿袭和嬗变。

二、侯外庐领衔的学术研究团队对中国思想史的开拓

当代人在重新评估与认识马克思主义历史学家群体时，将侯外庐别具学术风格的史家群体以思想史学派相指称，其代表性著作是《中国古代思想学说史》和

---

① 马宝珠：《20世纪中国史学名著提要》，北京师范大学出版社2007年版，第149页。

② 侯外庐：《韧的追求》，生活·读书·求知三联书店1985年版，第275页。

《中国思想通史》等。20世纪40年代中后期,中国思想史领域以侯外庐为首的研究团队已基本成形,不仅成就斐然,而且自成体系,侯外庐和其他几位学者一起讨论合作,形成了马克思主义的中国思想史的叙事框架。其所取得的成就和构架体系的基本原则、基本方法和基本精神以及所形成的基本群体,是这个学派最可继承和发展的精神财富及其最可启示学人的治学要诀。在其代表作《中国思想通史》中,第一卷论述了殷周礼乐文明、孔墨显学与诸子百家之学。是以侯外庐《中国古代思想学说史》为基础,二者在内容、体例、结构体系以及许多问题的观点和提法上,基本一致。但此卷的内容还融合了杜国庠《先秦诸子思想概要》、赵纪彬《古代儒家哲学批判》的许多见解和史料,对一些问题的论证更加深入,同时也扩大了篇幅,使体系更加完备。第二、三卷由侯外庐、赵纪彬、杜国庠和邱汉生编著,第二卷内容涉及两汉思想,着重论述了儒学的官学化与神学化、正宗思想与异端思想的对立、无神论与有神论的对立、唯物主义与唯心主义的对立、经今古文之争以及汉末清议。第三卷论述了魏晋玄学的思想流派、葛洪的外儒术内神仙的金丹道教思想、佛学及范缜的无神论思想。

这个思想史学派的领导人物自然是侯外庐,与侯学术趣味相近的有杜国庠、赵纪彬、邱汉生等,均以哲学思想史研究而成就卓著。《中国思想通史》第一卷的撰著工作于1946年底在上海启动时,杜国庠在工商专科学校任教,赵纪彬是东吴大学教授。侯外庐除了中国文化学术工作者协会的工作外,也在工商专科学校兼课。侯外庐与杜国庠早在1931年就互通书信,后正式相识于"文工会"。在赖家桥,杜国庠和侯外庐交换过从先秦到近代一系列问题的见解,彼此发现是知音,越谈越深入,越讨论越细致。侯外庐回忆说,在第二卷的撰著中,杜国庠贡献很大,他对于荀子思想体系的发掘,把荀子的学术批判和学术综合,归结为奴隶社会结束阶段学术思想的总结,是古代学术思想的集大成者。而"过去的荀子研究无非是作为后期儒家而一般地对待,把性恶性善相提并论,甚至沿袭封建史学家贬斥荀子的偏见,扬孟抑荀。杜老对荀子的《天论》、《解蔽》、《劝学》、《礼论》、《非十二子》等篇,却进行了深刻的研究,阐述了其唯物主义的宇宙观和认识论,阐述了其对古代思想的批判总结,把对荀子思想的评价提到了前所未有的高度"①。重庆时期,侯外庐提出中国封建社会进步思想家代表庶族地主的利益。这个观点遭到不少人反对,但是在遭反对的同时,支持者的队伍也开始聚集,他们中间有杜国庠、

① 侯外庐:《韧的追求》,生活·读书·求知三联书店1985年版,第278页。

赵纪彬、陈家康等人，奠定了他们后来长期合作的认识基础。在侯外庐写作《中国古代思想学说史》时，就与赵纪彬合作，合写其中的诡辩学章、荀子章。后赵纪彬参与《中国思想通史》第二、三卷的撰写工作，侯外庐在《韧的追求》中说，在社会史理论原则体现方面，他特别应该感激赵纪彬同志。“纪彬早年持魏晋封建论，后经多年研究，于四十年代中期著《古代儒家哲学批判》时，已形成春秋封建论观点。当我们合著《中国思想通史》第一卷时，所有经纪彬执笔或增补的部分，凡涉及分期理论，他都严格按照秦汉之际封建论的论述原则表达文字，从而，保证了《中国思想通史》第一卷理论上的完整性。”①在《中国思想通史》第一卷出版前，侯外庐因病无法工作，经杜国庠介绍认识邱汉生②，帮其校对清样。之后，邱汉生参与了第二、三卷的编著工作。在当时极端不利的条件下，邱汉生于上海完成了第二卷的汉末清议章和第三卷的葛洪章的撰写工作。在侯外庐及其同仁的一致努力下，《中国思想通史》第二、三卷于上海解放前完稿。

侯外庐及其同仁在编著《中国思想通史》的过程中，形成了以下观点和方法。第一，按照中国社会史的发展阶段，论述了各社会阶段的思想发展，殷末西周春秋战国是古代思想的发展阶段，即奴隶社会思想的发展阶段；从秦汉到清朝中叶，是中世纪思想的发展阶段，即封建社会思想的发展阶段；从清朝中叶到五四运动时期是近代思想的发展阶段，即旧民主主义革命时期思想的发展阶段。第二，用马克思主义经典著作关于亚细亚生产方式的理论武器，分析中国的古代社会，确认它是古代东方型的“早熟”的文明小孩，走着“人惟求旧，器惟求新”的维新路线。其思想发展的特征是由畴官世学而缙绅先生的诗书传授，由缙绅先生的诗书传授而开创私学的孔墨显学，由孔墨显学而百家并鸣之学，以至古代思想的没落。氏族制的遗留，规定了国民思想的晚出。对应于希腊古代探究宇宙根源的智者气象，在中国则为偏重伦理道德的贤人作风。第三，用马克思主义关于“土地私有权的缺乏”，“可以作为了解‘全东方’世界的关键”这一理论武器，分析中国自秦汉以来封建社会专制帝王的土地所有制是中央专制主义的经济基础。地主阶级对土

① 侯外庐：《韧的追求》，生活·读书·求知三联书店1985年版，第278页。

② 邱汉生(1912—1992)，江苏海门人，历史学家，“侯外庐学派”创建人之一。1932年毕业于上海大夏大学国文系，1946年在上海复旦大学、大夏大学任教。新中国成立后任上海市教育局中等教育处副处长，1954年调入人民教育出版社任历史编辑室副主任，后兼任中国科学院历史研究所思想史研究室研究员、中国社会科学院研究生院教授、北京师范大学历史系兼职教授等职。

地只有“占有权”，农民对土地只有“使用权”。封建思想之定于一尊，其根据就在专制帝王的土地所有制。最高的皇权就是最高的族权。正宗思想的神学性质，三纲与神学相联系，表明套在中国人民头上的四大绳索的互相结合。第四，地主阶级有不同阶层。身份性地主与非身份性地主，即豪族地主与庶族地主，他们之间存在着差距（矛盾），从而他们之间的思想意识也存在着差距（矛盾）。思想史上的唯物论与唯心论的斗争，辩证法与形而上学的斗争，政治进步与政治保守的斗争，正宗思想与异端思想的斗争，可以从这种差距（矛盾）中找寻原因。庶族地主往往有与劳动人民利益相关联的一面，使他们的思想有所区别于豪族地主。第五，发掘了一些不被一般思想史、哲学史著作所论述的思想家，如嵇康、葛洪、吕才、刘知几、刘禹锡、柳宗元、王安石、黄震、马端临、何心隐、方以智等，力图开拓中国思想史的研究领域，发掘中国思想史上唯物主义和反正宗“异端”思想的优良传统。第六，强调了以法典作为论证历史分期的标志。例如汉初自高祖至武帝七十年间，制定了一系列法典、律令，如萧何定九章律、张苍作章程、韩信申军法、叔孙通定朝仪，等。这些，是确定封建社会性质的标志。以后唐朝的两税法，标志着封建社会由前期向后期的转化，明朝的一条鞭，标志着封建社会晚期的到来。这个思想贯穿于整个《中国思想通史》五卷之中。①

著作等身的侯外庐，不仅留下了丰富的思想学术遗产，而且在其半个多世纪的奋斗生涯中，还形成和发展以他为核心的、独具特色的侯外庐学派。这是一个理论性、思想性极强而又做出卓越学术成就，薪火相传，至今在中国学术界仍发挥重大作用、有强大生命力的马克思主义学派②，其代表作是《中国古代思想学说史》、《中国思想通史》、《宋明理学史》等。另外，这一学派还撰有《中国儒学思想史》、《中国儒学发展史》等大量著作。③ 侯外庐学派作为马克思主义史学流派之一，是在撰著《中国思想通史》的过程中形成和发展起来的。1946 年，侯外庐与杜国庠、赵纪彬合著了《中国思想通史》第一卷；1949 年上海解放前夕，他与杜国庠、赵纪彬、邱汉生共同完成了《中国思想通史》第二、三卷的全部书稿。1957 年，除杜国庠、赵纪彬、邱汉生以外，又有白寿彝、杨荣国、杨向奎及杨超、李学勤、张岂之、林英、何兆武几位青年同志参加到《中国思想通史》第四卷的写作群体之中。④ 侯

① 侯外庐：《韧的追求》，生活·读书·求知三联书店 1985 年版，第 325—327 页。

② 陈寒鸣：《侯外庐与侯外庐学派》，《历史教学》2004 年第 4 期。

③ 刘东超：《侯外庐学派薪火相传》，《中华读书报》2010 年 2 月 10 日。

④ 吴光：《侯外庐学派的治学特色》，《北京日报》2013 年 5 月 13 日。

外庐在总结自己的治学宗旨与方法论时特别强调："我们在史学研究中所注重的不是自己的'体系'，而是如何应用马克思主义历史科学的理论和方法，总结中国悠久而丰富的历史遗产。"①可见，坚持马克思主义的唯物史观，是侯外庐学派的基本思想宗旨，也是侯外庐学派最基本的特色。关于侯外庐及其思想史学派的治学特色，以下从四个方面予以简要介绍。

（一）这个学派所恪守的基本原则是历史唯物论

在数十年的研究实践中，侯外庐不仅始终恪守这个基本原则，而且结合中国古代社会史和思想史的研究，丰富和发展了这个原则。人们常说，马克思主义不是教条，而是行动的指南。可是在过去的年代和研究过程中，却存在着一种误解：似乎在社会科学研究中所取得的优秀成果，仅仅只能是证明唯物史观的正确；岂不知众多的哲学、社会科学家，他们的具体研究成果应该理解为都是从不同的方面、不同的角度和深度，丰富发展了历史唯物论的某些方面，阐明它在人类社会发展史中所表现出的多种形态、多方面的特点。侯外庐早在 20 世纪 40 年代的中国古代社会史研究中就指出："我们不但要遵循马克思主义基本原则，而且要在自己所从事研究的领域内加以发展，研究的成果应当被看成是对这种发展的一种贡献。"②

侯外庐的学术研究，是从翻译《资本论》进入的，即从经济学转向史学的。在中国社会史论战的过程中，侯外庐谈到了郭沫若的《中国古代社会研究》，由于受到思想认识上的震动与启示，促使其将研究与翻译《资本论》的心得与中国古代史之间架起一座桥梁，遂使之"产生了一种愿望，想要研究和翻译中国历史各经济发展阶段与政治思想、学术思想的关系"。而论战中关于"亚细亚生产方式"的讨论，则成为侯外庐将社会史与思想史结合研究的突破口。1933 年撰写《中国社会史导论》，1934 年重新修改出版的《中国古代社会与老子》，已经确立了他的研究格局和研究方法，"即要在历史学领域中挑起一副由社会史和思想史各占一头的担子"，摆脱传统的研究方法，"一是步着王国维先生和郭沫若同志的后尘，二是继承亚细亚生产方式论战的绪统，我力求在这两个方面得出一个统一的认识"③。1938 年停止了《资本论》的翻译，修改发表了《社会史导论》，于是这成了侯外庐"转向史学

① 张岂之：《历史唯物论与中国思想史研究》，《历史研究》2007 年第 1 期。

② 张岂之：《远见卓识的引路者》，《哲学研究》1987 年第 11 期。

③ 侯外庐：《韧的追求》，生活·读书·求知三联书店 1985 年版，第 224 页。

研究的一个标志”。

侯外庐从翻译和研究《资本论》中所获益的，不但奠定了他逻辑思维的理论基础，而且在于其取得了解剖历史的研究方式，这是他“所以做起社会史和思想史的探讨工作来得心应手”和构成他“在社会思想史研究中的真正支柱”的缘由所在。他说：“我常自幸，十年译读《资本论》，对于我的思维能力、思维方式和研究方式的宝贵训练。这方面的收获，决难以任何代价换取。”①在这里，侯外庐的创获之可贵处，就在于在多数人只重马克思主义的理论原则，不重研究其思想方式、研究方式的年代里，而他却把注意力深入到马克思的思维方式、研究方式的领域，使自己在历史思维方面掌握了科学的思维方式和研究方式。这也正是他能在社会史、思想史研究方面取得重要成就，并且在中外对比纵横综合研究上体现出深度和力度的根本原因所在。

对于古史研究，侯外庐曾这样说：“我治古史，重在思想史。在工作序列上则是先从社会史入手做起。一方面是由于史学论战以来，几个重大的理论问题，在人们心目中还没有解决，需要做进一步的研究。另一方面是我认为研究中国古代思想史，应以中国古代社会史为基础。没有对古代社会的研究，则不可能说明古代思想存在的理由，也不可能说明它对社会存在的意义和作用。把社会史同思想史有机地结合起来，成为自然体系，可以说是我研究思想史的基本指导思想。”②当时在古代史研究方面需要解决的问题，除了亚细亚生产方式问题外，还有诸如城市国家的起源和发展，氏族的残存和家室的意义，古代变法的特殊路径等问题，侯外庐都投入了一定的精力去解决。如果说《中国古代社会史论》奠定了这个学派关于中国奴隶社会史的理论的话，那么《中国封建社会史论》则可以说奠定了这个学派关于中国封建社会史的理论。其以中国奴隶社会与封建社会分期、封建土地国有制、封建剥削形态、阶级关系、封建社会内部分期、农民战争、资本主义萌芽、意识形态等内容，构成了一个独特而严密的理论体系。

侯外庐始终认为，中国古代社会的特点决定中国古代思想的特征，而且古代社会的发展进程是同古代思想史的进程相平行的；中国封建社会土地所有制的特点和阶级结构的特点，与中国封建社会意识形态的特征不仅是相联系的，而且通过与不同思想、思潮的矛盾和斗争表现出来；每到社会发展的转折时期或一定阶

① 侯外庐：《韧的追求》，生活·读书·求知三联书店1985年版，第91页。

② 《中国现代社会科学家传略》第2辑，山西人民出版社1982年版，第272页。

段，随着社会历史的变化和发展，思潮就会发生转向和进步，于是即有哲人出来做出他们时代所能做的总结。由此看出，侯外庐在研究思想史时，都是以社会史的研究为前提和基础的，也就是贯彻其把社会史和思想史相结合的基本原则。侯外庐的《中国思想通史》跟一般的哲学史和思想史不同的地方，在于它运用了一种综合性的研究方法，“把思想家及其思想放在一定的历史范围内进行分析研究，把思想家及其思想看成生根于社会土壤之中的有血有肉的东西，人是社会的人，思想是社会的思想，而不作孤立的抽象的考察”①。

（二）这个学派所运用的基本方法就是独立自得

关于独立自得精神及其方法，侯外庐曾不止一次地强调过。他于1981年在《自传》中说：“我于古代思想史的研究，要以决疑为主。长期以来，我一直认为研究问题不同于摄影师的照相术，摄影惟肖是求，研究问题则在于解决历史的疑难。从不相信，对历史的主要疑难未决，就能自由其谈，写出有益于人民而无毒害的东西。由于这一认识，所以我对史料的辨伪，书籍的引征，治学方法的究明，以及历史发展规律的严格应用，评论古人思想等等，就成了主要篇幅。”②他于1984年在《韧的追求》中说道：“这部书（指《中国古代思想学说史》）特别关心于解决历史的疑难，这就是把解决思想史上的难题作为特别关心的重点。”然后侯外庐列举了他在若干难题上的决疑，诸如西周官学以及诸子出于工学的争论；老子思想的时代性问题，是早于孔子还是后于孔子；孔子的人类认识与墨子的国民自觉问题；诸子思想所反映的各自的阶级性问题；老子憧憬小国寡民的原始公社生活问题；对《商君书·开塞篇》把历史划分为上世、中世、下世一段论述所作的古代历史发展阶段的定性分析问题，等等。这些“都是需要解决而不易解决的学术上的疑难问题。我根据历史唯物主义的观点和方法，特别运用政治经济学的金钥匙作了解答……在学术史研究上重视独立自得的精神，是我治学所一贯秉持的”③。他于1986年在《侯外庐史学论文选集》自序中重申：“在治学态度上，我赞赏古人提倡的学贵自得精神。科学是在不断探索中发展的。如果一个学者不敢言前人之所不言，为前人之所不为，因循守旧而无所作为，是不可能把科学推向前进的。我之所以重在

---

① 王学典：《20世纪唯物史观派史学的学术史意义》，《东岳论丛》2002年第2期。

② 《中国现代社会科学家传略》第2辑，山西人民出版社1982年版，第272—273页。

③ 《侯外庐史学论文选集》，人民出版社1987年版，第17页。

阐微决疑，目的在于使自己的研究工作有所创获。”①

由上可见，侯外庐所倡导和运用的独立自得的方法，实际上就是坚持独立思考、独立探索，坚持科学辨伪、阐微决疑，坚持学术见解、敢于自省。“以这种治学精神为鹄的，读书得间，则著于篇章。非经研究有得，不敢轻于论断史实，率于评定古人。既不敢‘执一以贼道’，更不愿‘强天下必从其独见’（用王船山语）。学术公器，惟百家争鸣，乃能有进，区区素抱，如是而已。”②众所周知，侯外庐在中国古代社会史和中国思想史方面，确有着他自己的独立思考和独立见解，既不受历史上传统偏见的影响，也不为学术界既定成说所左右；不但敢于坚持自己的学术见解及其结论，而且能谦逊地听取别人的学术批评并常自省。侯外庐与郭沫若、侯外庐与翦伯赞在中国古代史研究上的一些学术分歧是长期存在的，然而并不因学术观点的对立而影响个人友谊，也不为个人友谊而放弃学术见解。他对自己言之有据的观点及其结论，不论谁人反对，不论政治压力多大，即使关乎生死也不改变和不放弃，而始终坚持。同时，他主张“执行自我批判，聆听学术批评。我认为，学贵自得，亦贵自省，二者相因，不可或缺。前者表现科学探索精神，后者表现自我批评勇气。”“坚持自己的学术见解，并非拒绝批评。”③这种将自得与自省有机结合的态度及其做法，不仅在学术生态正常时是难得的，而且在学术环境的特殊情况下就显得更加可贵。只有这样，才能有科学，才能产生有历史价值和学术价值的科学成果。

侯外庐在学术研究上的科学勇气，可称为佳话者甚多，此处仅举两例则可见其一斑。其一，在《中国思想通史》第1卷第1章“中国古代社会史论导言”中，他对生产方式定义后指出这是特殊的生产资料与特殊的劳动力的结合关系。此前他在《中国古代社会史论导言》中明确表示，不同意把生产方式归结为生产力和生产关系的统一。这表明了侯外庐的见解与斯大林在《联共（布）党史》中的见解相反，过来人都明白，这在当时是不可讨论的禁区。当1943年前后，他公开表述自己的观点时，在会场上当即有人面对面地提出质问；当1949年后他在北京师范大学阐述这个观点时，甚至有人指责其观点违背马克思主义。即使是在如此严峻而尖锐的势头上，侯外庐也未曾想到要改变和放弃自己的观点。然而，进入20世纪80年代后，他从科学技术是生产力的观点中受到启示，感到自己早期有关生产方式的

① 侯外庐：《韧的追求》，生活·读书·求知三联书店1985年版，第269页。

② 侯外庐：《韧的追求》，生活·读书·求知三联书店1985年版，第292页。

③ 《侯外庐史学论文选集》（上），人民出版社1998年版，第19页。

论断中没有包含科学技术，是一种认识上的偏差；还认为，他对生产方式在一切社会中都存在着矛盾的原理，缺乏全面的理解。其二，在中国封建土地所有制问题上，他提出国有制是中国封建土地所有制的基本形式，并强调指出，中国政治上集权主义的长期性和文化上专制主义的顽固性，都应从封建土地国有制中去寻找最终的根源。由上已经可见侯外庐修正错误、坚持真理的“独立自得”精神之要义所在了。

（三）这个学派所坚持的基本精神是求实创新

侯外庐研究中国思想史，所刻意追求和达到的是，既坚持论必有据的实事求是，注重突破“定于一尊”的固定模式而求之创新，体现出学术发展的开拓进取精神，以“攻乎异端”的思维方式，获得自己的新论和新篇。他以“历史与思想史相互一贯的自成体系”而自创一派，探索了一系列的重要问题。在著述思想史前，他首先上来就向自己提出了六个问题，为自己立下了规范，要求自己以科学的态度解决前人所未解决的问题。这些问题是：“社会历史的演进与社会思想的发展，关系何在？人类的新旧范畴与思想的具体变革，结合何存？人类思想自身的过程与一时代学说的个别形成，环链何系？学派同化与学派批判相反相成，其间吸收排斥，脉络何分？学说理想与理想术语，表面恒常掩蔽着内容，其间主观客观，背向何定？方法论犹剪尺，世界观犹灯塔，现实的裁成与远景的仰慕恒常相为矛盾，其间何者从属而何者主导，何以为断？”①然而这样具有体系性的问题的解决与要得出以理服人的创新之间，所需要的正是求实精神。

人们通读《中国思想通史》和后来面世的《宋明理学史》，给人印象最深的特色之一，就是求实与创新的有机统一。就他所追求的目标讲，是要将“马克思主义历史科学民族化。所谓‘民族化’，就是要把中国丰富的历史资料，和马克思主义历史科学关于人类社会发展规律，做统一的研究，从中总结出中国社会发展的规律和历史特点。”甚至要达到“我们中国学人应当学会使用自己的语言来讲解自己的历史与思潮，学会使用新的方法来掘发自己民族的优良文化传统”②。就他所达到的标准讲，历史科学要求实事求是地研究，科学结论要在进行深入研究的基础上得出，有确实的资料作依据，有严肃的分析作手段，有正确的理论作指导，不能流

---

① 侯外庐：《中国古代思想学说史》，文风书局1946年版，第1—2页。

② 《侯外庐史学论文选集》，人民出版社1987年版，第18页。

人夸诞和虚构，不是草率的漫然的自由其说。

在《中国思想通史》研究中，侯外庐称他们这个学派，一方面是“试探性”的，另一方面是“开荒性”的，这二者的结合就是求实与创新。首先说“这部《中国思想通史》是综合了哲学思想、逻辑思想和社会思想在一起编著的，所涉及的范围比较广泛，它所论述的内容，由于着重了基础、上层建筑和意识形态的说明，又比较复杂。因此，我们的研究是试探性的，二十余年来，我们对这门学科虽然曾用了些功夫，但不敢说对中华民族丰富的遗产做出了科学的总结”①。其次说“这部著作的编写，一方面在很大的范围内是属于开荒的工作，特别是对唯物主义的优良传统应给以足够的注意；另一方面在不少的论题上必须对过去唯心主义的研究给以批判。因此，有关重要的问题不得不在新的史料发现与旧的史料厘定方面有必要的征引和考核，特别在论证时更须反复探讨，以期根据充分、理由充足。”②这种试探与开荒，也就是务实与创新，是贯穿其全书的，成为思想史研究的基本精神。

在《中国思想通史》中，这个学派发掘了一批被封建正宗思想所排斥的异端思想家和不被一般史著所重视的思想家，诸如王充、嵇康、葛洪、仲长统、范缜、吕才、刘知几、刘禹锡、柳宗元、王安石、黄震、邓牧、马端临、何心隐、吕坤、汤显祖、方以智等。在《宋明理学史》中，不仅对于学界公认的理学家作了深入的研究，而且发掘出胡安国、朱震、胡宏、张九成、赵复、许衡、刘因、方孝孺、钱德洪、刘邦采、王时槐等20多位未被学界涉足或研究不多的理学家。这个学派之所以如此，并非要“标新立异”，而是要体现学风上的实事求是和开拓创新。为此，他们在对思想史的浩繁史籍及资料进行广泛收集和严密考辨的基础上，大大拓展了思想史研究的领域，弥补了思想史各主要阶段中的空白，较为全面、完整地展现了思想史思潮和理学思潮的全貌。于是这也就成为这个学派的最重要的学术贡献及其特色。

（四）这个学派形成了一个学有造诣的基本群体

有的学者认为，一个学派的产生有若干最低限度的标志：其一，有卓有成效的学科研究群体；其二，有重大影响的学术成果，这些成果能够给人以重大影响和启迪；其三，显示其独特性的理论体系与研究方法；其四，在研究取向上有自己的侧重及其风格；其五，在学派进一步发展后，出现代表学派风格的学术风格。就侯外

① 《中国思想通史》序，人民出版社1961年版。

② 《中国思想通史》序，人民出版社1961年版。

庐学派的研究群体或称基本队伍而言，不仅学有造诣，而且卓有成就，同时已形成理论体系，形成研究梯次。国外有人提出，一个学派在由它形成新的思想的过程中，至少包括三代科学家。这就是所谓学术发展上的“序列”要求。第一代是学术领导人，是学派的创始者及代表人物，他之学术成就和思想体系，至少必须对本学派成员有明显的影响，在学术争鸣中能以深邃的哲理、科学的逻辑，有力的论证和明晰的语言阐述自己的学术观点，使一批“志同道合”的学者，聚集在自己的周围，成为学术研究和探讨的重要力量。第二代是学术带头人，是本学派的“脊梁骨”，论学术成就、学术造诣、学术观点，都应是本学派的核心人物。第三代是学术继承者，是本学派发展的后续力量，体现出本学派发展的后劲。这样一群在同一学科领域有相同或类似的学术见解，包括共同的治学态度和方法，并做出卓越成就的学者的汇聚，实在是一个学派形成和发展的基本条件。

说清侯外庐学派的学术班底，既不难也难。不难者，是侯外庐在《韧的追求》和《侯外庐史学论文选集》自序中，有着详尽而中肯的介绍评价；难者，是要具体划分到哪个人时确是件较为复杂的事，因为侯外庐学派似乎并不局限在侯外庐弟子身上，也还有学界一批学者，自称私淑者不少。现在我所依据的，只能是这个学派梯队中者，只能以侯外庐学派著作中所标明者和侯外庐所提到者为限。

在自序中，侯外庐这样讲：“我始终认为，学术研究应当有志同道合者、分工合作者去进行，这样既节省时间，又能保证质量。50年代中期，我和赵纪彬、杜国庠、邱汉生、白寿彝、杨荣国、杨向奎以及中国思想史研究室杨超、李学勤、张岂之、林英、何兆武诸位青年同志(即“诸青”)合作，完成了《中国思想通史》第四卷的撰写工作。在此期间，我还主持修订出版了该书第一、二、三卷，并将我写的《中国近代思想学术史》上册修订成为该书的第五卷。”①后来，侯外庐和邱汉生、张岂之共同主编出版了《宋明理学史》。实际上这个学派的起始合作，是从1946年进行的，他们是侯外庐、杜国庠、赵纪彬、陈家康(后因故退出)；在新中国成立后的合作者中还有韩国磐，他为《中国思想通史》第四卷“做了切切实实的贡献，他是第四卷编著者中的无名英雄”。从《宋明理学史》的分撰者中，令人高兴地看到这个学派已经出现了可观的继承者。不论是当年的“诸青”，还是现在的继承者，不仅成为学科和一些专题的带头人，而且可喜地显示着这个学派的发展后劲。

总之，侯外庐学派在延续，其学派风格与求实精神影响至今。正如陈寒鸣所

---

① 侯外庐:《侯外庐史学论文选集·自序》，人民出版社1987年版。

言："侯外庐逝世以后，其门人弟子继承着他的学术事业，在大体保持着侯外庐学派传统、风格的同时，又在学术上各有所成。张岂之主持完成了《中国儒学思想史》；陈谷嘉在湖湘学派研究上做了许多开拓性的工作；祝瑞开贯通中国思想发展过程的系列著述；卢钟锋的《中国传统学术史》堪称别开生面的力作；黄宣民发掘泰州学派新史料，对颜钧作了前所未有的研究，并主编《中国儒学发展史》；崔大华既深入考研庄周之学，又完成了《儒学通论》；姜广辉在已有个人著作《颜李学派》、《理学与中国文化》、《走出理学》等的基础上，又领导着志同道合者进行着中国经学思想的研究……所有这些，都是侯外庐学派至今仍在发展、仍保持着学术生命力的表现。"①继往开来，侯外庐学派薪火相传。其实，作为共和国历史上一个影响卓著的思想史研究学派，其成就何止以上所列。

三、侯外庐中国思想史研究的特色

侯外庐认为，思想并不足以解释自身，对思想的研究必然不能仅仅围绕思想文本或历史材料来进行，而是要首先考察它的历史根源。因为思想本身的演变乃是随着现实历史的变化而推进的，也就是说，它总是有现实针对性的。由此，思想史的研讨对象必然是社会意识整体。研究中国思想史，侯外庐认为应当着重于融汇社会思想、哲学思想与逻辑思想"三位一体"，以社会史研究为理论前提。"应该指出，哲学史不能代替思想史，但是思想史也并不是政治思想、经济思想、哲学思想的简单总和，而是要研究整个社会意识的历史特点及其变化规律"②。社会意识是中国传统学术的核心内容，思想史的研究与社会史之间存在密切关系，侯外庐的思想史研究就是在社会存在的基础上揭示社会意识的问题。以侯外庐及其同仁的《中国思想通史》为例，其中关于社会思想的论述，若是分割开来，就可以看到中国政治思想史、中国经济思想史、中国历史思想等各研究领域的主要脉络；其中关于逻辑思想的论述，抽出来就是中国逻辑思想史的纲领；至于其中关于哲学思想的论述，更是一部比较完整的中国哲学思想史。③ 侯外庐并不反对用现代学科分类法重新整理编撰中国思想史的主张，但他认为，分类整理只是研究中国思想史的手段，其目的乃是为了更准确地把握哲学、逻辑与社会思想的统一。④

---

① 陈寒鸣：《侯外庐与侯外庐学派》，《历史教学》2004 年第 4 期。

② 侯外庐：《侯外庐史学论文选集·自序》，人民出版社 1987 年版。

③ 郭齐勇：《当代中国哲学研究》，中国社会科学出版社 2011 年版，第 40 页。

④ 《中国现代学术思想史论集》，陕西人民出版社 2003 年版，第 560 页。

作为马克思主义者，侯外庐主要是运用唯物主义历史观来解读中国的历史、社会史和思想史，虽然他没有通史性的哲学史论著，但他将哲学问题一般地内置于思想史之中，从唯物史观的立场对中国哲学史中的相关问题进行探讨。侯外庐的中国思想史研究，起码有以下四个特点。

（一）谨守考证辨伪的实证方法

研究者在研究古史的过程中，通常都需要对古籍资料进行鉴别辨认以区别其真伪。侯外庐的中国思想史研究，涉及面较广，不仅包括政治思想史，还包括经济思想史、宗教思想史等，不仅理论分析鞭辟入里、特色显著，而且古籍史料包罗万象、内容翔实。要深化中国思想史研究，拓宽思想史研究领域，探究社会史基础上的思想史发展状况、不同社会思潮间的争鸣与融合、异端思想家的思想溯源及产生背景等等。这些问题的解决，离不开材料的支撑，思想史资料尤其是第一手材料的大量占有就显得尤为必要，特别是地下新出土的史料文献。然而，对于思想史资料的运用并不是一蹴而就的，如果不以科学的方法为指导对其进行整理、辨伪、考证，必将影响学术风气及思想史研究的水平，甚至产生讹误。在这一点上，侯外庐尤为重视，他指出，从事思想史研究，既要尊重前人的研究成果，结合当时的社会状况及生产力发展水平理解思想史论著的撰写背景及其深刻内涵，也得多方考证，钻钻牛角尖，在前人研究的基础上有所突破、有所创新，对待史料不能断章取义、随意增减。可见，思想史的研究不能忽视考证与辨伪的重要性，侯外庐的中国思想史研究之所以成就卓著，一方面得益于他深厚的国学基础及正确的马克思主义方法论指导，另一方面得益于他注重收集、整理、归纳、甄别古籍史料，去伪存真，严谨治学，而这正是侯外庐的中国思想史学派特色的重要体现。

（二）确立以社会史为基础的研究方向

运用唯物史观的基本原理，构建新的中国思想通史解释体系，是侯外庐的中国思想史研究的重要特征。1934 年《中国古代社会与老子》的出版发行，是侯外庐以社会史为基础研究思想史成果的结晶。该书篇幅较短，但展示了日后侯外庐研究思想学说史的某些特点。首先，严格地从社会时代背景去把握思想学说的价值。老子思想的时代性很早就是考据学者们关注的课题，侯外庐与前人的不同点在于，他不是就思想内容分析思想，而是从思想内容所提供的线索去确定思想或学说所处社会经济形态的发展阶段，以此为旨归来判断思想学说的价值所在，他把老子确定为战国时期相对落后的南方地区氏族公社制度崩溃阶段的思想代表。其次，根据唯物史观经济基础决定上层建筑、决定意识形态的基本原则，他对老子思想体系的研究，先从经济思想入手，进一步分析政治思想，更进一步研究其名辩思想、文化艺术观点、教育思想、伦理思想以及自然观、哲学方法论等等。① 这一研究程序拓展了思想史研究的视野，而且为把握思想学说各部分的内在逻辑和本质特征找到了正确的途径。这不仅对于老子思想学说研究，而且对于整个思想学说史研究的方法论，都有开创性的意义。

在继《中国古代社会与老子》之后，侯外庐耗尽数十年心血陆续完成《中国古代思想学说史》、《中国近世思想学说史》等。在历史研究的领域里，他逐渐将研究重心从社会史转向思想史。研究对象虽有变化，但研究态度与方法是对社会史研究的继续，侯外庐指出，《中国古代思想学说史》与《中国古典社会史论》是姊妹篇，“乃历史与思想史相互一贯的自成体系……读者研究中国思想史，当要以中国社会史为基础，故二书并读，实为必要”②。社会史作为思想史的基础，乃是马克思主义在思想史领域的具体运用，也是侯外庐所持守的研究思想史的根本方法。在侯外庐随后的《中国早期启蒙思想史》、《中国思想通史》等著作中，这一方法都得到了很好的贯彻。

侯外庐在研究社会史的基础上，探究每个社会形态的形成机制及各社会发展阶段的政治、经济、文化特征，并试图梳理出历史长河中社会思潮的产生及演变过程，重点研究几个有影响力的学派和有代表性的思想家，包括异端思想家，以点带面，探索思想存在之间的辩证关系。侯外庐说：“从历史唯物主义的观点来看，思想是存在的反映。历史从哪里开始，思想进程也应从哪里开始。因此，社会历史的演进与社会思潮的发展是相一致的。”③以马克思的唯物史观为指导，侯外庐在《中国近世思想学说史》中，通过分析近代的经济、政治等社会状况与思想潮流，提出了“早期启蒙说”。在侯外庐之前，梁启超、胡适曾以 18 世纪为清代思想的全盛时期、以戴震为清代思想的最重要代表人物，侯外庐并不认同这一看法，他指出：“清代的哲学也好，一般的学术也好，我们认为 17 世纪的成就是伟大的，并非清代中叶 18 世纪的准备基础，反之，乾嘉时代的哲学却不是清代学术的全盛期，而仅

① 汤一介：《魏晋玄学研究》，湖北教育出版社 2008 年版，第 178 页。

② 侯外庐：《中国古代思想学说史》，文风书局 1944 年版，第 1 页。

③ 《侯外庐史学论文选集》，人民出版社 1987 年版，第 12 页。

仅是清初传统的余绪(极小限度发展),这一点,任公、适之都把历史颠倒了。"①侯外庐通过梳理王夫之、黄宗羲、顾炎武等人的哲学思想,发掘出 17 世纪早期启蒙思潮的基本轮廓,从而确立了这一思潮在中国近代思想史、哲学史上的重要地位。在梳理社会思潮方面,《中国思想通史》的成就更大,该书依照中国社会史的发展阶段来论述各个时期的思想发展,第一次系统地概括出由西周的官学至明清之际的早期启蒙思潮以及近代的各种社会思潮,从而描绘出中国思想史的整体风貌。

(三) 重在弘扬优秀思想文化传统的学术宗旨

侯外庐对中国思想文化遗产之所以坚持批判继承的科学态度,最终目的在于弘扬祖国优秀思想文化传统,更好地为建设社会主义新文化服务。在这方面,侯外庐毕一生之精力进行了艰辛的探索和挖掘,而用力最勤、贡献最大者,一是在哲学方面,挖掘了一批唯物主义思想家,如唐代的吕才、柳宗元、刘禹锡,宋代的王安石、叶适,明代的王廷相、吕坤、方以智,清代的王夫之、颜元等,着力表彰唯物主义的优良传统。② "王廷相的哲学著作,大都带有论战性质,其风格富有战斗性,其中论述的形式,总是先'破','破'他的论敌;然后'立','立'自己的理论。这种风格正是唯物主义者的特色之一。"③侯外庐在《东西均·序言》中说:"东西均是方以智的未刊稿之一,初稿写于一六五二年,又在次年加以订正。它是一部集中的有体系的哲学著作,其中唯物主义和朴素辩证法的观点是颇光辉的。同时,它又充满着相当正确的对遗产批判继承的态度,以及对唯心主义和神学的严肃的战斗精神。"④侯外庐特别强调唯物主义反对正宗思想的斗争传统。如汉代的谶纬与反谶纬的斗争、魏晋南北朝的"神灭论"与"神不灭论"的斗争、唐代的"元气"一元论与神学天命论的斗争、宋明以来的哲学唯物论与理学唯心论的斗争等,认为这种斗争像一根红线贯穿于中国哲学发展的全过程,而他们"敢于斗争"的精神已成为中国唯物主义优良传统的重要组成部分。"为了正确地阐述哲学史上唯物主义与唯心主义两条路线的斗争,为了批判地吸取古代唯物主义思想中的优良成果,为了揭穿资产经济学者故意混淆唯物主义与唯心主义之间界限的欺弄,我们必须注意

---

① 侯外庐:《近代中国思想学说史》,生活书店 1947 年版,第 389 页。

② 郑天挺:《明清史资料》上册,天津人民出版社 1980 年版,第 475 页。

③ 《王廷相哲学选集》,科学出版社 1959 年版,第 3 页。

④ 方以智:《东西均》,中华书局 1962 年版,第 1 页。

发掘被埋没了的唯物主义思想家，对他们的思想进行马克思主义的分析"①。二是在学术思想方面，特别表彰了一批思想家在历史转折时期对批判思潮所做的总结性工作。如春秋战国之际，孔子和墨子对于三代先王的总结；战国末到秦汉之际，荀子的《非十二子》、庄子的《天下》、韩非子的《显学》、《商君书》中的《开塞》以及司马谈的《论六家要旨》；晋末南北朝之际，《世说新语》对玄学的总结；直至明清之际，王夫之、顾炎武、黄宗羲等人对理学的总结等等。② 侯外庐指出：如果历史上没有划时代的变化，则这些综合学术的史论就不会出现。它们既有对旧时代思想文化的批判，更有对新时代思想文化的弘扬，因而具有承前启后的历史进步性，堪称中国思想史的优良传统。

必须指出，侯外庐的中国思想史研究，其学派特色具有方法论的意义，它成为侯外庐及其学派始终坚持的基本原则，而以社会史为基础，融社会史与思想史为一体的研究方向更是贯穿于研究全过程的一条主线，至今仍有指导意义。纵观侯外庐约60年的科学实践，正是中国马克思主义历史学由产生、形成、发展到最终确立其主导地位的时期。从中，我们深刻感受到中国历史学所发生的根本性变革。事实表明：一旦马克思主义与中国历史实际相结合，中国历史学的面貌就为之焕然一新。侯外庐一生的科学实践见证了这一点，侯外庐一生的科学成就证实了这一点。毫无疑问，侯外庐一生的科学成就将作为中国马克思主义历史学的重要组成部分而载入史册。"思想史系以社会史为基础而递变其形态。因此，思想史上的疑难就不能由思想的本身运动里求得解决，而只有从社会的历史发展里来剔抉其秘密。"③

（四）坚持批判继承的科学态度

在西方思想入侵中国以后，中国理论界曾讨论过如何正确对待传统思想文化遗产，各方意见不一。侯外庐在比较各种观点与看法的利弊之后认为，对待思想文化遗产的正确态度应该是批判继承，把马克思主义的唯物辩证法用到实处，坚持批判继承，就要"既反对国粹主义，又反对虚无主义"④。对于中国传统思想文化

---

① 《陈确哲学选集》，科学出版社1959年版，第1页。

② 中共中央党校教务部：《老讲稿——中共中央党校》，中共中央党校出版社2013年版，第387页。

③ 侯外庐等：《中国思想通史》第1卷，人民出版社1957年版，第28页。

④ 《厚今薄古》，科学出版社1958年版，第24页。

中的优秀部分，我们应坚定不移地继承并传扬下去；而对于中国传统思想文化中的糟粕，应果断舍弃。值得注意的是，侯外庐特别注重对反正宗的“异端”思想传统的分析，挖掘出一批不受重视的所谓“异端”思想家。① “在中世纪的历史中，贯穿着农民反抗地主阶级的斗争，起义农民对于封建制度提出了控诉和抗议，而且向往于一个‘太平乐土’。中世纪的‘异端’思想家们在一定程度上表达了农民的这一愿望，同时在不同的历史条件下，发抒出‘异端’式的空想。农民革命的光辉传统与‘异端’思想家们的理想对于中国近代思想家们有着深刻的影响。”②由此可见，侯外庐始终坚持批判继承的科学态度，对中国历代社会的思想文化给予实事求是的总结。

在中国现代史上，侯外庐开辟了中国思想史研究的独特路径并据此对中国思想的发展历史做出了整体性的梳理。其中有关中国哲学史方面的研究，也框定了用马克思主义解读中国哲学的基本样式，其影响至今不绝。继《中国古代思想学说史》之后，他的《中国近世思想学说史》是运用辩证唯物主义和历史唯物主义方法论指导思想史研究的又一力作，“试图用马克思主义的观点方法，草创研究另一个重大变革时期——明清之际思想发展途径的一种研究方式”③。但该书也存在一些不足之处。比如，关于章太炎思想有两章内容，前章主要叙述章氏学术成就，时时推崇；后者在偏重叙述章氏哲学思想时，却处处贬损，并且这两章内容也有些重复。④ 侯外庐及其同仁在合力编著《中国思想通史》过程中逐渐成形的思想史学派，在中国思想史学界有其特殊的地位，对中国马克思主义史学的发展与壮大做出了突出的贡献。

第四节　论侯外庐中国思想史研究的理论意义

任何一种学术思想都有其特定的文化背景与社会环境，是时代发展与演变的产物。冯友兰、梁启超、钱穆、胡适等人自然也把考辨中国古代社会状况及其思想学说的相应关系作为密切关注的重点问题。但是他们在考辨时，没有对中国古代社会的发展规律及特征进行系统的梳理与深入的研究，而大多注重的是诸子的年

① 郑天挺：《明清史资料》上册，天津人民出版社 1980 年版，第 488 页。

② 侯外庐：《中国历代大同理想》，科学出版社 1959 年版，第 52 页。

③ 侯外庐：《韧的追求》，生活·读书·求知三联书店 1985 年版，第 119 页。

④ 商务印书馆编辑部：《论严复与严译名著》，商务印书馆 1982 年版，第 43—44 页。

代及其著作的真伪。侯外庐则另辟蹊径，他撰写并出版了《中国古典社会史论》，在深入研究与剖析中国古代社会尤其是夏、商、西周三代的基础上，得出与众不同的结论，是继郭沫若《中国古代社会研究》之后的又一马克思主义史学论著。当中国的近代历史翻到了五四时期，先前的各个阶级、各种政治势力，重新调整了各自的位置：作为中国资产阶级民主革命同盟军和追随者的工人阶级，登上了领导阶级的地位；而曾经是领导阶级的中国资产阶级却日益下降为被领导的地位；曾经是资产阶级的追随者的农民阶级，也转而接受无产阶级的领导。与此相适应，对西方进步文化的选择也出现了新的情况，一部分激进的民主主义者，经过长期的观察研究，在资本主义弊端充分暴露无遗，并在十月革命的影响下，最终选择了西方的马克思主义作为自己改变中国贫穷落后面貌的思想武器，并从当时为数不多却很有力量的中国工人阶级中，找到了自己的物质基础，这样，中国近代化的历史进程，进入了前所未有的新时期。本节通过比较侯外庐与胡适、梁启超等人的思想史研究，在比较中论述侯外庐的思想史特点和理论意义。

（一）侯外庐对胡适的继承与超越

就是在这样一个阶级力量重新配置、文化取向发生巨变的时期，胡适、冯友兰、钱穆、梁启超等人与侯外庐先后异常活跃地出现在中国现代史的舞台上。尽管开始时，他们有着相同或类似的史学思想，但是，随着中国新民主主义革命的逐步深入，他们的政治信仰和史学思想都迅速趋异，胡适成为中国自由主义的代表，侯外庐则由民主主义转而信仰马克思主义，成为忠诚的无产阶级的史学战士。到了 20 世纪三四十年代，胡适更进而成为国民党的“文化班头”①。侯外庐则成为在中国共产党领导下，在毛泽东思想指引下，我国文化思想战线上又一面光辉的旗帜。② 他们在思想史研究上的对立，最根本的是起源于他们的政治立场和政治信仰的对立。侯外庐在《古史领域中“厚今薄古”方针的斗争意义》一文中说：“‘五四’以来，古史领域从来就存在着马克思主义者与资产经济学者间的剧烈斗争。资产阶级的反动学者曾经把这个领域当作他们进攻马克思主义的重要基地，而他们进攻的战术正是引古射今、颂古非今、厚古薄今。”③对于胡适的思想及学术，侯外庐说：“和马克思列宁主义对待哲学史的态度相反，实用主义者及其在中国的信

① 《鲁迅全集(5)》，人民文学出版社 1957 年版，第 40 页。

② 杜蒸民：《胡适与郭沫若思想比较研究》，中共党史出版社 2010 年版，第 3 页。

③ 《关于厚今薄古问题》，湖北人民出版社 1958 年版，第 23 页。

徒胡适对待哲学史和中国哲学史，是基于实用主义的认识论和真理论来作唯心主义的涂抹的，在他们的反动的理论中有着一套骗人的体系。胡适在‘留学日记’的序上说，他的‘先秦名学史’，‘中国哲学史’都是他受用不浅的‘实用主义的表现’。”①

应当指出的是，为现实服务与“托古”和“影射”完全是两种不同性质的概念，对于实用主义史学态度，侯外庐是坚决反对的，他在20世纪40年代研究古代思想史时，就对此种研究态度和方法提出严肃批评（见《中国古代思想学说史》自序），以捍卫史学的科学性。② 侯外庐对中国古代思想史及代表性思想家的学术思想有过精深的研究与探讨，在对思想家的选择上，侯外庐对胡适所论及的思想家都逐一进行了分析，并得出与之不同的观点与结论。在《中国古代思想学说史》中，有相当的篇幅目的在于说明胡适对墨子评价过高的错误之所在。侯外庐的研究鲜明地体现了马克思主义社会科学的党性和科学性的高度统一。蔡尚思说：“侯老能运用《资本论》的观点方法研究中国社会史、思想史。正由于他有马克思主义的基本理论，所以远远超过了梁启超、胡适等的资本主义派；另一方面，又由于他注重史料，采用前人考据的成果，所以基本上克服了二十年代社会史论战的缺点。”③

但另一方面，胡适整理国故，有其独特的方法逻辑。先是把每一事件或思想的各种传说按照出现的次序排列起来，考察传说与时代的关系，然后再研究其由简单到复杂的渐变过程，探求原初真相。侯外庐的思想史研究，一定程度上继承了胡适范式的某些优点，又有所扩大。也就是说，侯外庐的思想史研究尽管以胡适为批判靶子，胡适考察中国学术思想传统的立脚点是实用主义，而侯外庐的立脚点是辩证唯物论，他更善于结合中国社会史对思想家及其思想的历史性格、阶级实质进行把握和分析。但是，侯外庐的“思想史”典范和胡适的“思想史”典范有着直接的继承关系。比如说，二者都有一种强调思想路线之对立斗争的二元图式，胡适的二元图式是“人文理性/宗教迷信”、“实用主义/玄学主义”，而侯外庐的二元图式则是“唯心主义/唯物主义”、“正统性/人民性”。又比如，他们都重视开掘中国古代思想世界中的边缘异端，予以阐发表彰，并置之于中国思想史的中心、主流。又比如，他们都重视阐发中国学术思想遗产中理性主义、人本主义和人道主义传统，视之为“现代性”的本土基础，从而把“现代性”当作中国旧有传统理有

① 《胡适思想批判(论文选集)》，三联书店1959年版，第159页。

② 《新史学五大家》，社会科学文献出版社1996年版，第381页。

③ 《蔡尚思全集》第7册，上海古籍出版社2005年版，第80—81页。

固然、势有必至的展开和完成。①

（二）侯外庐对梁启超的超越

在近世思想文化尤其是启蒙思想的研究上，侯外庐批评梁启超的“建设—破坏—再建设”的循环模式。在当时，研究近世思想学术史的著作主要是梁启超、钱穆和侯外庐三家，三家依据的方法不同，因而对时代思潮运动变化的根本动因的解释也就不同。侯外庐运用唯物史观科学解释了时代思潮变化的根本动因在于社会经济的变动。梁启超虽然领悟到近300年是思想发生巨变的时期，也曾提出明清之际可与欧洲文艺复兴相比，并称顾炎武等人为“启蒙”思想的代表，但在解释时代思潮变化的根本动因时，他却求助于佛教“生住异灭”的轮回观念，而没有从社会经济变动上着眼。梁启超认为，启蒙思想的出现，是思想史上“建设—破坏—再建设”的循环往复之中的一环，启蒙思想在性质上属于“破坏”时期，在此环节之后的“建设”期，就是清代乾嘉时期的学术。他说：“启蒙期者，对于旧思潮初起反动之期也。旧思潮经全盛之后，如果之极熟而致烂，如血之凝固而致瘀，则反动不得不起。反动者，凡以求建设新思潮也。然建设必先之以破坏，故此期之重要人物，其精力皆用于破坏，而建设盖有所未遑。”②从这种观点出发，他认为明清之际的思想在成就上低于清代乾嘉时期，完全低估了启蒙思潮的意义。侯外庐指出，梁启超的上述观点有两个明显的缺陷。其一，将思想史看成是简单的“建设—破坏—再建设”的循环，脱离了社会历史的发展，使其成为抽象的玄谈。他用佛学的“生住异灭”的循环发展观代替思想学术史的发展规律，这在表面上似乎指出了事物变化的规律，但他既没有研究事物变化的原因，也没有看到事物发展过程中的“质”的变化，因而是形而上学的。用这种观点来考察思想的发展，只能陷入历史唯心论。其二，他不能理解“破坏”与“建设”的关系，褒扬所谓“建设”期的乾嘉学术而看不到明清之际的“破坏”期对历史所产生的划时代的意义。正由于侯外庐运用科学的马克思主义唯物史观，对明末清初至鸦片战争前200余年的思想史做了十分细致的具体分析和解释，才使得“早期启蒙思想史”的提法为国内外学者所认同。

总之，侯外庐的中国思想史研究是中国马克思主义思想史研究的典范，有其

---

① 江湄：《创造“传统”——梁启超、章太炎、胡适与中国学术思想史典范的确立》，社会科学文献出版社2013年版，第18页。

② 梁启超：《清代学术概论》，中华书局1954年版，第2页。

重要的理论意义。他所指称的中国思想史范围较宽，主要指哲学思想，此外，还包括政治思想和文化思想等。侯外庐主编的《中国思想通史》在中国马克思主义学术史上有里程碑性的意义，它依照中国社会史的不同发展阶段，第一次比较系统、全面地分析和论述了中国各个历史时期的哲学思想、逻辑思想和社会思想的发生、变化和发展的客观规律性，对社会发展各阶段的学术思潮做出了精准的概括，包括从先秦子学、两汉经学一直到近代启蒙学说等，比较其不同的演化路径及其与社会发展的密切联系，并揭示了各学派间的对立和融合。这是中国思想史研究在近半个世纪内所取得的重大成果，无论就所用思想材料、著作的结构和体例、所用的方法和内容的深度，以及著作的规模等方面，都是其他同类著作所无法比拟的。《中国思想通史》不同于传统思想如学案的写法，不同于梁启超、钱穆《中国近三百年学术史》。其差异不单单体现在马克思主义指导思想方面的不同，还体现在侯外庐对思想史内涵的把握和构架等方面的不同。

结　语

侯外庐在20世纪三四十年代的学术交游与研究生涯中，在《资本论》翻译研究、中国社会史及思想史研究等领域都取得了重要的理论成果，并在马克思主义唯物史观在中国社会史、思想史领域的应用、研究和传播方面做出了巨大贡献。他的中国思想史和社会史研究，不但对马克思主义理论的中国化做了尝试，而且指出了中国社会历史的特点。白寿彝曾经指出："四十年代，马克思主义史学著作出版了很多，史学界的几大家都已出来，并有不同的著作，不同的贡献，但有一点外老是突出的，这就是，他研究中国历史是想把马克思主义史学理论中国化，也可以说把马克思主义史学理论民族化。这一点很重要。别的马克思主义史学著作宣传了马克思主义理论，也试图把马克思主义理论同中国历史结合起来，但是把中国历史特点指出来，这在外庐同志是最突出的。"①侯外庐的学术造诣，不同于其他"四老"，在中国马克思主义史学史上占有特殊而重要的地位。

一、侯外庐史学研究方法论的特色

侯外庐作为一个中国马克思主义史学家，其学术与社会政治实践密切结合，开辟了一条与众不同的学术道路。侯外庐的马克思主义史学研究之所以取得如此成就，是与其独特的研究方法分不开的。他在1939年发表的《社会史导论》一文中说："本文是一般的关于社会史论的研究，是提供社会史研究的正确方法论。"②这是侯外庐转向史学研究的重要标志。在此后数十年的史学研究中，他始终坚持唯物史观的基本原理，倡导独立自得与敢于决疑，强调社会史与思想史研究要相互一贯。这是侯外庐最具特色的研究方法，如今这一理路已成为被学术界认同的"侯外庐学派"的主要学术特征。③ 侯外庐认为马克思主义唯物史观是解剖中国历史和中国思想史的有力武器，正是运用这一"有力武器"，他在中国马克思

① 《纪念侯外庐文集》，陕西人民教育出版社1991年版，第21页。

② 侯外庐：《社会史导论》，《中苏文化》1939年第4卷第2期。

③ 侯且岸：《认知中国：文化研究的路径》，北京出版社2006年版，第480页。

主义史学理论中做出了探索性的贡献，尤其在中国思想史研究方面取得了巨大的成就。他对中国的思想文化进程，从殷周之际到鸦片战争前夕，作了完整而深入的论述，建立起马克思主义的中国思想史体系。对此成就，郭沫若给予了高度评价："对于研究思想史问题，侯外庐的能力是很强的。除了古代思想史一著作外出于侯外庐的手笔的还有一部《中国近世思想学说史》的巨著，侯外庐在这一方面的成就是非常伟大的。"①侯外庐的学术成就集中体现在中国古代思想史、中国近世思想史和中国思想通史三个领域，其独特的研究方法贯通始终。

（一）矛盾分析方法

矛盾分析方法是唯物辩证法的一条基本方法。在思想史和社会史的研究中，侯外庐用得最多的便是矛盾方法。阶级分析方法和唯物与唯心分析方法是贯穿其中的主线，对矛盾的复杂性和多样性的分析研究是其方法中最具价值之处。

一方面，侯外庐运用矛盾的复杂性和多样性的原理来揭示中国封建社会的品级结构。他不仅看到了阶级社会里的两个对立的阶级，而且也看到了统治阶级内部不同阶层的矛盾性以及矛盾着的阶层之间的同一性和斗争性。例如，他依据占有财产和权力的原则，将封建地主阶级划分为皇族地主、豪族地主和庶族地主，他认为地主阶级里的这三个阶层是一种三角关系，有时互相支持，有时则彼此对抗。② 但无论是豪族还是庶族，都拥护皇权，这是他们的一致的地方。豪族与庶族彼此势力之消长，即矛盾运动，在很大程度上影响到封建社会不同时期政治、经济以及思想文化的走向。

另一方面，侯外庐运用矛盾的复杂性和多样性、同一性和斗争性的原理来揭示学派之间的既排斥又吸收、既互为水火又相融合的复杂演进关系。在侯外庐看来，相互对立的学派可以反映出双方政治上的对立，或者从不同的角度看，也可以反映出学术文化思想本身的不同形式和不同学风的对立，等等。马克思主义矛盾律启示我们，主要矛盾和次要矛盾、矛盾的主要方面和次要方面在一定的条件下可以互相吸收、互相转化。不同的学派在争鸣的过程中，各抒己见，甚至针锋相对，但也不可避免地受到对方的影响而产生一定的变化。在学派领域，起于先秦时代的儒法争斗演变至汉武帝时期的儒法合流便是很好的例证。

---

① 《郭沫若研究(2)》，文化艺术出版社 1986 年版，第 347 页。

② 《中国通史参考资料》第 1 集，中国人民大学出版社 1957 年版，第 208—209 页。

（二）历史与逻辑相统一方法

历史和逻辑相统一方法是人文社会科学研究尤其是思想史研究的重要方法，自然也是马克思主义唯物辩证法的重要原则和方法。在近代学人中较早且较成功使用这一方法的是侯外庐，他用此方法对中国古代社会的政治、经济、文化等方面展开全面研究，《中国古代社会史论》和《中国古代思想学说史》等就是运用这一方法的代表性著作。

首先，从社会史的演进和社会思潮的演变以及二者的互动关系亦即"纵通"和"横通"的关系来批判总结各个历史时期的思想面貌，做到历史与逻辑的统一。比如，无论是西周的官学，还是盛行于隋唐的佛学，抑或明清之际的早期启蒙思潮，等等，无一不和中国社会历史的发展与演进紧密相连。侯外庐的史学研究，能够抓住中国历史的特点，对每种社会形态中各史学思潮形成的内在原因及其代表人物的思想进行唯物主义分析。① 尤其对历史转折时期的社会批判和总结思潮，如先秦的百家争鸣思潮、明清之际的早期启蒙思潮，都做出了带规律性的探讨；对历史上各种学派及其代表人物，从古代先王、孔子到孙中山、鲁迅，皆有所论列。其中，对于古代先王观念演变的系统论述最具代表性。侯外庐在经过细致的历史考察之后得出结论，古代先王观是中国思想史的源头，但殷、周有区别，殷代是一元的，而周代是二元的，先王的旨意来自上帝的授意，先王和上帝都是独立的存在，先王支配上帝。到春秋时期，礼崩乐坏，宗法制动摇，出现了宗教先王向理想先王的转变。孔子是把先王加上理想上不可及的人性，墨子则把先王看作平常人的代表；孔门后学将先王更加神秘化，而墨家后学则干脆放弃了先王观念。② 由此可见，儒墨的分野不仅是学术上的派别对立，而且是社会分裂为不同阶级或阶层的反映。如此丝丝入扣的分析和结论，正反映出侯外庐深刻的历史观和缜密的逻辑思维的高度统一。

其次，从分析范畴、概念的内容和实质在不同时期的变化来把握历史和逻辑的统一。人类历史如长河一样奔流不息，思想、范畴、概念亦如长河一样常变常新。同一概念、范畴在不同历史时期其内容和实质不完全相同。因此，只有经过细致的历史纵向分析，才能确切地把握范畴、概念的内容与实质；也只有从纷纭复

---

① 郭沫若：《春天的信号》，文汇报馆1947年版，第3页。

② 林甘泉：《孔子与20世纪中国》，中国社会科学出版社2008年版，第261页。

杂的历史现象中抽象出规律性的思想、范畴、概念,才能更好地把握真实的历史,历史与逻辑就是如此紧密地联系在一起的。例如,“民主”这一概念自古有之,但时代不同,其内容就大不相同,甚至大相径庭。中国学术思想史上的“理”这一范畴也是一样,侯外庐认为,韩非子讲的“理”就不同于朱熹讲的“理”,二者在哲学上存在唯物与唯心之分。再如,中国思想史上的“王道”理想和“仁政”学说,因所处不同的时代性质与所具有的不同阶级属性,其所包含的内容也往往不一。“哲学是时代精神的表现,作为意识形态来讲,它必然反映出社会各阶级集团之间的政治态度。进步的哲学思想对反动思想的理论斗争即间接扮演着政治斗争的任务。”①统治阶级的著作家通常掩盖其本阶级的狭隘利益,这就在客观上要求后来的研究者注意透过现象挖掘本质和去除屏障显示真相。

(三)以唯物史观为武器展开学术批评

以马克思主义唯物史观开展严谨的学术批评,这是侯外庐学术上的又一特色。在中国古代社会史和古代思想史研究领域,侯外庐就当时学术界存在的“附会”、“比拟”等“虚幻的想象与无根据的推断”的学风做出严肃的批评。明确要求把实事求是的原则和方法运用到对每一个具体问题的研究当中去。侯外庐在《在严格要求下从事科学研究工作》一文中说,马克思列宁主义经典作家著作的每一句话都不是凭空说出,而都是根据大量的历史和政治材料写成的。② 恩格斯曾经指出,马克思在科学工作中以无与伦比的严谨的态度进行研究,他竟如此严谨,以致他自己对于自己结论的形式和内容未感到满意以前,在他没有最后确认各书都已读过,所有相反意见都已经考虑过,每个问题都已彻底解决以前,决不以系统的形式发表自己的结论。

总之,侯外庐运用马克思主义唯物史观拓展了中国思想史研究的新领域,初步建立了中国思想史的学术体系,在当时的学界独树一帜,一定程度上标志着马克思主义中国思想史学科的初步形成。

二、侯外庐在中国马克思主义史学史上的特殊地位

侯外庐的学术成就主要体现在中国社会史和思想史的研究上,这些成就最突

---

① 《侯外庐史学论文选集》下册,人民出版社 1988 年版,第 1 页。

② 《列宁全集》第 29 卷,人民出版社 1985 年版,第 431 页。

出的特点为:结合中国的历史实际,把马克思的历史唯物主义理论和方法创造性地运用于中国社会史和思想史的研究,从而形成了独具特色的学术体系。

侯外庐在中国马克思主义史学史上的地位为世人所公认,是马克思主义史学"五老"中的重要一员,白寿彝这样评价:"如果说,马克思主义在中国史学领域的传播和发展中,李大钊的《史学要论》是二十年代的阶段性的标志,郭老的《中国古代社会研究》是三十年代的标志,那么,在四十年代,外庐同志的著作在同时期的马克思主义史学著作中应有其独特的地位。"①侯外庐在马克思主义史学史中的影响之大、地位之高,毋庸置疑。其地位的特殊性,至少体现在以下三个方面。首先,角色的特殊性。抗日战争的爆发是中国近代史的一个转折点,这一转折反映在思想文化领域则是要求弘扬民族文化,一切服从救亡。作为历史学家,侯外庐自觉扮演了时代赋予的角色,在其《抗日民族统一战线论》、《抗战建国论》、《抗战建国的文化运动》、《论和平机构》等论著中,他既细书民族斗争,又详述阶级斗争,适应了时代的主题。20世纪三四十年代,从接受社会经济形态理论转向接受阶级斗争理论,中国马克思主义史学的历史理论发生重大转变,早期马克思主义者李大钊着力用经济因素解释中国历史。在社会史论战中,马克思主义学者侧重于论证"中国社会应与他国无异",寻找中国历史与世界历史的共同点,以马克思主义社会经济形态理论作为唯物史观的核心内容。侯外庐早年为了翻译《资本论》而补习的经济学等知识为他的社会史研究夯实了基础。其次,建立马克思主义思想通史体系。侯外庐的《中国古代学说思想史》和《中国古代社会史论》是姊妹篇,这两部著作奠定了侯外庐在马克思主义史学史上的重要地位。侯外庐最大的成就是在社会史的基础上研究思想史,他领衔撰著的《中国思想通史》,是迄今为止中国思想史研究中分量最重、成就最大、水平最高和影响最广的里程碑式的思想通史著作之一。全书史料翔实,逻辑缜密,容量广阔,集中了侯外庐几十年的研究成果和智慧,综合了哲学思想、逻辑思想和社会思想,并且吸收了史学界的批评建议。《中国思想通史》影响了一代又一代读者,是侯外庐率领的学术团体历经二十年反复锤炼打造的,此书所缔造的马克思主义中国思想通史体系和提出的一些论断,影响至今。再次,坚持党性,推进马克思主义史学理论与中国实际相结合。这是侯外庐史学研究中最鲜明的特征之一,对中国马克思主义史学理论建设有着重要的启示意义。坚持哲学党性是对马克思主义史家的基本要求之一,侯外庐谈

① 白寿彝:《白寿彝史学论集》上卷,北京师范大学出版社1994年版,第412页。

到："总的说来，依据马克思主义的理论和方法，特别是他的政治经济学理论和方法，说明历史上不同社会经济形态发生、发展和衰落的过程，物质生活的生产方式制约着整个社会生活、政治生活和精神生活的过程，以及经济基础与上层建筑、意识形态之间的辩证关系，是我国五十年来研究中国社会史、思想史的基本原则和基本方法。"①在哲学党性前提下，导引出他史学研究中许多具体的原则和方法，诸如思想史研究以社会史为基础、研究社会史从经济学入手、以法典化作为历史分期的标志、关注社会形态（如亚细亚生产方式的理论）等。他强调，掌握哲学党性的同时要坚持历史主义，从历史实际出发，根据共性寓于个性的科学分析方法，具体地研究中国历史的特殊运动规律。

历史是已逝的现实，现实是历史的延续，二者交织渗透。侯外庐的马克思主义史学研究及侯外庐学派对 20 世纪下半叶的史学研究尤其是马克思主义思想史研究产生了重要影响，后来的许多观点都是在他们深入研究的基础上提出来的，有些观点甚至影响至今。

---

① 《侯外庐史学论文选集·自序》，人民出版社 1987 年版。

参考文献

一、档案资料

（一）北京市档案馆

全宗号 J001　目录号 001　案卷号 00185

全宗号 J001　目录号 001　案卷号 00187

全宗号 J001　目录号 007　案卷号 00126

（二）天津市档案馆

档号 401206800-J0025-3-006167-026

二、经典著作

1. 马克思.资本论:第 1 卷[M].北京:人民出版社,1975.

2. 列宁.列宁全集:第 29 卷[M].北京:人民出版社,1985.

3. 毛泽东.毛泽东选集:第 2 卷[M].北京:人民出版社,1991.

4. 毛泽东.毛泽东选集:第 3 卷[M].北京:人民出版社,1991.

5. 马克思,恩格斯.马克思恩格斯选集:第 2 卷[M].北京:人民出版社,1995.

6. 马克思,恩格斯.马克思恩格斯全集:第 16 卷[M].北京:人民出版社,2007.

三、其他著作

（一）文集类资料

1. 胡适.胡适思想批判文集:第 1 辑[C].郑州:河南人民出版社,1955.

2. 胡绳.中国近代史分期问题讨论集[C].北京:三联书店,1957.

3. 翦伯赞,郑天挺.中国通史参考资料:第 1 辑[C].北京:中国人民大学出版社,1957.

4. 中国人民大学中国历史教研室.中国资本主义萌芽问题讨论集:上册[C].北京:三联书店,1957.

5. 鲁迅.鲁迅全集:第 5 卷[C].北京:人民文学出版社,1957.

6. 湖北人民出版社辑.关于厚今薄古问题[C].武汉:湖北人民出版社,1958.

7. 三联书店辑. 胡适思想批判:论文选集[C]. 北京:三联书店,1959.

8. 杜国庠. 杜国庠文集[C]. 北京:人民出版社,1962.

9. 李达. 李达文集:第1卷[C]. 北京:人民出版社,1980.

10. 历史研究编辑部编. 司马迁与《史记》论集[C]. 西安:陕西人民出版社,1982.

11. 郭沫若. 郭沫若全集:历史编第1卷[C]. 北京:人民出版社,1982.

12.《书林》杂志编辑部. 治学集[C]. 上海:上海人民出版社,1983.

13. 文史哲编辑部. 治学之道[C]. 济南:齐鲁书社,1983.

14. 中共重庆市委党史工作委员会. 重庆谈判纪实:增订本[C]. 重庆:重庆出版社,1983.

15. 包遵信. 跬步集[C]. 成都:四川人民出版社,1984.

16. 文史资料出版社. 马叙伦政论文选[C]. 北京:文史资料出版社,1985.

17. 赵纪彬. 赵纪彬文集:第2卷[C]. 郑州:河南人民出版社,1985.

18. 中国郭沫若研究学术会《郭沫若研究》编辑部. 郭沫若研究:第1辑[C]. 北京:文化艺术出版社,1986.

19. 华东师范大学中国史学研究所. 中国史学集刊:第1辑[C]. 南京:江苏古籍出版社,1987.

20. 周恩来. 周恩来书信选集[C]. 北京:中央文献出版社,1988.

21. 中共北京市委党史研究室编. 北京地区抗日运动史料汇编:第2辑[C]. 北京:中国文史出版社,1990.

22. 庄华峰. 吴承仕研究资料集[C]. 合肥:黄山书社,1990.

23. 南方局党史资料征集小组编. 南方局党史资料:统一战线工作[C]. 重庆:重庆出版社,1990.

24. 萧莲父. 吹沙集[C]. 成都:巴蜀书社,1991.

25. 中国人民政治协商会议四川重庆市委员会. 重庆抗战纪事:续编[C]. 重庆:重庆出版社,1991.

26. 北京市委党史研究室. 北方左翼文化运动资料汇编[C]. 北京:北京出版社,1991.

27. 卢钟锋. 侯外庐纪念文集[C]. 西安:陕西人民教育出版社,1991.

28. 达德学院校友会福建分会编. 达德研究文集:第2辑[C]. 香港:达德学院校友会福建分会印,1991.

29. 何干之. 何干之文集[C]. 北京:北京出版社,1993.

30. 胡如雷. 抛引集[C]. 石家庄:河北教育出版社,1993.

31. 白寿彝. 白寿彝史学论集:上册[C]. 北京:北京师范大学出版社,1994.

32. 张小曼. 张西曼纪念文集[C]. 北京:中国文史出版社,1995.

33. 胡绳. 胡绳全书:第 3 卷[C]. 北京:人民出版社,1998.

34. 中国社会科学院科研局. 中国社会科学院学术大师治学录[C]. 北京:中国社会科学出版社,1999.

35. 何兆武. 苇草集[C]. 北京:三联书店,1999.

36. 何兆武. 历史理性批判论集[C]. 北京:清华大学出版社,2001.

37. 许道明. 箭与靶——文坛名家笔战文编[C]. 上海:上海文化出版社,2001.

38. 李锦全. 李锦全自选四集[C]. 延边:延边大学出版社,2001.

39. 林焕平. 林焕平文集:第 10 卷[C]. 桂林:广西师范大学出版社,2003.

40. 方光华,等. 中国现代学术思想史论集[C]. 西安:陕西人民出版社,2003.

41. 陈祖武,等. 求真务实五十载——历史研究所同仁述往[C]. 北京:中国社会科学出版社,2004.

42. 蔡尚思. 蔡尚思全集:第 7 册[C]. 上海:上海古籍出版社,2005.

43. 胡道静. 十家论老[C]. 上海:上海人民出版社,2006.

44. 萧萐父. 萧萐父文选:上册[C]. 武汉:武汉大学出版社,2007.

45. 赵宝琴. 傅山纪念文集[C]. 太原:山西人民出版社,2007.

46. 李侃. 李侃史学随笔选[C]. 北京:中华书局,2008.

47. 翦伯赞. 翦伯赞全集:第二卷[C]. 石家庄:河北教育出版社,2010.

48. 何刚. 郭沫若研究文献汇要:第 10 卷[C]. 上海:上海书店出版社,2012.

(二) 著述类资料

1. 贺麟. 当代中国哲学[M]. 南京:胜利出版公司,1945.

2. 郭沫若. 春天的信号[M]. 上海:文汇报馆,1947.

3. 翦伯赞. 历史哲学教程[M]. 上海:新中国书局,1949.

4. 梁启超. 清代学术概论[M]. 北京:中华书局,1954.

5. 冯友兰. 中国哲学史[M]. 北京:中华书局,1961.

6. 郑天挺. 明清史资料:上册[M]. 天津:天津人民出版社,1980.

7. 徐铸成. 旧闻杂忆[M]. 成都:四川人民出版社,1981.

8. 山西省政协文史资料研究委员会. 阎锡山统治山西史实[M]. 太原:山西人民出版社,1981.

9. 林甘泉. 中国古代史分期讨论五十年[M]. 上海:上海人民出版社,1982.

10. 中央教育科学研究所教育理论研究室《陶行知年谱稿》编写组. 陶行知年谱稿[M]. 北京:教育科学出版社,1982.

11. 商务印书馆编辑部. 论严复与严译名著[M]. 北京:商务印书馆,1982.

12. 顾执中. 回忆重庆[M]. 重庆:重庆出版社,1984.

13. 蔡尚思. 王船山思想体系[M]. 长沙:湖南人民出版社,1985.

14. 高叔平. 蔡元培政治论著[M]. 石家庄:河北人民出版社,1985.

15. 陈漱渝. 中国民权保障同盟[M]. 北京:北京出版社,1985.

16. 胡培兆.《资本论》在中国的传播[M]. 济南:山东人民出版社,1985.

17. 阳翰笙. 阳翰笙日记选[M]. 成都:四川文艺出版社,1985.

18. 阳翰笙. 风雨五十年[M]. 北京:人民文学出版社,1986.

19. 章念驰. 章太炎生平与学术[M]. 北京:三联书店,1988.

20. 中共中央文献研究室编. 周恩来年谱:1898—1949[M]. 北京:中央文献出版社,1989.

21. 郭沫若. 中国古代社会研究[M]. 上海:上海书店,1989.

22. 蔡尚思. 中国古代学术思想史论[M]. 广州:广东人民出版社,1990.

23. 陈荷夫. 张友渔回忆录[M]. 北京:北京大学出版社,1990.

24. 黄中模. 现代楚辞批评史[M]. 武汉:湖北教育出版社,1990.

25. 胡绳. 中国共产党的七十年[M]. 北京:中共党史出版社,1991.

26. 马仲扬. 出版家黄洛峰[M]. 北京:光明日版出版社,1991.

27. 许苏民. 比较文化研究史[M]. 昆明:云南人民出版社,1992.

28. 桂遵义. 马克思主义史学在中国[M]. 济南:山东人民出版社,1992.

29. 赵俪生. 赵俪生自传[M]. 成都:巴蜀书社,1993.

30. 蔡尚思. 蔡尚思自传[M]. 成都:巴蜀书社,1993.

31. 文汇报报史研究室. 从风雨中走来——文汇报回忆录[M]. 上海:文汇出版社,1993.

32. 邵康. 毛泽东和党外朋友们[M]. 北京:团结出版社,1993.

33. 童小鹏. 风雨四十年:第一部[M]. 北京:中央文献出版社,1994.

34. 胡绳. 先贤和故友[M]. 北京:中国社会科学出版社,1994.

35. 韦町.世上有真情——黄松龄与杨淑贞[M].北京:红旗出版社,1995.

36. 王金铻.抗战时期的中国知识分子[M].北京:中国社会出版社,1996.

37. 何兹全.爱国一书生[M].上海:华东师范大学出版社,1997.

38. 贾文轩.中国近代史通鉴:1840—1949[M].北京:红旗出版社,1997.

39. 莫志斌.周谷城传[M].长沙:湖南师范大学出版社,1997.

40. 钱穆.师友杂忆[M].北京:三联书店,1998.

41. 铁竹伟.廖承志传[M].北京:人民出版社,1998.

42. 徐铸成.徐铸成回忆录[M].北京:三联书店,1998.

43. 张传玺.翦伯赞传[M].北京:北京大学出版社,1998.

44. 胡绳.品评录[M].沈阳:辽宁教育出版社,1998.

45. 张书学.中国现代史学思潮研究[M].长沙:湖南教育出版社,1998.

46. 赵俪生.篱槿堂自叙[M].上海:上海古籍出版社,1999.

47. 陈启能,等.马克思主义史学新探[M].北京:社会科学文献出版社,1999.

48. 瞿林东.中国史学史纲[M].北京:北京出版社,1999.

49. 李泽厚.中国思想史论[M].合肥:安徽文艺出版社,1999.

50. 梁漱溟.东西文化及其哲学[M].北京:商务印书馆,1999.

51. 王晓清.学者的师承与家派[M].武汉:湖北人民出版社,2000.

52. 张世林.学林往事:下册[M].北京:朝华出版社,2000.

53. 朱政惠.吕振羽学术思想评传[M].北京:北京图书出版社,2000.

54. 许德珩.许德珩回忆录[M].北京:中国青年出版社,2001.

55. 江湄,等.新时期中国史学思潮[M].北京:当代中国出版社,2001.

56. 寇清杰.中国新文化的方向——中国早期马克思主义者中西文化观研究[M].天津:天津人民出版社,2002.

57. 王学典.20世纪中国史学评论[M].济南:山东人民出版社,2002.

58. 吴怀祺.中国史学思想通史:近代后卷[M].合肥:黄山书社,2002.

59. 苗润田.儒学与实学[M].北京:中华书局,2003.

60. 张广志.中国古史分期讨论的回顾与反思[M].西安:陕西师范大学出版社,2003.

61. 王炯华.李达评传[M].北京:人民出版社,2004.

62. 曹直.文化青山——香港达德学院概况[M].广州:中山大学出版社,2004.

63. 董郁奎. 新史学宗师——范文澜传[M]. 杭州:杭州出版社,2004.
64. 程子华. 程子华回忆录[M]. 北京:中央文献出版社,2005.
65. 张岱年. 蓬窗追忆[M]. 北京:北京师范大学出版社,2005.
66. 王观泉. “天火”在中国燃烧[M]. 桂林:广西师范大学出版社,2005.
67. 王锦民. 中国哲学史研究[M]. 福州:福建人民出版社,2006.
68. 何兆武. 上学记[M]. 北京:三联书店,2006.
69. 侯且岸. 认知中国:文化研究的路径[M]. 北京:北京出版社,2006.
70. 霍润德. 晋阳文化研究——历代名家论傅山[M]. 太原:山西古籍出版社,2007.
71. 徐志福. 走近阳翰笙[M]. 成都:巴蜀书社,2007.
72. 戴开柱. 吕振羽早期思想与实践研究[M]. 长沙:湖南师范大学出版社,2007.
73. 陈引驰. 学问之道[M]. 杭州:浙江大学出版社,2008.
74. 李伟. 徐铸成传[M]. 桂林:广西师范大学出版社,2008.
75. 梁启超. 中国近三百年学术史[M]. 北京:人民出版社,2008.
76. 林甘泉. 孔子与20世纪中国[M]. 北京:中国社会科学出版社,2008.
77. 郭沫若. 十批判书[M]. 北京:中国华侨出版社,2008.
78. 怀念与思考——艾思奇与马克思主义哲学中国化[M]. 北京:中共中央党校出版社,2008.
79. 汤一介. 魏晋玄学研究[M]. 武汉:湖北教育出版社,2008.
80. 余丽芬. 正道上行——马叙伦传[M]. 杭州:浙江人民出版社,2008.
81. 张剑平. 中国马克思主义史学研究[M]. 北京:人民出版社,2009.
82. 徐复观. 学术与政治之间[M]. 上海:华东师范大学出版社,2009.
83. 邓京力. 历史评价的理论与实践[M]. 北京:人民出版社,2009.
84. 梁启超. 名家品老子[M]. 北京:中国华侨出版社,2009.
85. 傅斯年. 名家品史记[M]. 北京:中国华侨出版社,2009.
86. 周立华. “孤岛”时期的《文汇报》研究[M]. 南昌:江西人民出版社,2009.
87. 周文玖. 因革之辨——关于历史本体、史学、史家的探讨[M]. 北京:北京师范大学出版社,2010.
88. 杜蒸民. 胡适与郭沫若思想比较研究[M]. 北京:中共党史出版社,2010.
89. 田子渝. 马克思主义在中国初期传播史[M]. 北京:学习出版社,2010.

90. 王洁.李大钊北京十年:交往篇[M].北京:中央编译出版社,2010.

91. 张克兰.左读右读冯友兰[M].武汉:湖北人民出版社,2010.

92. 冯天瑜."封建"考论[M].北京:中国社会科学出版社,2010.

93. 冯锡刚.郭沫若的三十年[M].北京:中央文献出版社,2011.

94. 罗映光.蒙文通道学思想研究[M].成都:巴蜀书社,2011.

95. 金冲及.周恩来传:第一卷[M].北京:中央文献出版社,2011.

96. 顾颉刚.顾颉刚日记:第5册[M].北京:中华书局,2011.

97. 宋志明.中国近现代哲学四论[M].北京:中国社会科学出版社,2012.

98. 王汎森.傅斯年——中国近代历史与政治中的个体生命[M].北京:三联书店,2012.

99. 江湄.创造"传统"——梁启超、章太炎、胡适与中国学术思想史典范的确立[M].北京:社会科学文献出版社,2013.

四、期刊论文

(一)分论

1. 杜国庠.接受遗产与知人论世——介绍近刊侯外庐著的《中国近世思想学说史》上卷[J].青年知识,1945(2).

2. 杜国庠.《近代中国思想学说史》介评[J].读书与出版,1947(8).

3. 赵纪彬.思想史研究的新果实——评侯外庐著《中国古代思想学说史》[J].读书与出版,1947(5).

4. 陈玉森.试论王充的思想渊源——并与侯外庐、关锋等同志商榷[J].哲学研究,1959(Z1).

5. 柳春藩,赵国斌.评中国封建社会不存在土地私有制的观点——对侯外庐"关于封建主义生产关系的一些普遍原理"一文的意见[J].吉林大学社会科学学报,1960(4).

6. 王玉哲.试论刘知几是有神论者——兼与侯外庐、白寿彝两先生商榷[J].文史哲,1962(4).

7. 王季思.怎样探索汤显祖的曲意——和侯外庐同志论《牡丹亭》[J].文学评论,1963(3).

8. 华山.论泰州学派——与侯外庐先生商榷[J].山东大学学报,1964(1).

9. 马数鸣.对方以智哲学思想的再探讨——与侯外庐先生商榷[J].江淮评论,1965(1).

10. 吕良海.魏源向西方学习问题的探讨——兼与侯外庐同志商榷[J].近代史研究,1980(2).

11. 刘大年.侯外庐与马克思主义历史学[J].历史研究,1988(1).

12. 斯维至.重读侯外庐同志《中国古代社会史论》[J].史学史研究,1988(1).

13. 张传玺.翦伯赞与侯外庐的兄弟友谊与学术分歧[J].江汉论坛,1989(7).

14. 张岂之.白寿彝先生和侯外老的学术友谊[J].史学史研究,1989(1).

15. 龚杰.论侯外庐学派的代表作《中国思想通史》[J].西北大学学报,1989(1).

16. 黄宣民.侯外庐对中国历史的探索[J].历史教学,1992(2).

17. 黄宣民.侯外庐先生《中国近代启蒙思想史》出版后记[J].史学史研究,1993(3).

18. 覃正爱.论侯外庐对明末清初思想运动研究的四个失误[J].江汉论坛,1993(5).

19. 邹元江.史学之美,"朴"、"实"相生——从《韧的追求》看侯外庐先生的治学之道[J].中国图书评论,1993(2).

20. 赵世超.学习侯外庐先生自觉清除历史研究中的教条主义[J].晋阳学刊,1994(1).

21. 卢钟锋.侯外庐与中国传统思想文化的研究[J].中国史研究,1994(1).

22. 瞿林东.侯外庐史学理论遗产的科学价值[J].中国史研究,1994(4).

23. 龚杰.侯外庐思想史学与精神文明建设[J].中国史研究,1994(1).

24. 孙开泰.关于侯外庐先生论《管子·白心》等篇著者问题的一次谈话[J].晋阳学刊,1994(1).

25. 张岂之.侯外庐先生论学书[J].史学史研究,1994(4).

26. 方光华.试论侯外庐与章太炎的先秦学术史研究[J].西北大学学报,1995(4).

27. 高增德."不苟异亦不苟同"——侯外庐及其思想史学派的学术个性[J].江汉论坛,1995(5).

28. 赵小雷.侯外庐的"早熟"理论对中国古史研究之意义[J].史学理论研究,1996(3).

29. 黄宣民.马克思主义文史学家侯外庐[J].新文化史料,1997(5).

30. 侯均初.我的父亲侯外庐[J].沧桑,2002(2).

31. 蒋剑民，郭小军. 侯外庐与李大钊在北师大的交往[N]. 光明日报，2002-05-09.

32. 李学勤. 侯外庐与明清之际学术思想研究[N]. 中国社会科学院院报，2003-10-30.

33. 侯且岸. 侯外庐为什么具有非同一般的学术个性[N]. 北京日报，2003-12-17.

34. 张岂之. 侯外庐历史研究的理论与方法[N]. 中国社会科学院院报，2003-10-30.

35. 张岂之，刘文瑞. 试论侯外庐关于社会史分期的法典化标准[J]. 中国史研究，2003(2).

36. 卢钟锋. 侯外庐与马克思主义历史科学的中国化[N]. 中国社会科学院院报，2003-10-30.

37. 苗彦恺. 由"实体自由"引发的一点认识——读侯外庐的"评黑格尔论老子"[J]. 华夏文化，2004(4).

38. 解启扬. 侯外庐的墨学研究[J]. 学术探索，2004(3).

39. 陈寒鸣. 侯外庐与侯外庐学派[J]. 历史教学，2004(4).

40. 李根蟠. 试论侯外庐的"古代"不同路径说[J]. 天津社会科学，2007(4).

41. 李学勤. 侯外庐先生《中国古代社会史论》的贡献[N]. 中国社会科学院院报，2007-09-13.

42. 方光华，兰梁斌. 侯外庐与中国古代文明起源之研究[J]. 湖南大学学报，2008(6).

43. 周文玖. 侯外庐与白寿彝的学术交谊及治学特色之比较[J]. 高校理论战线，2008(12).

44. 崔罡. "思想"与"历史"——侯外庐与葛兆光平议[J]. 今日南国，2009(2).

45. 龚元. 钱钟书与侯外庐——关于钱钟书先生的一封信[J]. 书屋，2009(3).

46. 王昌沛，周文玖. 中国马克思主义史学的学术品格——以郭、范、翦、吕、侯为对象的研究[J]. 史学史研究，2009(2).

47. 邹兆辰，等. 以外庐师的治学精神研撰中国思想史——访步近智、张安奇先生[J]. 历史教学问题，2010(6).

48. 彭国翔. 典范与方法：侯外庐与作为现代学科的"中国哲学史"研究[J]. 河北学刊，2010(5).

49. 方光华，袁志伟．侯外庐的中国哲学史研究[J]．中国哲学史，2010(1)．

50. 侯且岸．韧的追求·艰的探索——对侯外庐翻译《资本论》的若干思考[J]．马克思主义与现实，2011(4)．

51. 兰梁斌．侯外庐中国思想史研究的民族性与时代性[J]．西北大学学报，2011(2)．

52. 邹兆辰．侯外庐的学术个性[N]．北京日报，2012-09-24．

(二) 总论

1. 李大钊．物质变动与道德变动[J]．新潮，1919(2)．

2. 王礼锡．中国社会史论战序幕[J]．中国社会史论战，1931(1)．

3. 王亚南．封建制度论[J]．读书杂志，1931(4-5)．

4. 吕振羽．中国经济之史的发展阶段[J]．文史，1934(1)．

5. 郭沫若．战时中国历史研究[J]．中国学术，1946(1)．

6. 宋庆龄．追忆鲁迅先生[N]．人民日报，1977-10-19．

7. 江明．展读遗篇泪满襟——记李达和吕振羽的交往[J]．文献，1980(4)．

8. 朱仲玉．一九一九至一九四九年间中国的马克思主义史学[J]．史学史研究，1981(3)．

9. 白寿彝．六十年来中国史学的发展[J]．史学月刊，1982(1)．

10. 黎澍．马克思主义与中国历史学[J]．历史研究，1983(2)．

11. 张友渔．我在抗战前对阎工作的一段经历[J]．山西文史资料，1984(33)．

12. 尹达．马克思主义与中国史学发展[J]．河南大学学报，1985(7)．

13. 叶桂生，刘茂林．抗战时期的中国历史学[J]．晋阳学刊，1986(5)．

14. 马夫．《资本论》最早的四个中文译本[J]．党史文汇，1994(9)．

15. 阎凤梧．抗战文化的历史定位与现实启迪[J]．长白学刊，1995(5)．

16. 戴知贤．抗战时期文化运动的几个特点[J]．教学与研究，1995(4)．

17. 丁守和．论抗日战争的思想文化[J]．近代史研究，1995(5)．

18. 何继良．血与火的升腾——论中国抗战文化氛围[J]．社会科学，1995(9)．

19. 丁守和．关于抗战时期思想文化的若干问题[J]．东岳论丛，1996(1)．

20. 皇甫晓涛．抗战前后文化思潮与“东方文化复兴”的历史主题及其发展[J]．吉林大学社会科学学报，1997(6)．

21. 高向远．论抗战文化运动在抗日战争中的地位和作用[J]．陕西师范大学学报，1997(3)．

22. 陈国生，等.抗战时期西南地区的史学研究[J].史学史研究，1998(3).

23. 张越.《新史学通讯》与中国马克思主义史学[J].史学月刊，1998(1).

24. 蒋大椿.八十年来的中国马克思主义[J].历史教学，2000(6-9).

25. 李萍.早期中国马克思主义史学发展中的两个问题[J].安徽史学，2001(3).

26. 侯云灏.马克思主义史学对中国革命的重要贡献及其基本特点[J].学术研究，2001(12).

27. 侯云灏.社会问题的凸现与中国马克思主义史学思潮的兴起[J].学习与探索，2002(3).

28. 文天行.论抗战文化的基本特征[J].中山大学学报，2002(1).

29. 王晓岚，戴建兵.中国共产党抗战时期新闻宣传研究[J].中共党史研究，2003(4).

30. 张静如，唐正芒.抗战文化与中国先进文化的前进方向[J].求索，2003(3).

31. 周文玖.科学地评价中国马克思主义史学[J].郑州大学学报(哲学社会科学版)，2004(1).

32. 陈其泰.中国马克思主义史学发展道路的思考[J].当代中国史研究，2004(2).

33. 王东.二十世纪上半期的中国马克思主义史学[J].历史教学问题，2005(5).

34. 张越.中国马克思主义史学理论发展脉络述评[J].江西社会科学，2005(1).

35. 朱政惠.马克思主义史学在中国的传承与发展[J].历史教学问题，2006(6).

36. 瞿林东.论中国马克思主义史学的史学观[J].上海大学学报(社会科学版)2006(3).

37. 陈锋.学术视野中的中国马克思主义史学——评《革命与历史：马克思主义历史学的起源，1919—1937》[J].山东社会科学，2006(8).

38. 李根蟠.“封建地主制”理论是马克思主义史学的重大成果[J].河北学刊，2007(1).

39. 李维武.20世纪30年代40年代马克思主义哲学与中国传统哲学结合的

形态[J]. 中国人民大学学报,2008(2).

40. 任沁沁. 鲁迅之子周海婴——我用镜匣记录人间 70 年[N]. 新华每日电讯,2008-11-20.

41. 于沛. 马克思主义史学思想史研究刍议[J]. 江海学刊,2008(4).

42. 赵峰. 中国哲学研究的四个范式[J]. 人文杂志,2009(6).

43. 于沛. 马克思主义史学理论研究的丰硕成果[N]. 人民日报,2009-07-17.

44. 徐国利,李庆祥. 马克思主义史学五大家论史家修养[J]. 安徽史学,2010(6).

45. 陈其泰."革命性与科学性相结合"——谈中国马克思主义史学的思想遗产[J]. 史学理论研究,2011(4).

46. 谢毅. 马克思主义史学理论与历史研究[J]. 高校理论战线,2011(1-2).

47. 邹兆辰. 开放与吸收:中国马克思主义史学发展的不竭动力[J]. 史学史研究,2011(3).

48. 邹兆辰. 马克思主义史学对传统史学方法的继承与创新[J]. 河北学刊,2011(5).

49. 江湄. 章太炎《春秋》学三变考论——兼论章氏"六经皆史"说的本意[J]. 史学史研究,2012(1).

50. 江湄. 另一种整理国故——论"五四"后梁启超对儒学与儒学史的重构[J]. 天津社会科学,2014(1).

五、学位论文

1. 孟庆荷. 侯外庐对明清之际早期启蒙思想的研究[D]. 西安:西北大学,2003.

2. 杜学霞. 抗战史学研究[D]. 北京:中国人民大学,2004.

3. 王军福. 亚细亚生产方式与侯外庐先生的中国古代社会史研究[D]. 西安:西北大学,2004.

4. 马英姿. 李大钊对马克思主义史学理论体系的构建研究[D]. 济南:山东大学,2008.

5. 周蜜. 侯外庐的章太炎思想研究[D]. 西安:西北大学,2010.

6. 王锦辉. 中苏文化协会研究[D]. 北京:中共中央党校研究生院,2010.

7. 韩永志. 侯外庐土地国有论及其思想史意义[D]. 西安:西北大学,2011.

8. 于文善. 抗战时期重庆马克思主义史学研究[D]. 上海:华东师范大学,2011.

9. 刘程程. 侯外庐清代学人研究的再思考[D]. 上海:华东师范大学,2011.

六、译著及外文文献

1. 罗梅君. 政治与科学之间的历史编纂——30 和 40 年代中国马克思主义历史学的形成[M]. 孙立新,译. 济南:山东教育出版社,1997.

2. 阿里夫·德里克. 革命与历史——中国马克思主义历史学的起源:1919—1937[M]. 翁贺凯,译. 南京:江苏人民出版社,2005.

3. Maurice Meisner. Li Ta-chao and The Origins of Chinese Marxism[M]. Cambridge: Harvard University Press, 1967.

4. Paul A Cohen. Discovery History in China[M]. New York: Columbia University Press,1984.

附录 A 侯外庐民国时期论文年表

序号	发表时间	论 文 题 目	署名、期刊、刊号及页码
1	1924 年	自我与环境(上)	林宰平(讲),侯兆麟(笔记)《晨报副刊》[11 月 30 日,1-2 页]
2		自我与环境(下)	林宰平(讲),侯兆麟(笔记)《晨报副刊》[12 月 1 日,1-2 页]
3	1925 年	理想中之妇女解放运动	侯兆麟《妇女周刊》[周年纪念特号,15-17 页]
4	1926 年	心理学与法律	陈大齐(讲),侯兆麟(记)《晨报副刊》[9 月 1 日,1-2 页]
5	1930 年	最近国际金融关系之动态	侯玉枢《中东经济月刊》[第 6 卷第 4、5 合号]
6		我之金贵银贱观——自现今货币论上研究	玉枢《中东经济月刊》[第 6 卷第 7 号]
7		转折期之一九三〇年世界经济界	玉枢《中东经济月刊》[第 6 卷第 8 号]
8		中国产业之出路问题——读山阳先生《东北人力资本之缺乏与东南之过剩》一文有感而作	侯玉枢《中东经济月刊》[第 6 卷第 8 号]
9		本年世界农业与金融之关系及其救济策	玉枢《中东经济月刊》[第 6 卷第 9 号]
10		日本金解禁之因果	玉枢《中东经济月刊》[第 6 卷第 10 号]
11		景气变动史概观及去年世界景气之观察	玉枢《中东经济月刊》[第 7 卷第 4、5 合号]
12		日本金解禁之因果(续)	玉枢《中东经济月刊》[第 6 卷第 11 号]

续表

序号	发表时间	论文题目	署名、期刊、刊号及页码
13	1931年	金银在世界经济上之意义与中国	侯玉枢《中东经济月刊》[第7卷第6号]
14		金银在世界经济上之意义与中国(续)	侯玉枢《中东经济月刊》[第7卷第7号]
15	1936年	近代中国社会结构与山西票号——山西票号的历史的正确认识	侯兆麟《中山文化教育季刊》[冬季号]
16	1937年	目前文化运动的几个概念的商榷	玉枢《文化引擎》[第1卷第3-4期,46-48页]
17	1938年	晋西北战地动员的经验与教训	侯外庐《时事类编》[特刊第22期,47-48页]
18		论解放战	侯外庐《时事类编》[特刊第23期,20-24页]
19		论和平机构	侯外庐《时事类编》[特刊第24期,10-15页]
20		民权主义的理论与建国	侯外庐《时事类编》[特刊第25期,21-27页]
21		科学的民生主义研究(附图)	侯外庐《时事类编》[特刊第28期,9-21页]
22		迎接第二期抗战的中心阶段	侯外庐《大团结》[第3期保卫西北特刊]
23		中国统一战线的历史认识及其前途	侯外庐《大团结》[第4、5期]
24		和平阵线,人民阵线,抗日民族统一战线	侯外庐《大团结》[第6、7期]
25		中山先生的民权主义	侯外庐《大团结》[第8期三民主义专号]
26		关于中国统一战线发展问题的质疑兼答郑志成君	侯外庐《大团结》[第9期]
27		欧洲的"慕尼黑"与东亚和平	侯外庐《中苏文化》[第3卷第1-2期,9-11页]

续表

序号	发表时间	论文题目	署名、期刊、刊号及页码
28	1938年	苏联外交与现阶段的欧洲局势	侯外庐《中苏文化》[第3卷第3期,13-15页]
29		中山先生论苏联	侯外庐《中苏文化》[苏联十月革命二十一周年纪念特刊,76-79页]
30		目前欧洲政局的主要认识	侯外庐《救亡周刊》[第21期]
31		青年对于抗战建国的任务	侯外庐《救亡周刊》[第22期]
32		克独立自由保障的威胁	侯外庐《新蜀报》[9月25日第2版星期专栏]
33		目前欧洲政局谁有控制国际环境的前途?	侯外庐《新蜀报》[11月13日第2版星期专栏]
34		论抗日民族统一战线的根据——我们的统一战线之最基础的认识	《全民周刊》[第1卷第18号]
35		捷克小分割后的大不列颠商业地位	侯外庐《翻译与评论》[第2期,12-13页]
36	1939年	中山先生怎样崇赞列宁:为应"中苏文化"列宁逝世纪念而作	侯外庐《中苏文化》[第3卷第5期,23-24页]
37		欧局与"实业谈判"	侯外庐《中苏文化》[第3卷第7期,7,9页]
38		纪念中山先生逝世十四周年	侯外庐《中苏文化》[第3卷第8-9期,2-4页]
39		苏联建国在现阶段的特点	侯外庐《中苏文化》[第3卷第10期,4-9页]
40		伟大的现实主义者高尔基如何教训我们把握现实	侯外庐《中苏文化》[第3卷第12期,6-8页]
41		抗战二年来中华民族创作出的新历史	侯外庐《中苏文化》[第4卷第1期,23-29页]

续表

序号	发表时间	论文题目	署名、期刊、刊号及页码
42	1939年	中苏史论:社会史论导言	侯外庐《中苏文化》[第4卷第2期,82-93页]
43		纪念辛亥革命廿八周年:抗战革命承继辛亥革命的传统	侯外庐《中苏文化》[第4卷第3期,5-7页]
44		斯大林:世界学术传统的继承者	外庐(编),洪进(译)《中苏文化》[斯大林六十寿辰庆祝专号,16,19-33页]
45		中山先生"革命的人文主义"之特征	侯外庐《时事类编》[特刊第29期,28-30页]
46		"精神胜物质"	侯外庐《时事类编》[特刊第32期,17-18页]
47		中国革命同盟会的精神	侯外庐《时事类编》[特刊第36期,21-24页]
48		国际危局中苏联和平政策之扩大	侯外庐《时事类编》[特刊第43期,17-20页]
49		抗战建国的文化运动之总方向:为"革命的人文主义"文化而奋斗	侯外庐《翻译与评论》[第3期,2-7页]
50		短评:希特拉的文艺"春秋"	外庐《翻译与评论》[第3期,17-18页]
51		加强团结与"打不平的文化"	侯外庐《翻译与评论》[第4期,8-11页]
52		短评:威尔斯做了英国的财政次官	玉枢《翻译与评论》[第4期,46-47页]
53		中国学术的传统与现阶段学术运动	侯外庐《理论与现实(重庆)》[第1卷第1期(创刊号)]
54		民生主义的伟大理想	侯外庐《理论与现实(重庆)》[第1卷第2期,22-32页]

续表

序号	发表时间	论文题目	署名、期刊、刊号及页码
55	1939年	一年来的文化领域中的特殊收获	侯外庐《新蜀报》[1月1日第2版星期专栏]
56		读物批评·介绍:社会经济形态(沈志远译)	外庐《读书月报》[第1卷第2期,37页]
57	1940年	迎接宪政推行的民国廿九年:抗战建国与中国宪政之路	侯外庐《中苏文化》[第5卷第1期,5-10页]
58		中苏史论:中山先生关于第一次帝国主义战争史论	外庐(辑)《中苏文化》[第5卷第1期,70-73页]
59		苏联红军廿二周年纪念特辑:中山先生论"革命军"的精神如何推赞苏联红军(附照片)	外庐(辑)《中苏文化》[第5卷第2期,19-24页]
60		特稿:对于红军生活照片展览会的意见与感想	外庐《中苏文化》[第6卷第2期,87页]
61		五月特辑(上):五月国耻与五月革命	侯外庐《中苏文化》[第6卷第3期,19页]
62		五月特辑(下):"五卅"的历史意义	侯外庐《中苏文化》[第6卷第4期,23-24页]
63		新的时代与新的文艺	侯外庐《中苏文化》[第6卷第5期,14-16页]
64		在国际新形势中纪念"八一三"三周年	侯外庐《中苏文化》[第7卷第1期,11-12页]
65		重庆文化界致苏联友人书	侯外庐等《中苏文化》[第7卷第2期]
66		"九一八"九周年纪念特辑:纪念"九一八"九周年	侯外庐《中苏文化》[第7卷第3期,7-9页]

续表

序号	发表时间	论文题目	署名、期刊、刊号及页码
67	1940年	中山先生遗教的核心精神:为纪念国父中山先生逝世十五周年而作	侯外庐《中苏文化》[孙中山先生逝世十五周年纪念特刊,57-65页]
68		中山先生年谱	侯外庐、陶甄(编订)《中苏文化》[孙中山先生逝世十五周年纪念特刊,中山先生的伟论特辑专栏]
69		三年来抗日战争性质的延长认识	侯外庐《中苏文化》[抗战三周年纪念特刊,63-67页]
70		苏联建设中之文化革命:苏联现阶段文化革命之意义	斯大林(著),侯外庐(译)《中苏文化》[苏联十月革命23周年纪念特刊,30-32页]
71		书评:略论方法问题	侯外庐《理论与现实(重庆)》[第1卷第4期,146-147页]
72		略论方法问题	侯外庐《理论与现实丛刊》[第4期,146-147]
73		历史阶段的了解	侯外庐《读书月报》[第2卷第9期,24-26页]
74	1941年	写在苏联最近关于新社会法则论争之后	侯外庐《中苏文化》[第8卷第1期,58-59页]
75		复苏联作家亚布莱丁书	侯外庐《中苏文化》[第8卷第2期,8页]
76		编后记	外庐《中苏文化》[第8卷第6期文艺专号]
77		鲁迅研究学术特辑:阿Q的年代问题	侯外庐《中苏文化》[第9卷第2-3期,62-63页]
78		苏联反抗纳粹战争底历史任务——为苏联十月革命廿四周年纪念而作	侯外庐《中苏文化》[第9卷第4、5期合刊苏联十月革命二十四周年纪念特刊]

续表

序号	发表时间	论文题目	署名、期刊、刊号及页码
79	1941年	抗战文艺的现实主义性	侯外庐《中苏文化》[文艺特刊,19-27页]
80		中国文化界致苏联科学院会员书	侯外庐等《新华日报》[7月11日]
81		阿Q的年代问题——为鲁迅逝世五周年纪念而作	外庐《新华日报》[10月28日第2版、10月29日第2版]
82		第一次世界大战与中山先生的外交政策	侯外庐《理论与现实丛刊》[第2卷第3期,41-45页]
83		第一次世界大战与中山先生的外交政策	侯外庐《理论与现实(重庆)》[第2卷第3期,41-47页]
84		我读一节书的笔记:拿破仑第三政变记第一篇第一节	外庐《学习生活》[第2卷第3-4期,4-5页]
85		历史散编:论晚清百年来金融贵族的成毁	侯外庐《读书月报》[第2卷第11期,21-27页]
86	1942年	半月中苏:"几个月,半年,或许一年"!	外庐《中苏文化》[第10卷第2期,2-3页]
87		苏联抗德战争的新形势	侯外庐(记述),于炳南《中苏文化》[第10卷第2期,7-8页]
88		半月中苏:苏联红军取胜的稳定因素	外庐《中苏文化》[第10卷第3-4期,3页]
89		屈原研究:申论屈原思想:衡量屈原的尺度	侯外庐《中苏文化》[第11卷第1-2期,47-52,68页]
90		屈原思想的秘密	《新华日报》[2月17日第4版]
91		屈原思想渊源底先决问题	侯外庐《新华日报》[4月20日第4版、4月21日第4版、4月22日第4版]
92		苏联的国防经济及其战略	侯外庐《经济新闻》[第19期,2-4页]
93		周代社会底诸制度考	徐乐英《群众》[第7卷第14期]

续表

序号	发表时间	论文题目	署名、期刊、刊号及页码
94	1943年	苏联英美之平等待我与废除不平等条约	侯外庐《中苏文化》[第1卷第1号]
95	1944年	颜习斋反玄学的基本思想	侯外庐《中苏文化》[第15卷第5期,20-29页]
96		中国古代文明起源考	侯外庐《文风》[第1卷第2期]
97		东方古代文明理解之钥匙	侯外庐《文风》[第1卷第4、5期合刊]
98		乾嘉时代的汉学潮流与文化史学的抗议	《中山文化季刊》[第1卷第4期]
99		黄梨洲的诗文论	侯外庐《民主世界》[第1卷第14期]
100	1945年	中山先生对于苏联红军之预见	侯外庐《中苏文化》[第16卷第1-2期,13页]
101		康有为与戊戌变法运动的历史	侯外庐《中苏文化》[第16卷第3期,22-34页]
102		法西斯的司令台:柏林被占领了!	外庐《中苏文化》[第16卷第4期,3页]
103		谭嗣同的社会思想	侯外庐《中苏文化》[第16卷第6-7期,6-13页]
104		谭嗣同的社会思想	侯外庐《中苏文化》[第16卷第6-7期,14-22页]
105		中国古代民族专政与统治之起源	《中苏文化》[第16卷第9、10期合刊]
106		苏联与全人类的利益	侯外庐《中苏文化》[第16卷第11期,37-38页]
107		中山先生对于苏联红军之预见——中苏文化协会纪念红军节特稿	侯外庐《新华日报》[2月23日第2版]

续表

序号	发表时间	论文题目	署名、期刊、刊号及页码
108	1945年	友道今释	侯外庐《新华日报》[9月30日第4版星期专稿]
109		苏联与全人类的利益——为苏联建国二十八周年而作	侯外庐《新华日报》[11月7日第3版]
110		“五四”文化运动与“孙文学派”的关系	外庐《中华论坛》[第1卷第5、6期合刊]
111		一个五四时代的青年看民主中国的青年	《青年知识》[创刊号]
112		关于哲学起源的理论的探讨	《青年知识》[第1卷第3期]
113		戊戌政变健者谭嗣同的思想流派	《民主世界》[第2卷第12期]
114		章太炎关于民族、民主的政治	《民主世界》[第2卷第6期]
115		“清议”辨	侯外庐《民主》[第5期,1页]
116		什么战争?	《自由导报》[革新第4号]
117		第十七世纪中国的一个新世界观	《中原》[第2卷第1期]
118		中国民主前途感言	侯外庐《国讯》[第400期,12-13页]
119	1946年	新哲学教程:第一章:人类思维及哲学思想的发生,第一节:从历史上解开哲学发生的秘密	侯外庐,罗克汀(合著)《唯民周刊》[创刊号]
120		新哲学教程(一续):第一章:人类思维及哲学思想的发生,第一节:从历史上解开哲学发生的秘密	侯外庐,罗克汀(合著)《唯民周刊》[第1卷第2期]

续表

序号	发表时间	论文题目	署名、期刊、刊号及页码
121	1946年	新哲学教程(二续):第一章:人类思维及哲学思想的发生,第一节:从历史上解开哲学发生的秘密	侯外庐,罗克汀(合著)《唯民周刊》[第1卷第3期]
122		新哲学教程(三续):第一章:人类思维及哲学思想的发生,第一节:从历史上解开哲学发生的秘密	侯外庐,罗克汀(合著)《唯民周刊》[第1卷第4期]
123		新哲学教程(四续):第一章:人类思维及哲学思想的发生,第一节:从历史上解开哲学发生的秘密	侯外庐,罗克汀(合著)《唯民周刊》[第1卷第5期]
124		新哲学教程:第一章:人类思维及哲学思想的发生,第二节:从理论的历史拆穿哲学的生成秘密	侯外庐,罗克汀(合著)《唯民周刊》[第1卷第6期,9-10页]
125		新哲学教程:第一章:人类思维及哲学思想的发生,第二节:从理论的历史拆穿哲学的生成秘密(续)	侯外庐,罗克汀(合著)《唯民周刊》[第1卷第7期]

续表

序号	发表时间	论文题目	署名、期刊、刊号及页码
126	1946年	新哲学教程:“第二章:哲学的对象和内容”之“哲学的社会性和历史性”、“哲学是世界观,又是思想方法论”、“辩证唯物论是人类历史实践和思想发展的最高成果”、“从对象的差别上来察科学与哲学的关系”	侯外庐,罗克汀(合著)《唯民周刊》[第1卷第8期]
127		新哲学教程:“第二章:哲学的对象和内容”之“从历史发展上来考察科学与哲学的关系”、“哲学消灭论的批判”	侯外庐,罗克汀(合著)《唯民周刊》[第1卷第9期]
128		新哲学教程:“第二章:哲学的对象和内容”之“科学危机的产生是市民科学家失却了科学的思想方法的指导的结果”	侯外庐,罗克汀(合著)《唯民周刊》[第1卷第10期]
129		新哲学教程:第三章:哲学的对象和内容,第一节:哲学中之两条路线	侯外庐,罗克汀(合著)《唯民周刊》[第1卷第11期]
130		新哲学教程:第三章:哲学的对象和内容,第一节:哲学中之两条路线(续)	侯外庐,罗克汀(合著)《唯民周刊》[第1卷第12期]

续表

序号	发表时间	论文题目	署名、期刊、刊号及页码
131	1946年	新哲学教程(十三续):第二章:哲学的对象和内容,第二节:唯物论与唯心论之历史考察	侯外庐,罗克汀(合著)《唯民周刊》[第2卷第1期,11-12页]
132		新哲学教程(十四续):第三章:唯物论与唯心论,第二节:唯物论与唯心论之历史考察(续)	侯外庐,罗克汀(合著)《唯民周刊》[第2卷第2期,9-10页]
133		新哲学教程(十五续):第三章:唯物论与唯心论,第二节:唯物论与唯心论之历史考察(再续)	侯外庐,罗克汀(合著)《唯民周刊》[第2卷第3期,9-10页]
134		新哲学教程(十六续):第三章:唯物论与唯心论,第二节:唯物论与唯心论之历史考察(三续)	侯外庐,罗克汀(合著)《唯民周刊》[第2卷第4期,11-12页]
135		新哲学教程(十七续):第三章:唯物论与唯心论,第二节:唯物论与唯心论之历史考察(续完)	侯外庐,罗克汀(合著)《唯民周刊》[第2卷第5期,10,12页]
136		新哲学教程:第四章:辩证唯物论,第一节:辩证唯物论成立之历史条件及其经过(待续)	侯外庐,罗克汀(合著)《唯民周刊》[第2卷第6期,11页]

续表

序号	发表时间	论文题目	署名、期刊、刊号及页码
137	1946年	新哲学教程(十九续):第四章:辩证唯物论,第一节:辩证唯物论成立之历史条件及其经过(续)	侯外庐,罗克汀(合著)《唯民周刊》[第2卷第7期,11-12页]
138		新哲学教程(二十续):第四章:辩证唯物论,第一节:辩证唯物论成立之历史条件及其经过(二续)	侯外庐,罗克汀(合著)《唯民周刊》[第2卷第8期,8-9页]
139		新哲学教程(廿一续):第四章:辩证唯物论,第一节:辩证唯物论成立之历史条件及其经过(三续)	侯外庐,罗克汀(合著)《唯民周刊》[第2卷第9期,11-12页]
140		新哲学教程(廿二续):第四章:辩证唯物论,第一节:辩证唯物论成立之历史条件及其经过(四续)	侯外庐,罗克汀(合著)《唯民周刊》[第2卷第10期]
141		新哲学教程(廿三续):第四章:辩证唯物论,第二节:辩证的“唯物论”的基本要点	侯外庐,罗克汀(合著)《唯民周刊》[第2卷第11期]
142		新哲学教程(廿四续):第四章:辩证唯物论,第二节:辩证的“唯物论”的基本要点(一续)	侯外庐,罗克汀(合著)《唯民周刊》[第2卷第12期,10-11页]

续表

序号	发表时间	论文题目	署名、期刊、刊号及页码
143	1946年	新哲学教程(廿五续):第四章:辩证唯物论,第三节:物质、运动、时间、空间	侯外庐,罗克汀(合著)《唯民周刊》[第3卷第1期,11-12页]
144		新哲学教程(廿六续):第四章:辩证唯物论,第三节:物质、运动、时间、空间(续)	侯外庐、罗克汀(合著)《唯民周刊》[第3卷第2期,7-8页]
145		新哲学教程(廿七续):第四章:辩证唯物论,第三节:物质、运动、时间、空间(二续)	侯外庐,罗克汀(合著)《唯民周刊》[第3卷第3期,11-12页]
146		新哲学教程(廿八续):第四章:辩证唯物论,第三节:物质、运动、时间、空间(续完)	侯外庐,罗克汀(合著)《唯民周刊》[第3卷第4期,11-12,14页]
147		新哲学教程(廿九续):第五章:唯物辩证法的诸法则	侯外庐,罗克汀(合著)《唯民周刊》[第3卷第6期,9-10页]
148		新哲学教程(三十续):第五章:唯物辩证法的诸法则,第一节:根本的、核心的法则:对立统一的法则	侯外庐,罗克汀(合著)《唯民周刊》[第3卷第7期,9-10页]
149		新哲学教程(三十一续):第五章:唯物辩证法的诸法则,第一节:根本的、核心的法则:对立统一的法则(一续)	侯外庐,罗克汀(合著)《唯民周刊》[第3卷第8期,11-12页]

续表

序号	发表时间	论文题目	署名、期刊、刊号及页码
150	1946年	新哲学教程(三十二续):第五章:唯物辩证法的诸法则,第一节:根本的、核心的法则:对立统一的法则(二续)	侯外庐,罗克汀(合著)《唯民周刊》[第3卷第9期,11-12页]
151		新哲学教程(三十三续):第五章:唯物辩证法的诸法则,第一节:根本的、核心的法则:对立统一的法则(三续)	侯外庐,罗克汀(合著)《唯民周刊》[第3卷第10期,7页]
152		新哲学教程(三十四续):第五章:唯物辩证法的诸法则,第一节:根本的、核心的法则:对立统一的法则(续完)	侯外庐,罗克汀(合著)《唯民周刊》[第3卷第11期,12,16页]
153		新哲学教程(三十五续):第五章:唯物辩证法的诸法则,第二节:派生的·展开的法则:A.相互联系·依存·作用·范围和统一的法则	侯外庐,罗克汀(合著)《唯民周刊》[第3卷第12期,8,9页]
154		新哲学教程(三十六续):第五章:唯物辩证法的诸法则,第二节:派生的·展开的法则:A相互联系·依存·作用·范围和统一的法则(二)	侯外庐,罗克汀(合著)《唯民周刊》[第4卷第1期,10-11页]

续表

序号	发表时间	论文题目	署名、期刊、刊号及页码
155	1946年	中国古代的变法运动	侯外庐《中苏文化》[第17卷第3期,8-14页]
156		中苏学者来往函件:侯外庐先生致葛雷科夫先生函	侯外庐《中苏文化》[第17卷第4期,52页]
157		斯大林谈话对于世界和平的贡献	侯外庐《中苏文化》[第17卷第7期,7-8页]
158		苏联对于世界和平的贡献	侯外庐《中苏文化》[第17卷第8期,24-25页]
159		中山先生宪法思想之理论与实际	侯外庐《理论与现实(重庆)》[第3卷第1期,24-29]
160		协商的通路	侯外庐《世界知识》[第13卷第3期]
161		政治协商会议感言	《自由导报》[第7期]
162		省宪是中山先生明定的遗教	《联合三日刊》[第2期]
163		根据中山先生遗教研究中国宪政之途径	侯外庐《大学》[第5卷第2、3、4期合刊宪法问题专号]
164		民主与科学——五四的意义	侯外庐《职业妇女》[第2卷第5期星期讲座栏目]
165		中山先生的哲学思想(从经验方面考察)	侯外庐《中国学术》[第1期(创刊号)]
166		先秦诸子思想(评价)	《青年知识》[11月4日新第4期]
167	1947年	新思潮的障碍	侯外庐《文汇报》[第8版"新思潮"副刊第1期]
168		思潮与制度·风气	侯外庐《文汇报》[第8版"新思潮"副刊第2期]
169		温习"打不平"的文化口号	侯外庐《文汇报》[第8版"新思潮"副刊第3期]

续表

序号	发表时间	论文题目	署名、期刊、刊号及页码
170	1947年	新纵横家的思想倾向	侯外庐《文汇报》[第8版"新思潮"副刊第4期]
171		政治道德律	侯外庐《文汇报》[第8版"新思潮"副刊第5期]
172		旁观与客观	侯外庐《文汇报》[第8版"新思潮"副刊第6期]
173		司马迁思想的悲剧性	侯外庐《文汇报》[第8版"新思潮"副刊第12期]
174		司马迁怎样说出墨者要旨呢?	侯外庐《文汇报》[第8版"新思潮"副刊第13期]
175		司马迁的诸子要旨及其用意	侯外庐《大学》[第6卷第2期]
176		汉代社会新论	侯外庐《大学》[第6卷第3、4期合刊]
177		论纵横家的商人思想	侯外庐《读书与出版》[复2第5期,4-10页]
178		新哲学教程(三十八续):第五章:唯物辩证法的诸法则,第二节:派生的·展开的法则:B.不断地运动·发展变化和更新的法则	侯外庐,罗克汀(合著)《唯民周刊》[第4卷第3期,10页]
179	1948年	鲁迅与中国思想传统	香港《文汇报》[第2期第7版"新思潮"栏目]
180		文天祥思想	香港《文汇报》[第3期第5版"新思潮"栏目]
181		"锲而不舍"解——鲁迅"韧"性战小论	香港《文汇报》[10月20日]
182		鲁迅其名索隐	香港《文汇报》[10月27日]

续表

序号	发表时间	论文题目	署名、期刊、刊号及页码
183	1948年	旅港民主人士百余人联名慰问平津教授学生	侯外庐等《华商报》[4月26日第2版]
184		纪念五四致国内文化界同仁书	侯外庐等《华商报》[5月4日第2版]
185		谁敢制造第二李闻事件——向世界学术界申诉	侯外庐《华商报》[5月15日第1版]
186		友声:孙中山到毛泽东:为伟大的廿七年历史创作而作(未完)	侯外庐《群众》[第2卷第25期,7-8页]
187		友声:孙中山到毛泽东(续完)	侯外庐《群众》[第2卷第26期,13-14页]
188		新民主主义的历史认识	侯外庐《理论与现实丛刊》[第3辑"新民主主义特辑"专栏]
189		中国新文化的前途	侯外庐《新文化丛刊》[第1期,17-22页]
190		我的研究经验	侯外庐《展望》[第2卷第8期,12页]
191		胡适、胡其所适?	侯外庐《野草文丛》[第9期,22-24页]

附录B 侯外庐年谱简编

一九〇三年(清光绪二十九年,癸卯) 出生

1902年10月,梁启超在《新民丛报》发表《进化论革命者颉德之学说》,称"麦喀士"(马克思)为"社会主义之泰斗"。

1903年2月,马君武在《译书汇编》发表《社会主义与进化论比较》,介绍马克思的唯物史观。梁启超《饮冰室文集》由上海广智书局出版。

5月,《大陆报》刊登《敬告中国之民主》,宣传社会主义。

6月,侯士纪译日本村井知至《社会主义》由文明书局出版。

2月6日(农历正月初九)

出生于山西省平遥县西王智村一个地主家庭,原名侯兆麟,又名侯玉枢。

自幼由祖母亲自带大,祖母是传统封建社会的完人,从她那里饱受封建伦理道德的教育而有深固的影响。

受私塾教育而根底深厚。

受《饮冰室文集》的影响,但不及太炎深刻。

一九〇四年(清光绪三十年,甲辰) 一岁

1月,清政府颁布《奏定学堂章程》,通称为"癸卯学制"。

一九〇五年(清光绪三十一年,乙巳) 二岁

7月25日,赵纪彬出生。

8月,孙中山在檀香山创立中国同盟会,创办《民报》并在发刊词中首次提出"三民主义"。

9月2日,清政府废除科举制。

一九〇六年(清光绪三十二年,丙午)　三岁

本年,朱执信《德意志社会革命家小传》发表于《民报》,介绍马克思的生平、《共产党宣言》的主要内容及剩余价值学说要点。

一九〇七年(清光绪三十三年,丁未)　四岁

8月1日,杨荣国出生。

本年,杜国庠东渡日本留学。

一九〇八年(清光绪三十四年,戊申)　五岁

1月,《天义报》登载恩格斯《共产党宣言》序言。

本年

开始到外祖父家的书院接受启蒙教育,大部分时间跟随母亲的堂兄郝永宽先生读经。

一九〇九年(清宣统元年,己酉)　六岁

6月,清政府设立游美学务处。

一九一〇年(清宣统二年,庚戌)　七岁

2月12日,同盟会会员倪映典等发动广州新军起义。

一九一一年(清宣统三年,辛亥)　八岁

10月10日,武昌起义爆发。

一九一二年(民国元年,壬子)　九岁

1月1日,中华民国成立。

2月25日,邱汉生出生。

5月,民国政府教育总长蔡元培下令改京师大学堂为北京大学,任命严复为第一任校长。

本年

父亲侯福昌被北洋政府任命为山西永济县知事,随父到山西永济县城,进入一家新式学堂。除国学之外,初次接触到数学、英语、地理、常识等课程。在课余时间听父亲审案,目睹了社会的活的悲剧和百姓的凄切怨愤。

一九一三年(民国二年,癸丑)　十岁

3月,袁世凯暗杀宋教仁,孙中山发起“二次革命”,但不久即失败。

一九一四年(民国三年,甲寅)　十一岁

5月,孙中山发布“讨袁宣言”。

本年,郭沫若考进日本东京第一高等学校预科,与杜国庠结识。

本年

回到平遥,再次进入郝永宽的书院读经。

一九一五年(民国四年,乙卯)　十二岁

9月15日,《青年杂志》在上海创刊,陈独秀在《敬告青年》的发刊词中倡导科学与民主。

一九一六年(民国五年,丙辰)　十三岁

5月9日,孙中山发表《第二次讨袁宣言》。

6月6日，袁世凯逝世。7日，黎元洪继任大总统。

9月1日，《青年杂志》改名为《新青年》。

12月26日，蔡元培被任命为北京大学校长。

本年，梁启超《饮冰室全集》由中华书局出版。

本年

读完四书五经。

一九一七年（民国六年，丁巳）　十四岁

1月30日，李大钊《孔子与宪法》发表于《甲寅》日刊。

4月，胡适与陈独秀共同倡导新文学运动。

11月7日，俄国十月革命爆发。

本年

进入平遥县立高小读书。

一九一八年（民国七年，戊午）　十五岁

2月，北京《晨报》副刊创刊。

5月15日，鲁迅在《新青年》连载《狂人日记》。

7月1日，李大钊在《言治季刊》发表《法俄革命之比较观》。

12月12日，陈独秀、李大钊、张申府等创办《每周评论》。同月，李大钊在《新青年》发表《庶民的胜利》、《Bolshevism 的胜利》。

一九一九年（民国八年，己未）　十六岁

本年

考入汾阳县河汾中学。

去太原参加全省学生联合会，结识张友渔。

参加“书报供应处”，接受五四思潮的洗礼。

一九二〇年（民国九年，庚申） 十七岁

3月，李大钊在北京成立“马克思学说研究会”，成员有邓中夏、罗章龙、高君宇等人。

8月，陈独秀在上海成立中国第一个共产主义小组。

10月，李大钊在北大开设唯物史观课程。

11月

长女侯寓初生于山西平遥。

侯寓初之母郝氏系家庭包办婚姻，结婚时间不详，郝氏于新中国成立后去世。侯寓初1938年5月参加山西工人武装自卫队并曾任政治处宣传干事，1939年8月至1940年6月在延安女子大学学习，1944年7月至1945年8月在延安中央党校二部学习。

一九二一年（民国十年，辛酉） 十八岁

5月5日，孙中山在广州就任非常大总统。

7月23日，中国共产党第一次全国代表大会在上海召开。

9月1日，中共中央在上海创立人民出版社，出版马克思《工钱、劳动与资本》、《资本论（初版序言）》等7种马恩原著。

11月，北京大学国学研究所国学门成立，第一届委员会由蔡元培任委员长，成员有李大钊、胡适、周作人等。

12月4日，鲁迅在《晨报》副刊连载《阿Q正传》。

一九二二年（民国十一年，壬戌） 十九岁

5月，胡适创办《努力周报》，提倡整理国故。

9月，孙中山改组国民党。《社会主义讨论集》由国光书店发行。

11月，章太炎《国学概论》由上海泰东图书局出版。

一九二三年（民国十二年，癸亥）　二十岁

初夏

中学毕业，报考北大落选，同时被法政大学法律系和师范大学历史系录取。

本年

将共产主义和无政府主义混为一谈，从陈独秀和李大钊的文章中了解马列主义。

积极参加学潮，是新三民主义的热烈信仰者。

一九二四年（民国十三年，甲子）　二十一岁

约在本年

通过北大学生高君宇结识李大钊，阅读布哈林《唯物史观》的英译本。

由李大钊认识北大青年教授陈翰笙。

一九二五年（民国十四年，乙丑）　二十二岁

年底（或次年初）

参加孙文主义协会，后退出，与好友、同乡兄弟相约信仰共产主义。

一九二六年（民国十五年，丙寅）　二十三岁

3—4 月间

主编《下层》，不久被查封。

本年

向李大钊表示要先在理论上追求真理，翻译马克思的原著。

梁漱溟、张申府、李大钊面谈，在侧，听到李大钊说要对梁启超不客气。

初冬

与爱人徐乐英一起来到哈尔滨，寻求赴法勤工俭学的机会。

一九二七年（民国十六年，丁卯） 二十四岁

4月28日，李大钊被杀害。

本年

在哈尔滨获得《资本论》的英译本和日译本。

夏

赴法国勤工俭学，在巴黎大学文学院旁听唯物史观课程。

一九二八年（民国十七年，戊辰） 二十五岁

本年

开始翻译《资本论》，学习语言以及哲学经济学。经两年试译，译完第一卷二十章。

2月

长子闻初出生。

春

经成仿吾、章伯韬介绍加入中国共产党。

一九二九年（民国十八年，己巳） 二十六岁

本年

奉命担任旅法党员支部"中国语言支部"的书记，平生唯有这段时期接触工人，以后则生活于知识分子圈子。

主编《赤光报》。

与支部成员组织读书会，经常来往的朋友有廖承志、梦醒、成仿吾等。

一九三〇年(民国十九年,庚午)　二十七岁

春

回国。

在柏林,将译稿留给成仿吾,成建议争取在莫斯科完成翻译工作,并请郭沫若同译。

在莫斯科结识洛甫、邓中夏,党内斗争激烈,计划不能如愿。

约5月

担任哈尔滨法政大学经济系教授,宣讲马克思主义。

一九三一年(民国二十年,辛未)　二十八岁

本年

由大连经天津辗转入关。

开始与杜国庠通信。

一九三二年(民国二十一年,壬申)　二十九岁

11月,鲁迅来北平演讲。

初春

回到北平,担任北平大学法学院教授,在北平师范大学和中国大学兼课,教授经济学课程。

经陈翰笙介绍结识中法大学教授王思华,共同以欧美同学会客厅为工作室,翻译《资本论》第一卷,于9月出版。时已有陈豹隐前三章的译本,陈也是北平大学法学院教授。

在北平大学深受学生欢迎,尤其是《现代学术》与《现代经济》,讨论各种理论与现实问题。在师大讲"唯物史观",在中国大学做关于亚细亚生产方式的演讲,批判社会史论战中托派的观点,受到嵇文甫的关注。平大法学院院长、经济系主任皆左倾。

暑假

第一次见到范文澜。

秋

结识李达，在北平大学法学院任教，讲授“社会学”内容，即《社会学大纲》。与李达讨论社会史论战中存在的许多理论缺陷。

结识李达的学生吕振羽，时任中国大学国学系教授，参加社会史论战，用唯物史观探讨中国古代社会的最初阶段。

本年

经黄松龄结识吴承仕，太炎门下的两位弟子选择信仰马克思主义，这是一个非常值得注意的问题。在《中国近代思想学说史》中，陈说太炎的思想的矛盾性来自看不到时代的出路。

参加“左翼教师联盟”，隶属于“北平左翼文化总同盟”，范文澜是“教联”的主要负责人。与北大许德珩、师大马哲民、中国大学黄松龄等经常在群众聚会上演讲。演讲效果很好，学生、市民、人力车夫在一起听讲。帝国主义、资本主义，时代的症结问题，用马克思主义观点解释时代问题和中国前途问题。

12月

与许德珩、马哲民一起被捕。《世界日报》记者萨空了将消息外泄。北大教授法学家戴修瓒、朝阳大学校长著名大律师江庸为其辩护。

一九三三年（民国二十二年，癸酉）　三十岁

9月

经地下党营救，出狱。

出狱后，翻阅古籍，鉴于史学论战中，对于中国社会经济性质的不同看法，写了《社会史论导言》，力图从经济学与历史学统一应用的角度讨论“生产方式”问题，寄往南京《中山文化教育馆季刊》，未能发表。

一九三四年(民国二十三年,甲戌)　三十一岁

本年,周北峰在山西法政大学任教,杜任之任太原绥靖公署秘书。

在20世纪30年代世界性的经济危机冲击中国的时候,阎锡山在山西推行社会主义性质的经济改革,试图了解马克思主义的政治经济学,对此国民党人一窍不通。

春

回到山西,时阎锡山在中原大战中失败,标榜民主,进行经济改革,利用左派教授。

冬

在侯推动下,延请邓初民、许德珩、张申府、王思华等进步学者入晋讲学。

支持张友渔等组织"中外语文协会",创办《中外论坛》,宣传马克思主义。

本年

继续进行《资本论》第二、三卷的翻译,先翻译第三卷地租部分。有形势的需要和陈翰笙的建议:20世纪30年代初期,形形色色的人投入乡村研究和建设,其所指应该有梁漱溟和费孝通,以梁漱溟为鼓吹复古倒退者,以费孝通为治标不治本的实用主义者。

出版了《中国古代社会与老子》和《经济学之成立及其发展》两本小册子。《韧的追求》中言:"这第一本史学著作的格局与研究方法,虽无甚明确的意识,却相当典型地表现了我早年的追求,即要在史学领域中挑起一副由社会史和思想史各占一头的担子。"

一九三五年(民国二十四年,乙亥)　三十二岁

夏

断绝与外界往来,在翻译的同时,致力于用马克思主义的观点和方法解释中国的社会史与思想史。而《资本论》在日后的历史研究中构成了真正的支柱。自言,曾于1932年读到郭沫若的《中国古代社会研究》,遂萌发愿望"想要研究和解

释中国历史各经济发展阶段与政治思想、学术思想的关系”。至1934年,《中国古代社会与老子》由国际学社出版,是为第一篇史学论文。又写成《经济思想史》、《社会史导论》。

本年

自释“外庐”之号。

一九三六年(民国二十五年,丙子)　三十三岁

本年,山西省牺牲救国同盟会成立,阎锡山为此请回薄一波。

第二战区战地动员委员会在太原成立,以阎锡山为主任。

本年

与傅作义的交往;与周小舟(北平师范大学的师生之谊)的交往;与托派张慕陶的斗争;与彭雪枫的交往。

积极参加西安事变后关于实现联合抗日的聚会和讨论。

与续范亭的交往。

对薄一波的印象,“观点丝毫不露锋芒,实在不像一般的共产党人”,且说胡适、陈独秀对于新文化运动的功劳,与之争论。

一九三七年(民国二十六年,丁丑)　三十四岁

10月,太原失守。

11月

前往临汾由“牺盟”办的“民族革命大学”任教,聚集了一批进步教授,如李公朴、施复亮、江隆基,讲授《民族革命统一战线》。

一九三八年(民国二十七年,戊寅)　三十五岁

秋,郭沫若与杜国庠随第三厅来到重庆。

春

临汾失守前，重返西安，与八路军办事处的林伯渠、宣侠父取得联系，写抗战文章发表于《救亡》、《大团结》，集成《抗日民族统一战线论》、《抗战建国论》两册，"是延安允许敞开进入的少数书籍之一"。林老肯定其文敏感于党的精神和政策。侯外庐自称这种敏感完全来源于学术中奠定的坚实的信仰，对跟上和符合党的政策精神是十分重视的。

7月1日

在西安八路军办事处度过七一并讲话，旅法回国之后，这是第一次在党的家庭中发言。

夏

林老转达王思华、杨松的信，说延安方面希望到汉口与生活书店订合同，尽快完成《资本论》二、三卷的翻译工作。

9月

由生活书店安排，从汉口来到重庆。八年之中，我们一大群文化、学术工作者，在以周恩来为首的中共南方局领导下，团结工作，与国民党进行思想、文化领域上的斗争。

本年

柳湜告知，王亚南、郭大力合译的《资本论》即将出版。

自论《资本论》翻译与学习对于自身学术工作的重要意义，尤其强调摆脱中国传统思想方式和研究方式的束缚。

在1933年写的《社会史论导言》原稿的基础上修订为《社会史论》，发表于《中苏文化》四卷二期上，加了文字批评罗隆基的关于怎样认识资本主义的文章。后于1945年，将该文汇编入《苏联历史学界诸论争解答》。这篇文章的重要性在于，发表了侯对"生产方式"之概念的理解，不同意将生产方式归结为"生产力与生产关系的统一"。在1943年的一次学术演讲中，就有人当场提出其观点与《联共党史》不符，侯则表示不懂。新中国成立初期，在北京师范大学历史系任教，也遇到类似情况。

一九三九年(民国二十八年,己卯)　三十六岁

8月,苏德互不侵犯条约签订,中苏文化协会召开座谈会,会上曾发生激烈辩论,周恩来旁听,并亲自电告党中央,毛泽东为写重要文章《苏联利益与人类利益的一致》,收入《毛泽东选集》第2卷。

1月1日

在《新蜀报》上发表《一年来的文化领域中的特殊收获》。

3月16日

在《中苏文化》上发表《纪念孙中山逝世十四周年》。

春末

为"中苏文化学院"选址,先后选定重庆歇马场附近的白鹤林和骑龙穴。

夏

和潘德枫等搬家到骑龙穴。

本年

担任《中苏文化》主编,与《新华日报》、《群众》一起成为在国统区宣传马列主义中共政策的重要基地。"中苏文化协会"由孙科担任会长,中共和国民党左派掌握了实际领导权,由此可见中共在抗战时期善于在文化学术思想战线上斗争。

一九四〇年(民国二十九年,庚辰)　三十七岁

春

建立中苏文化学院的计划遭到否决,但侯物色到"白鹤林"的洋房和"骑龙穴"的大院,与王昆仑夫妇住白鹤林一层,不久,翦伯赞来重庆一起主编《中苏文化》,住在骑龙穴大院,后来,覃振经翦伯赞介绍也住白鹤林。

谭惕吾、王昆仑夫妇、吴茂荪等经常请求侯为其讲马列主义,"这些朋友的半生历程,鲜明地折射出中国共产党在民主革命中的伟大道路、伟大形象的光辉"。

孙科介绍晏阳初、瞿菊农入住白鹤林，晏阳初印象。

年初

与吕振羽在重庆重逢，吕任教于复旦大学，为《中苏文化》写《五四运动的历史意义和教训》，时为皖南事变前夕。皖南事变发生后，吕振羽奉命转移，去新四军。赞美吕振羽有着"必胜者宁以血荐而不肯坐待"的英雄气概。吕振羽的《史学评论》是在20世纪60年代的冤狱中写成。

一九四一年（民国三十年，辛巳） 三十八岁

2月初

皖南事变（1月初）后，第二次反共高潮，党内外进步人士疏散，侯与郭沫若、翦伯赞等有公开职务者留下。

在周恩来的鼓励下，潜心学术领域，致力于马克思主义史学阵地的继续开拓和建设。

约7月

写成《中国古典社会史论》，其写作动机开始于社会史论战期间关于亚细亚生产方式的讨论。其书在当时引起学术界的相当重视，他认为，是郭沫若在甲骨文和青铜铭文中发现的奴隶社会，他从理论上又做出了论证。1946年，补充重要论文如《苏联历史学界诸论争解答》等，汇编成《中国古代社会史》。新中国成立后再版，更名为《中国古代社会史论》。

一九四二年（民国三十一年，壬午） 三十九岁

周恩来把一群渴望为抗战出力，有志于研究而困难重重的学术工作者组织起来，创造了一个良好的学术环境。抗战期间，学者与文化人拥挤到西南一隅，志同道合者的交流增加，而不同观点的矛盾也浓缩了。

春

和郭沫若关于屈原思想的论辩。

年底

写成《中国古代思想学说史》，出版则压了整整一年。《韧的追求》中言：思想学说史研究领域中的斗争，从胡适刊布《中国哲学史大纲》以来就严重地存在。……在中国文化本位文化谬说的鼓倡之下……标榜“新理学”以应帝王者有之。自诩“于古今学术略有所窥，其得力最深者莫如宋明儒”。自20世纪20年代开始，马克思主义者奋起，进入学术史研究领域，以郭沫若为先。30年代以后，研究者纷纭而起。

《中国古代思想学说史》中诡辩学章、荀子章是与赵纪彬合作。

在周恩来的建议下，根据时代的需要，研究中国近代史或近代思想史的问题。研究近代历史与确定半封建半殖民地中国所面临的革命任务，有着密切的关系，郭沫若大力支持，将若干章节首先发表在他所主编的《中原》上。两年的写作，跨越十六世纪中叶到清末民初的两卷本思想史。

本年

参加党领导下的重庆进步知识分子的读书会，每两周一次，经常出席讨论的人士有许涤新(周恩来秘书)、胡绳、杜国庠、翦伯赞、王寅生等，周恩来经常参加，并做出原则性的指导。个个把冯友兰、贺麟当作对立面，以其为“唯心主义哲学家”。周恩来则指出，学术理论界面临着错综复杂的矛盾，而当前，学术理论上最危险的敌人，是国民党右派陈立夫的“唯生论”。再有如雷海宗的《战国策》、孙晓邨的经济刊物，周都指出不是主要矛盾。

杜国庠和侯等人一起发起“新史学会”，顾颉刚、张志让、周谷城等人都聚集在这面“新史学”的旗帜之下。周恩来也有教导。

论研究与写作思想史时，专门注意研究胡适与冯友兰对思想人物的选择与评价，而有针对性地批判；这种方式一直沿用到新中国成立后编写《中国思想通史》，针对冯友兰批判向秀、郭象、宋明理学。

重庆时期，团结在中共周围的知识分子、各界人士乃至国民党上层爱国人士中学习气氛很浓厚，侯等马克思主义学者经常开课。

与郭沫若的交往、观点分歧。

闻一多来信。

知己的朋友杜国庠；关于中唐时代、柳宗元、进步思想家的阶级性，认为代表庶族地主的利益，支持者有杜国庠、杨荣国、赵纪彬、陈家康等。

与翦伯赞于1940年初到1948年底一直相处；关于西周封建论的争辩，当时延安理论界和学术界以西周封建论为主流。直到1947年范文澜《中国通史简编》出版前的几年间，关于古史分期问题辩难的主要对象就是翦伯赞，还有吕振羽，邓初民也受其影响。

与李约瑟谈《老子》中重要文句的解释，以为是运用马克思科学理论的绝好例子。

与周谷城的交往；与邓初民的交往。

一九四三年（民国三十二年，癸未）　四十岁

1月

写了《我对"亚细亚生产方法"之答案与世界历史家商榷》，于1945年发表于《中华论坛》第一卷七、八期合刊。自认为找到了什么是亚细亚生产方式的答案。写《中国古代社会史论》的时候，虽然说明中国古代史的发展规律，而并没有从原则全盘地拿出来的。其文发表时有一段《附记》，认为马克思的遗著《政治经济学批判大纲（草稿）》，佐证其假设。

一九四四年（民国三十三年，甲申）　四十一岁

本年，国民党军队中原战事失利。

3月，郭沫若写《甲申三百年祭》。

6月

重庆文风书局出版《中国古代思想学说史》。《韧的追求》中言：在两年之内就得到再版机会，1946年夏末，撰写再版序言，郭沫若等给予当面或公开评论。当时，有关中国思想史的马克思主义著作，问世者已有十余者之多，郭著《十批判书》，杜国庠《先秦诸子思想》，赵纪彬《论语研究》、杨荣国《孔墨思想》。

秋

参加"中国民主革命同盟"，专门针对国民党上层蒋介石的反对派做统战工作。

9月

参加各党派在重庆召开的规模很大的集会,讨论实现民主的问题。即使国民党内部甚至青年党也主张“民主”。

一九四五年(民国三十四年,乙酉) 四十二岁

4月到6月,党的第七次代表大会;毛泽东《论联合政府》。

5月,国民党第6次代表大会。

8月,重庆谈判。

年底,“小民革”开会争取参加国民党召开的政协会议,“小民革”推举的代表遭到傅斯年的否决。

4月初

郭沫若领导的文工会被解散后,重庆各党派百余人盛会慰问,侯等发言。

6月

重庆三友书店出版《中国近世思想学说史》上下两册。1947年春,列入“新中国大学丛书”,得以在上海重版,更名为《近代中国思想学说史》。《韧的追求》中言:批评梁、钱之作资产阶级的观点方法,无法得出科学结论。出版以后,熊十力对将船山思想解释为唯物主义表示反对,而胡绳发表文章予以肯定。

《近代中国思想学说史》的第一、二编,从17世纪到19世纪中叶,经1955年补充修订,单独成书,为《中国早期启蒙思想史》,于1956年8月由人民出版社。第三编中章太炎哲学与赵纪彬合写。第三编稍加修订以《中国近代启蒙思想史》在人民出版社出版。

夏

热闹的“白鹤林”;与王昆仑、萨空了、石西民一起。

8月

《苏联历史学界诸论争的解答》出版。

一九四六年（民国三十五年，丙戌） 四十三岁

1月，“旧政协”召开。

2月10日，“较场口血案”。

4月6日，邓初民主编《唯民周刊》，三大讲座。

1月15日

陶行知创办“社会大学”，担任历史系课程。

春

国民党准备召开“国民代表大会”。在抗战初期几年对统一战线乃至孙中山新三民主义的理论做过研究，被“小民革”推举以无党派社会贤达的身份进入“宪法审议委员会”，遭到排斥。

“中国学术工作者协会”成立，成员中有郭沫若、邓初民、翦伯赞、杨晦、张东荪、侯外庐。

生活书店准备发行一套“新中国大学丛书”，旨在清扫旧的半殖民地半封建的文化学术阵地，为新民主主义文化事业能够系统地有所立。针对的是王云五商务“大学丛书”，哲学史方面有冯友兰的《新理学》、钱穆的《先秦诸子系年》。遂与杜国庠、陈家康、赵纪彬一起协定《中国思想通史》，针对“大学丛书”中诸家哲学史，要判然有别，以“科学性”取胜。同时，遇到有分歧的地方要坚持己见，成为有个性的马克思主义史学著作。

3—5月

离开重庆之前，用三个月研究《五五宪草》、各国宪法、孙中山宪政论述和其他宪政理论，写成《三民主义与民主主义》，于1946年5月出版。

5月底

乘坐蒋为冯玉祥、李济深专拨的客轮离开重庆，满船皆是重庆著名的民主斗士和他们的家眷。

6月4日

抵达南京。

6月中旬

郭沫若来访，并写《南京印象》一文。

本年

《中苏文化》复刊。

夏秋之交

去上海与杜、赵具体制定编写《中国思想通史》的计划。

1941年写《中国古典社会史论》的时候，虽然也提到了“中国古典社会的亚细亚性”，但“古典”一词是古代奴隶制的同义词。后来因为对“亚细亚的古代”与“古典的古代”做了明确的区分，于是感到该书用“古典”二字不贴切，故于1946年修订再版时改为《中国古代社会史》，1955年再版时，按照白寿彝的建议更名为《中国古代社会史论》，从此，才把经过多年探求的结果发表出来。古代东方的国家与“古典的”城邦国家，都是奴隶制社会，只是二者的路径不同，亚细亚的古代走的是维新的路线。“我认为，中国的奴隶社会开始于殷末周初，经过春秋战国，到秦汉之际终结的论断，也就是基于这一认识而提出的。”

一九四七年（民国三十六年，丁亥）　四十四岁

本年，廖沫沙和夏衍主办的《华商报》成为左派力量主要舆论阵地。

抗战胜利后，冯友兰的五种著作——《新理学》、《新世训》、《新事理》、《新原人》、《新原道》，提出一整套“新形上学”体系和新道统，宣传历史唯心主义，在重庆的一次读书会上，张申府就说中国文化要孔子、罗素和马克思。但1945年底，杜国庠率先写出三篇批评文章。

5月

对高校进步势力的镇压演为公开的“五二零”大逮捕，并封闭《文汇报》。

春夏之交

病愈之后，请杜、赵、邱一起讨论二、三卷的编写计划，针对胡适、冯友兰等人研究两汉以后思想家，偏重儒学诸家，要着重异端和正统儒学的斗争，表彰唯物论

的光辉传统，把王充、仲长统、范缜等系统地列入学术思想的史册。赵纪彬曾经问过冯友兰为什么不列王充。其中范缜以前唯物主义和无神论战斗传统以及范缜神灭论唯物主义体系两章，由赵纪彬写。赵纪彬是上海大学教授联谊会的成员，属于地下党外围组织。后去青岛山东大学，写完二、三卷分担章节。杜国庠是在1948年冬北上参加政协会议前将二、三卷手稿交给邱汉生。邱汉生则是在上海解放前夕的白色恐怖中于隐居中写成手稿。

夏

生活书店在上海出版了"新中国大学丛书"第一批著作，有翦伯赞的《中国史纲》、邓初民《新政治学大纲》、沈志远《新经济学大纲》、侯外庐《近代中国思想学说史》。

6月

《中国思想通史》第一卷由新知书店初版，未列入"新中国大学丛书"。直到1949年，《中国思想通史》前三卷在上海由三联书店出版，将之归入"新中国大学丛书"。写作期间，杜老请来了时任复旦大学的邱汉生，合作2、3卷；请来时任东吴大学教授的白寿彝。

第一卷在内容、体例方面与《中国古代思想学说史》基本相同，但融会了杜国庠《先秦诸子思想概要》，赵纪彬《古代儒家哲学批判》。对孔子的评价，与郭沫若有明显的分歧，但经过赵纪彬的撰著，遮盖了歧见之棱角。对老子思想进行了重新研究。杜国庠对荀子进行了研究。同时出版的有范文澜《中国通史简编》，翦伯赞的《中国史纲》。邱汉生帮助校队清样。

7月初

蒋介石下戡乱令。谭惕吾来告知有危险，侯外庐在躲藏期间用两个多月写完《中国思想通史》第二卷前言《汉代社会与汉代思想》。

8月

在《大学》月刊上发表《汉代社会新论》一文，1950年由北京师范大学出版了《汉代社会绪论》的小册子。在研究秦汉史的过程中，接触到封建社会史的一系列问题，本设想分成十来个专题加以研究，构成像《中国古代社会史论》那样的专著。

10 月底

化装为大商人前往香港。

11 月初

抵达香港，郭沫若、翦伯赞、茅盾等人也纷纷抵港，集中一批民主党派负责人和左翼文化人。

本年

上海《文汇报》在民主战线是佼佼者，总主编徐铸成委托郭沫若物色学人更新副刊，主编其副刊《新思潮》；郭沫若发表《春天的信号》；当时胡适散布“善未易明，理未易知”，模糊马克思主义与反动思想的界限，《新思潮》与之进行坚决斗争，撰稿者有郭沫若、杜国庠、胡绳、周谷城、蔡尚思、夏康农、周建人、楚图南、赵纪彬、邱汉生、马寅初、向达。

于达德学院任教，开设“新民主主义论”课程，一批进步学者于此任教。当时，香港民主党派的活动十分活跃，与知识界联络密切，章伯钧为首的第三党积极与侯等联络，在潘汉年的建议下帮助马叙伦工作，为中国民主促进会写稿。

一九四八年（民国三十七年，戊子）　四十五岁

春，香港进步文化界的最主要内容是展开对“自由主义运动”的批判。所谓自由主义运动，是解放战争时期第三条路线的别称，自由主义运动最初是由司徒雷登、马歇尔等人提出，此时，国民党军事失利，遂推动自由主义运动使之活跃，自由主义的宣传阵地扩大了，除了原有《大公报》，又出现了《周报》、《观察》、《新路》，北平成立中国社会经济研究会，邵力子出面组织。

5 月，中央发布劳动节口号，号召成立民主联合政府，首电响应。

8 月，毛泽东复电到港，通知筹备新政协。

春

《华商报》召集座谈会，写了《自由与自由主义》，分析两位清华大学教授——王国维与闻一多的道路。“对知识分子来说，绝大多数的人民能得翻身与否，这是根本的问题。对这个根本问题，抱两行其便，依违其是的态度，政治上是不名誉

的，其中劣者，与时浮沉，其中黠者，则一如乡愿售奸。”

9月

徐铸成主持《文汇报》在香港复刊；仍主持《新思潮》副刊。为副刊所写文章，好几篇是研究鲁迅思想的，认为鲁迅思想与中国思想传统，特别是与太炎思想有承接关系。释鲁迅之名为“狼子”。

10月

参加鲁迅逝世十二周年纪念会。

11月初

中共南方局通知北上，到东北解放区参加新政协的筹备。

12月3日左右

抵达安东，与吕振羽见面。

本年

在沈阳，买文物，与郭沫若交换，郭偏爱儒家，侯则偏爱墨家。

一九四九年（民国三十八年，己丑） 四十六岁

1月

毛主席《关于时局的声明》，提出实现和平的八项条件，聚集在沈阳的民主党派和各派人士发表《对时局的意见》。在沈阳的宾馆过春节。

本年

《中国思想通史》第2、3卷的全部书稿完成于1949年上海解放前夕，秋季，三联书店合并，于8月出版《中国思想通史》第一卷。